夫と妻の生涯発達心理学

関係性の危機と成熟

宇都宮 博・神谷 哲司
［編著］

福村出版

[JCOPY]〈出版者著作権管理機構 委託出版物〉
本書の無断複写は著作権法上での例外を除き禁じられています。複写される場合は、そのつど事前に、出版者著作権管理機構（電話 03-3513-6969、FAX 03-3513-6979、e-mail: info@jcopy.or.jp）の許諾を得てください。

まえがき

　夫婦で生涯を添い遂げる。結婚当初には、夫も妻も、ほとんどの人たちが当然のようにそうした人生を思い描き、また願っているのではないでしょうか。結婚生活はよく航海に例えられることがあります。静かな波もあれば荒波もあるわけですが、夫婦での舵取りは、双方が人生を歩んでいく上でどのような意味をもっているのでしょうか。

　わが国では、長寿化によって夫婦で過ごす期間も長期化の方向にあります。実際に多くの人々が老年期を配偶者と迎えており、いわゆる"共白髪（ともしらが）"となるまでともに人生を歩めるようになりました。しかし、一方で、晩婚化や非婚化の進展、さらには"熟年離婚"や"定年離婚"といった、結婚生活が長期におよぶ夫婦の離婚が社会的関心事となっています。永続性の観念が弱まりつつある今日、個々人の結婚生活の継続に対する基本的なスタンスが問われているように思われます。

　ともに成人発達の主体である夫婦は、人生のさまざまな局面でどのような関わりをし、互いの歴史を紡いでいるのでしょうか。夫婦で人生を歩むことの意味について、あらためて生涯発達の視点にもとづき、正面から問う必要性に直面しているように思われます。

　このような問題意識から、私たちは日本心理学会と日本発達心理学会の年次大会において、「結婚生活の継続のなかで配偶者との関係性はいかに育まれるか」と題した学会企画を計6回にわたり行ってきました。企画者として、参加者の皆さまからの反響から、一定の手ごたえを感じる一方で、学会活動を行う研究者にとどまらず、心理臨床の実践家や卒業論文や修士論文に取り組む若い学生、一般の方々など、より幅広い層に対しても情報発信を行い、社会的にも活発な議論が展開していく契機になることを願い、本書の発案に至りました。

　執筆陣は、これまで長きにわたり学会を支えてこられた大家から、新進気鋭の若手研究者まで幅広い層となっています。また心理学者にとどまらず、学会企画の頃よりご協力いただいた看護領域や福祉領域で活躍される研究者からのご協力もあって、充実した内容にすることができました。

まえがき

　本書は6章から構成されています。まず第1章では、夫婦の発達的な諸課題について、社会変動との関連から整理するとともに、夫婦関係に関する生涯発達的研究の動向を概観しています。次章以降は各論となっています。第2章では、夫婦関係の形成期として、恋愛から結婚生活への移行期や新婚期、さらにはこの時期に生じやすいとされる結婚生活の破綻の問題も取り上げています。第3章から第4章にかけては、子どもの妊娠から成長、巣立ちをめぐる問題を取り扱っていますが、不妊治療やペリネイタルロス、子どもの発達障害との関連なども含まれています。そして、第5章と第6章では、中年期から老年期を生きる夫婦に焦点を当て、個人化や中年期危機、介護問題、配偶者喪失への支援などについて取り上げています。

　また、本書の特色として、各論の章の終わりには、関連研究の紹介を設けています。今日的なテーマがたくさん盛り込まれていますが（例えば、震災婚・震災カップル、NICU、コペアレンティング、婚外交渉、定年退職など）、主として担当者ご自身による研究を中心に、わかりやすくコンパクトにまとめられたものです。各章の節と「研究紹介」をあわせてお読みいただくことで、それぞれの研究や実践的な取り組みの動向をより網羅的につかんでいただけるのではないかと思います。

　ところで、本書では夫婦関係の生涯発達をめぐり、"光"と"影"の両面から多角的にとらえられるよう構成を練り、協議を重ねながら編集を行いました。執筆者の先生方には、それぞれ真摯に取り組んでいただきましたが、紙幅や構成の都合などから、十分にお力を発揮していただけなかった方もいらっしゃるかと思われます。これらも、ひとえに編者の力不足と認識し、今後の課題とさせていただくとともに、読者の皆様からのご意見をお聞かせいただきたく考えております。

　編集の過程を通して、問題点も改めて浮かび上がってきました。生き方の多様化が進む今日、様々な対人関係の営みが存在し（セクシュアリティの問題を含む）、生涯にわたるパートナーシップだけをとってみても、異性間の夫婦という枠だけではとらえきれない現実があります。こうした点については、本書で取り扱う範囲を超えるため、別の機会に譲らなければなりませんが、わが国では心理学による議論や実証データの積み上げは、決して十分ではないように思われま

す。今後の重要な課題として、読者の皆様とともに議論を深めていければ幸いです。

　最後になりましたが、福村出版株式会社の宮下基幸様には、本書の企画の趣旨をご理解くださり、終始温かいまなざしで支えてくださいました。編集作業に不慣れな私たちにとって、大変心強い存在でした。また、本書をご担当いただきました同社編集部の榎本統太様には、編集の具体的な工程で幾度にもわたり議論にご参加いただき、的確なご助言をくださるとともに、大変きめ細やかにご対応いただきました。編者として、お二人に心より感謝いたします。

宇都宮　博
神谷　哲司

目　次

まえがき　3

第1章　夫婦関係への生涯発達的視座　9
　　第1節　社会変動と夫婦関係をめぐる発達的課題　10
　　第2節　夫婦関係に関する生涯発達的研究の動向　24

第2章　「夫婦になる」ということ　35
　　第1節　恋愛から婚約、結婚への道のり――夫婦関係の成立に向けて　36
　　第2節　新婚期の夫婦関係　53
　　第3節　結婚生活の破綻　63
　　研究紹介①　国際結婚の日本人妻の名のりの選択に見られる
　　　　　　　　文化的アイデンティティの構築――戦略としての位置取り　76
　　研究紹介②　青年の恋愛と結婚への展望　81
　　研究紹介③　震災婚とカップルの成長　86

第3章　子どもの妊娠・出産と夫婦関係　91
　　第1節　妊娠・出産過程における夫婦関係　92
　　第2節　不妊治療と夫婦関係　103
　　第3節　ペリネイタルロスと夫婦関係　117
　　研究紹介①　仕事と家庭の多重役割　129
　　研究紹介②　男性にとっての育児参加　134
　　研究紹介③　新生児集中治療室における家族と夫婦　139

第4章　子どもの成長・巣立ちと夫婦関係　*145*

　　　第1節　乳幼児期から児童期にかけての子どもの成長と夫婦関係　*146*
　　　第2節　子どもの青年期への移行、巣立ちと夫婦関係　*158*
　　　第3節　子どもの発達障害と夫婦関係　*173*
　研究紹介①　コペアレンティング　*185*
　研究紹介②　夫婦による関係焦点型コーピング　*190*
　研究紹介③　子どもへの発達的影響　*194*

第5章　人生半ばの夫婦関係　*199*

　　　第1節　家族の個人化と夫婦関係　*200*
　　　第2節　中年期の危機と夫婦関係　*214*
　　　第3節　中年期夫婦とアサーション　*226*
　研究紹介①　女性の更年期に対する夫婦のとらえ方と
　　　　　　　妻の更年期症状に関連する要因　*238*
　研究紹介②　老親介護する熟年夫婦の心のケア　*244*
　研究紹介③　婚外交渉に関する心理臨床研究　*250*

第6章　人生の統合と夫婦関係の終焉　*255*

　　　第1節　老年期のソーシャルネットワークと夫婦関係　*256*
　　　第2節　夫婦間介護－被介護関係への移行　*269*
　　　第3節　配偶者喪失への心理的支援──「ひだまりの会」の取り組み　*281*
　研究紹介①　夫婦にとっての職業からの引退　*294*
　研究紹介②　配偶者との死別の心理的過程　*300*
　研究紹介③　生前の夫婦関係と死別適応　*304*

索引　*308*
執筆者一覧　*310*

第1章
夫婦関係への生涯発達的視座

第 1 節
社会変動と夫婦関係をめぐる発達的課題
柏木惠子

1 はじめに

　晩婚化の進行、非婚の増加、少子化、離婚、家庭内暴力などなど、家族や結婚、夫婦・親子に関わる"芳しくない"現象は、昨今、後を絶たない。そこで「家族の危機」、「家族の崩壊」といわれもしている。
　そうだろうか？　日本の家族は消滅してしまうのだろうか？　答えはノーである。人間は性と食——排卵の隠蔽と常時発情 – 性交可能と、（動物の個食に対して）共食の必要と楽しみ——といった特徴が、共住と愛情を基盤とする家族を成立させる契機となった (山際, 1994, 2012)。しかし、この家族成立の契機・基盤であった性と食は、今日では、家族の契機でも、家族を継続させる力でもなくなった。性と妊娠の仕組みをコントロールする知識と技術を手にして性の自由化が現出し、製品化・外部化された食は家族の営みから消えんばかりである。
　しかし、それでも人間の家族は消滅しない。ある種の家族は崩壊しても、別種の家族が創出される。今起こっている諸現象を、「危機」や「消滅」と否定的に捉えるべきではない。これは人間ならではの家族の「創造」途上の過渡的現象である。
　家族は真空の中にあるのではない。歴史の中のある時代、世界の中のある社会の中にあり、家族はそれら家族を囲む状況に開かれたシステムである。家族をつなぐ契機だった食や性の意味は縮小したものの、他者なしに生存も繁殖も不可能な社会的動物である人間にとって、家族は必須、そして不滅である。
　家族を取り囲む歴史的社会的状況は、否応なく家族の形と機能の変化を迫る。ドンズロ (Donzelot, 1991) の「家族に介入する社会」は、社会の中の家族を的確に捉えた名言である。しかし、人間の家族は、介入／侵入に圧倒されるだけの受け身の存在ではない。人間の発達は社会化／ジェンダーリング／教育などによるところ大であるが、それだけではない。社会化や教育につきものの外的強

化に抗して、自ら「あるべき／ありたい自分」を構想し、その実現に努力して成長・発達するのが人間である。家族も同様で、遭遇した歴史的・社会的状況の影響や介入を受けつつも、それに抗して自らの目標をもち、その実現へ努力する主体的能動性をもつ（森岡, 2005）。個々の人間と同様、家族も自ら「発達」する。この発達の成否が、家族の危機や崩壊を招くか、最適な家族を創造するかを左右する。

遭遇した歴史的・社会的状況の意味を的確に捉え、その意味を洞察してそれに最適な家族の形と機能を案出して対処するが、「家族の発達」は、ヒトに備わった高い知能が可能としている。現在「危機」、「崩壊」とみなされがちの現象は、そうした家族の変化−発達の過程で起こっている過渡的なものであり、最適な家族の形と機能を求めて、失敗しながらも模索しつつあるとみなし得る。社会の変動がかつてなく激しく急であるいま、歴史や社会を俯瞰し変化の方向と意味を洞察する眼と、それを的確に反映した変化を創出する力と智慧が試されている。

家族と歴史的・社会的状況との関係を理論化した一人が、カジチバシイ（Kagitcibasi, 1996）である。彼女のモデルは、社会構造、とりわけ生業と富の豊かさが、家族の形と機能に相互に関連し合う様相に焦点を当てた視点で、きわめて示唆に富む。このモデルにも触発され、柏木（2003）は発達的視点を導入して、家族・個人の発達モデルを提起した（図1-1-1）。そこでは、社会化／ジェンダーリングなど、外的強化を核として「育てられる」ことにとどまらず、自ら目標をもち体験を選択する、社会化を超えて自律的に「育つ」主体である人間が、家族の形と機能に主体的・創造的な変化／発達を展開する様相を明らかにした。家族の変化／発達は、すなわち家族構成員である男性／夫／父親、女性／妻／母親の心理発達の問題である。社会的状況変化に的確な方向への変化発達が成功しているか否かが、家族成員の心理発達、またはその不全につながる事情も、このモデルから説明できる。

以下、日本の家族に焦点を当て、近年の社会変動が家族の形と機能、および家族成員である男女の心理と行動の発達とどのように連動しているか、また最適性不全が生じているかについて、柏木モデルで最重要とした社会変動要因（柏木, 2003）を中心に考察する。

第1章　夫婦関係への生涯発達的視座

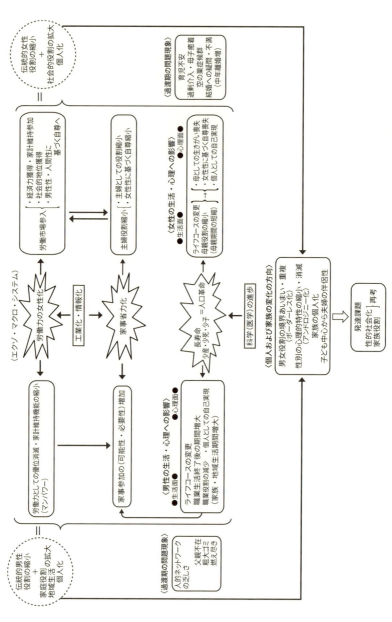

図1-1-1　社会変動と家族・個人(男女)の生活・心理発達——移行期の問題現象と発達課題(柏木・永久, 1999)

2　人口動態的変化と家族・夫婦——少子高齢化と人口革命

　「少子高齢化」はことあるごとに言及される常套句であるが、世界に冠たる日本の少子化の進行と寿命の延長は、家族および成員である男性・女性の生活と心理発達に、多大で深刻なインパクトをもたらしている。

a. 少子化よりも重大な人口革命：「子どもの価値」再考

　人口減や労働力不足などの懸念から、政府が躍起になって打つ少子化対策の効果は上がらず、少子化がとどまらない。その理由は、
　①少子化＝子どもの数の減少ばかりに注目し、より根源的な「子どもの価値」
　　の問題についての認識不足
　②育児は女性の仕事、"母の手で"が誤りであるとの認識欠如
である。

　そもそも子どもは絶対的価値をもつものではない。豊かな先進工業国では、子どもには「生き甲斐」、「楽しみ」などの精神的価値が期待されるが、貧しい国々では「一家の稼ぎ手の一人」、「家業を手伝う」などの実用的価値をもつ。

　日本には古来、（子は）「金銀よりまさる」と謳われた子宝思想がある。現代の日本人はこれには概念的には共感しているものの、現実には通用していない。もし心底そう思っているなら、少子化はあり得ない。少子化は、子どもの価値の相対化と子の命（産むか否か）が、親の意思・決断の下におかれた結果である（柏木, 2001）。

　「女性における子どもの価値——今, なぜ子を産むか」（柏木・永久, 1999）は、その事情を端的に明らかにしている。子は「結婚しセックスをした結果、"授かる"」ものではなくなり、「二人だけの生活を楽しんだから（つくる）」、「子どもをつくると仕事ができなくなる」など、子どもと自分（たち）の条件を比較検討した結果、"つくる"ものとなった。子どもの命が親側の条件依存になった事情は、同研究で年配世代の母親が挙げた理由「結婚したら産むのが普通」、「次世代をつくる責任」とは決定的に異なる。このように、子どもの命が親の意思決断の下におかれ、その価値の相対化があらわになった。これは史上初の出来事で、「人口革命」というにふさわしい画期的な変化であり、少子化という数の問

題以上に重大である。

　この革命的変化は、医学の進歩が性と生殖・妊娠の仕組みを解明し、セックスと妊娠を分離する手法——避妊器具や薬が普及したことによる。さらに、政府や世論の責任も大きい。戦前の「産めよ殖やせよ」の喧伝や多子の母親の顕彰、他方で子のない女性や女児だけの母に対する「石女(うまずめ)」、「女腹(おんなばら)」との蔑視など、国策と社会の圧力は甚大であった。それが戦後、掌を返したように「子ども二人で豊かな生活」、「少なく産んで良く育てる」など少子を奨励した政策と、それを喧伝したメディアの役割は看過できない。政策も世論も、「少子を！」と家族に介入した。しかしそれらのキャンペーンは、子（の数）は親たちの生活と子の教育とを左右するものであることを、人々にあらためて明示したのであった。

　いま、国によって「少子化で日本が滅びる！」と脅し、子産みを誘導せんとの政策が打たれているが、少子化は一向にとどまらない。子どもの価値の相対化を知った人々は、「子どもを！」と介入する社会／政治に抵抗しているのである。とりわけ、子産み・子育ての当事者である女性たちは、子どもの価値と自分の人生の価値とのバランスがとれるか否かを慎重に検討しており、それに見合う変革が政策にも家庭にもみられないことに不満や焦燥を抱いている。母親の育児不安は、その一つの表れである。

b. 育児不安のメカニズム：日本の子育ての問題性あらわに

　育児不安は日本に顕著な現象であるが、この要因を分析した研究は、日本の育児事情の問題性と少子化の原因を明らかにしている。育児不安を強める要因として、二点が確認されている。第一は、母親が無職であることであり、妊娠・出産を機に退職した無職の母親に強い育児不安が見られる（横浜市, 2001; 小坂・柏木, 2007）。第二は父親の育児不在である。妻に育児を一任し育児に関わらない夫をもつ母親に、育児不安が強い（柏木・若松, 1994）。いずれも、日本社会に深く広く浸透している"（子育ては）母の手で"が育児不安の元凶であることを示しており、それは人間の育児に必須の、複数養育と父親の育児役割を疎外している状況にほかならない（舩橋, 2006）。

　今、少子化対策と同時に女性の活用策が計られつつあるが、いずれも子育てと家事は女性が担うことを暗黙の前提としており、もう一人の親である男性の

仕事一辺倒＝家事・育児不在を変化させる対策はまったく手つかずである。これでは、少子化、女性活用いずれに対しても無策に等しいことは、上記の研究結果から明らかである。

c.「つくった」少子への長期にわたる親の過剰な関与：親と子双方の自立不全へ

　日本には、子どもに「できるだけのことをしてやる」のが親の愛情、というイデオロギーがある。これが今、「つくった」少子への愛情／期待、お金などなど親の関与の集中となっている。親の「よかれ」は子の気持ちや特徴などにおかまいなしで、子どもにとって「よく」はないどころか、子への「やさしい暴力」、「愛という名の支配」（斎藤，1992）となっている。

　一方で、「つくる」が大勢の中でも、「できちゃった子」は少なくない。親の意思に反して「できちゃった」場合、育児放棄や虐待など、子の命の危険性を内包していることは看過できない。

d. 成人子と親との関係と問題

　親子といえば、育児期の親子関係が日常的にも研究上も主要な関心であったが、少子と長命は成人子と親との長期にわたる関係をもたらし、新たな問題を現出している（山田，1999）。

　その一つが、成人子への長くて厚い親の保護的関与である。学業を終え職も得た（自立したはずの）子が親の家に住み続け、手厚い保護と世話を受けているパラサイトは少なくなく、とりわけ男子への世話が顕著である（宮本，2004）。かつて多子を育てあげるのに必要だった長い歳月はいまや不要になり、それが「つくった」少子に集中的に、延々と注がれることになったのである。これは「（成人した子が）親の家にいる」ことは「よくない」とする欧米の親子関係観との違い（牧野ほか，2010）の表れであり、子への長くて厚い親の庇護は、子の自立と親の子からの自立、双方を阻害している。最近では、不況の影響もあって、欧米でも成人子が親の家に戻って暮らすケースが増えているが、そこでは親と子は独立した成人同士として、経済も家事も対等に分担し、それぞれのプライバシーには立ち入らない関係（ニューマン，2013）で、日本のパラサイトとは大きく異なる。親であれ子であれ「自立した個人」であることを尊重するか否か、発

達の目標に関わる問題を日本に提起している（根ヶ山, 2006）。

　もう一つは、老親の介護をめぐる問題である。高齢化は即介護の長期化であり、老老介護は病病（双方が病気・病身）介護となる。少子高齢化は、すなわち長期介護を少子でする事態であるが、この事態は従来日本で当然視されてきた「ケアの女性化」の問題性を浮き彫りにしている。介護をはじめ、育児・家事などケアの担い手は女性 – 妻・娘に偏り、男性はケアの受け手である日本の状況（図1-1-2）を少子高齢化社会が破綻させているのである（無藤, 2006; 春日, 2001）。

　ちなみに、近年の小説『母の遺産』（水村, 2013）『長女たち』（篠田, 2014）には、「ケアの女性化」が女性の健康や職業生活、さらに夫との関係を破壊し、ついには親への愛情までも否定的なものにしてしまう事情が赤裸々に描かれている。

　ケアに関わる制度や施設はこうした事態を支えるには十分ではなく、職業と介護の両立、介護虐待、きょうだい間の介護や遺産相続をめぐる争いなど、かつてなかった問題を親と子に提起している。老親の介護を当然視する意見は減少の方向にあり（毎日新聞社人口問題調査会, 2000, 2005）、他方、親は「子どもの世話にはなりたくない」との意見が増加の途にある（岩上ほか, 2010）。「親孝行の美徳は終焉した」（深谷, 1995）との指摘は、少子にして長命となった今日、当然の帰結であろう。その実現には、親がいつまでも子に投資しつづけるパラサ

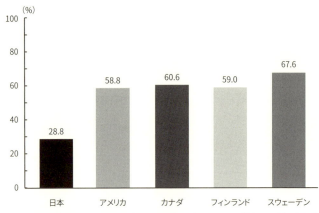

女性の家事関連時間（家事・育児・介護・買い物など）を100とした場合の、男性の参加度

図1-1-2　ケアの女性化の国際比較（内閣府, 平成25年度）
（「平成23年社会生活基本調査の話」（総務省統計局, 2011）より作成）

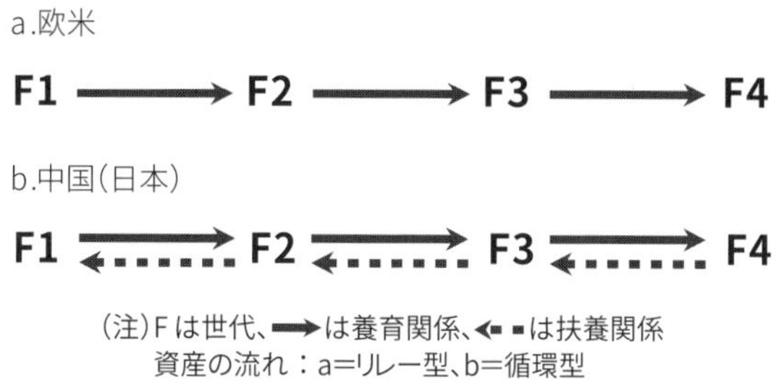

a. 欧米

F1 ⟶ F2 ⟶ F3 ⟶ F4

b. 中国(日本)

F1 ⇄⋯⋯⟶ F2 ⇄⋯⋯⟶ F3 ⇄⋯⋯⟶ F4

（注）Fは世代、⟶は養育関係、⟵┈は扶養関係
資産の流れ：a＝リレー型、b＝循環型

図1-1-3　欧米と東洋(中国・日本)の親子間の資源の流れ(陳，1999から改変)

イトでは不可能、子の自立で子への投資は打ち切り、その後の親と子は自立したおとなとしての関係となる欧米型にならざるを得ない。従来の親子間の資産の継承は再考される必要性を示唆している（図1-1-3）（陳，1999；柏木，2011）。

3　人口動態的変化がもたらした結婚の価値の変化

a. 結婚の道具的価値の低下と心理的価値への期待

　長らく、結婚は男性・女性双方にとって生き伸びるために必須のものであった。稼ぐ道が閉ざされた女性はどこかの「家」に所属しなければ生きられず（「嫁」という字は象徴的！）、他方、男性は手のかかる家事は不可能で主婦を必要とした。さらに何よりも、結婚は性と生殖に必須であった。このように、結婚は生命維持としての道具的価値をもっていたのである。これが工業化の進展によって低下した。工業化は家庭に侵入し、家電をはじめ家事の機械化／省力化となりさらに外部化を進め、結婚がもっていた道具的価値を低下させた。他方、労働の機械化・情報化（労働力の女性化）は女性に稼ぐ道を開き、自活可能とした。そして、受胎調節の技術の普及は「結婚まではセックスすべきでない」規範を無化し、フリーセックスが現出して結婚がもっていたセックスの価値を喪失させた。

　工業化、労働の変化、医学技術の進歩など、社会の変化はこのように家族に侵入し、生存手段としての結婚の道具的価値を低下させたのである。近年の晩婚化の進行、非婚や離婚の増加は、多分にこうした結婚の道具的価値の低下が背景にある。晩婚化や非婚増が悲観的に語られる向きがあるが、生き延びるために結婚が絶対必要だった皆婚社会からの脱皮であり、個人のライフスタイル

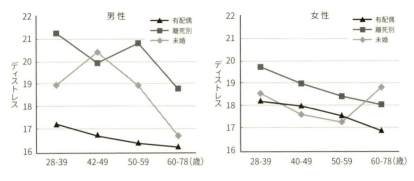

図 1-1-4　配偶者の有無によるディストレス（男女・年齢別、範囲12〜48）（稲葉, 2002）

として選択する結婚となったといえよう（野々山, 2007）。

　道具的価値の低下に代わって浮上したのが、精神的価値である。未婚者の多くはいつか結婚したいといい、「心理的に安定する」ことを期待している。結婚の価値は心理的価値に収斂したのである。

　では、この心理的価値を結婚した人は享受しているであろうか？　答えは男性ではイエス、女性ではノーである。配偶者のいる人、離死別した人、未婚者の「心理的不安定」を比較した研究（図1-1-4）（稲葉, 2002）は、有配偶の男性の「心理的不安定」は最低、つまり結婚が心理的安定につながっていることを示している。しかし、女性では配偶者の有無には3群の「心理的不安定」度はほとんど差がなく、結婚の心理的価値はみられていない。結婚満足度に関する研究も、一致して男性／夫は満足、女性／妻の不満という対照を明らかにしている（伊藤ほか, 2014）。

4　工業化－労働力の女性化－高学歴化のインパクト

a. 結婚の契機の変化／見合いから恋愛へ／夫婦の関係性の変化

　高学歴化と有職化の進展は女性が「深窓」から社会へ出、男女が直接交流する機会をもたらし、その結果、見合い結婚が減少し恋愛結婚夫婦が大勢となった。
　このことは夫婦の関係性の変化をもたらす。同級や同僚など、年齢も学歴も差が縮小し（見合いでは年齢／学歴／家の格すべてが男性上位であった）、友人から始

まった二人の関係の「対等性」と「心理的ケアの授受」(一番話が合う／わかりあえる／一緒にいると安らぐなど) が結婚の動機となり、結婚生活でも追求されることとなった。

しかし現実は上でみたように、夫は満足、妻は不満という対照的なギャップがある。中年期以降には、夫は妻の「夫在宅ストレス症候群」の病原体とさえなっている。その一因はすでにみた「ケアの女性化」、つまりケアの授受をめぐる問題である。

b. 家族内ケア分担の構造：誰が家族役割を担うか

結婚し子がいる家庭に必要な3種のケア――夫妻間のケア、家事、育児を誰がどのくらい分担しているかを詳細に分析した研究は、ケアの授受は夫妻間に対等性がない現実を明らかにしている (図1-1-5) (平山, 1999)。

そして非対称が著しいほど、妻の心理的ストレスと結婚への不満が高いことも明らかにされている。家庭内ケアの授受の夫婦間の非対称性はすなわち育児における父親不在 (父親のきわめて低い育休取得率はその象徴) であり、母親の育児不安を増幅していることは先にみたとおりである。いずれも「ケアの女性化」の現象であり、その負の結果である。その根底には、「男は仕事／女は (仕事をしても) 家庭」との性別分業観がある。

戦後、荒廃した産業復興のために、男性は「企業戦士」、「社畜」として働く。

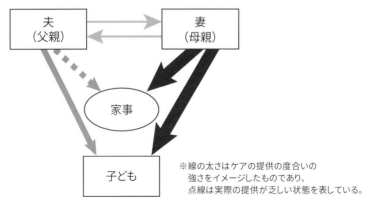

図1-1-5　夫と妻の家族内ケア分担の遂行度のイメージ (平山, 1999)

その男性を支えるべく、女性に家事育児分担を役割とする政策が取られ、"母の手で"を喧伝し浸透させた。家事・育児は「愛の労働」、無償でそれをする女性を「家庭の天使」と称揚した、それが今も「ケアの女性化」として健在なのである。しかし、それがもはや機能障害に陥っていることは、先の育児不安のメカニズムに明らかである。社会は掌を返したように「女性の活用」、「ワーク・ライフ・バランス」と喧伝するが、その実現には「ケアの女性化」の解消が先決である。

今も日本の労働時間は長く、国際的にも批判されている"karoushi"は仕事だけに励む男性のもので、仕事も家庭もする女性は長時間労働でも過労死していない。そうした仕事人間から降りて家事や育児をする男性が、最近少しずつ現れている（大野, 2012）。それは「イクメン」、「カジメン」と仮名書きされ、揶揄されるほど少数の珍種である。しかしこの男性たちは、今は少数でも絶滅危惧種であり得ず、日本社会にとって増殖期待種である。

c. 高齢化と夫婦関係：「結婚の賞味期限」切れの点検を

結婚時には「死が二人を分かつまで」と誓約し、当初は誰もがそれを望む。しかし、現実は離婚増の趨勢にある。結婚の価値の低下も一因であるが、根本的な原因は、高齢化すなわち夫婦関係の長期化が、結婚の賞味期限切れをもたらしたのである。離婚はその一つである。離婚せずとも、家庭内離婚状況のカップルは少なくない（宇都宮, 2004）。長期にわたって維持されるだけの、魅力ある関係が夫妻双方にあるかどうかが問われている。先にみた「夫は満足、妻は不満」の状況を考えると、離婚や家庭内離婚は不思議ではない。賞味期限の延長には、家族内ケアの女性化の解消、つまり男性がケアラーとして家族役割を担うことも一法である。

しかし、これは一朝一夕には不可能である。幼少時からの男子へのしつけ・教育の見直しが必要である。男子に対しては、自立＝就職し経済的自立とみなす向きが強いが、生活スキルの自立、さらに他をケアする心と力を欠いた自立はあり得ない。生活スキルとケアの心と力の発達は、少子高齢化によって、性を超えて重要な発達課題となったのである。

d. 生涯にわたるキャリアプランとその実践：将来展望に立った生き方の設計

　最近「キャリア」とか「キャリア形成」ということがしきりにいわれる。多くの大学で就職部が「キャリアセンター」の類(たぐい)の名前になったが、名ばかりの変更で内容はさして変わっていない。

　高齢化つまり長命化は、「男性は仕事／女性は家事と子育て」では生き甲斐ある充実した一生にはならない状況を現出した。ライフコースは激変し、妻でもなく母でもない個人として生きる長い歳月に備えて、「個人としての自分」を最重要し、充実した生を追求しつつある。個人化志向である（→第5章第1節）。

　これに比べて男性の変化は鈍く、大勢は依然として仕事人間。その後にいやでも残る長い歳月をどう生きるかについて考え、準備する余裕がないからであろうか？　その時になればなんとかなると思ってであろうか？　仕事人間、それも昇進するほど進行している粗大ゴミ化した人間の改造は容易ではない。

　キャリアとは職業ではない。長い生涯にわたって、生き甲斐をもって生き生きと過ごすことを可能とする生き方を考えることである。それには過去から未来にわたる時間的展望の力（白井, 1997, 2008）と、社会の変化を敏感・的確に捉える視座が必要である。

　職業人／母／妻という役割人間では長い一生は終わらなくなった今日、個人としてどう生きるか生きられるか、その心と力の発達が求められている。それなしには男性の粗大ゴミ化、女性の空の巣症候群や、子どもをパラサイトさせる役割への固執はなくならないであろう。

5　結びに代えて

　社会の中に開かれたシステムである人類家族の変動は、即家族成員である男性・女性の発達につながる。今「危機」、「滅亡」といわれる家族の変化は、急激な社会の変化に対して適切な対応を欠いた過渡期の現象、そして家族成員の発達不全の表れでもある。

　社会の急激な変化は既存の規範の陳腐化をもたらし、従来の社会化の弊害をあらわにしている。性別分業夫婦に強い親密な関係性の不全、「ケアの女性化」の破綻などはその一端である。長らく女性の介護退職は当然視されていたが、男

性が介護せざるを得ない事態となった今、ようやく介護と仕事の両立が問題になっている。遅きに過ぎた。「女性の活用」といわれながら、家事・育児との両立策は女性を念頭においたものであり、男性の働き方の変革には手つかずである。こうした政策の不備や遅れを糾弾することも重要だが、社会の変化と既存の生き方の問題性に気づき、自らの生き方を自ら変革する男性・女性の増加が期待される。

　結婚しなければ生き延びられなかった時代は終焉し、個人のライフスタイルの一環として選択し創造する結婚・家族となった。それは同時に個人の生き方の主体的選択を必要とし、社会化を超えた主体的選択的な発達（鈴木, 2008）がものをいう時代になったといえよう。

引用文献
伊藤裕子・池田政子・相良順子（2014）『夫婦関係と心理的健康──子育て期から高齢期まで』ナカニシヤ出版.
稲葉昭英（2002）「結婚とディストレス」『社会学評論』53（2）, pp. 69-84.
岩上真珠・鈴木岩弓・森謙二・渡辺秀樹（2010）『いま、この日本の家族──絆のゆくえ』弘文堂.
宇都宮博（2004）『高齢期の夫婦関係に関する発達心理学的研究』風間書房.
大野祥子（2012）「育児期男性にとっての家庭関与の意味──男性の生活スタイルの多様性に注目して」『発達心理学研究』23（3）, pp. 287-297.
柏木惠子（2001）『子どもという価値──少子化時代の女性の心理』中央公論新社.
柏木惠子（2003）『家族心理学──社会変動・発達・ジェンダーの視点』東京大学出版会.
柏木惠子（2011）『親と子の愛情と戦略』講談社.
柏木惠子・永久ひさ子（1999）「女性における子どもの価値──今, なぜ子を産むか」『教育心理学研究』47（2）, pp. 170-179.
柏木惠子・若松素子（1994）「「親となる」ことによる人格発達──生涯発達的視点から親を研究する試み」『発達心理学研究』5（1）, pp. 72-83.
春日キスヨ（2001）『介護問題の社会学』岩波書店.
小坂千秋・柏木惠子（2007）「育児期女性の就労継続・退職を規定する要因」『発達心理学研究』18（1）, pp. 45-54.
斎藤学（1992）『子どもの愛し方がわからない親たち──児童虐待、何が起こっているか、どうすべきか』講談社.
篠田節子（2014）『長女たち』新潮社.
白井利明（1997）『時間的展望の生涯発達心理学』勁草書房.
白井利明（2008）「時間的展望からみた自己の発達」, 榎本博明（編）『生涯発達心理学へのアプローチ（シリーズ自己心理学 第2巻）』金子書房, pp. 106-119.
鈴木忠（2008）『生涯発達のダイナミクス──知の多様性 生き方の可塑性』東京大学出版会.
陳省仁（1999）「「寄養」からみた現代中国社会の家族と子育て」, 東洋・柏木惠子（編）『社会と家族の心理学』ミネルヴァ書房, pp. 16-22.
根ヶ山光一（2006）『〈子別れ〉としての子育て』日本放送出版協会.
野々山久也（2007）『現代家族のパラダイム革新──直系制家族・夫婦制家族から合意制家族へ』東京

大学出版会.
平山順子(1999)「家族を「ケア」するということ──育児期の女性の感情・意識を中心に」『家族心理学研究』13(1), pp. 29-47.
深谷昌志(1995)『親孝行の終焉』黎明書房.
舩橋惠子(2006)『育児のジェンダー・ポリテイックス』勁草書房.
毎日新聞社人口問題調査会(2000)『日本の人口──戦後50年の軌跡』毎日新聞社.
毎日新聞社人口問題調査会(2005)『超少子化時代の家族意識──第1回人口・家族・世代世論調査報告書』毎日新聞社.
牧野カツコ・渡辺秀樹・舩橋惠子・中野洋恵(編著)(2010)『国際比較にみる 世界の家族と子育て』ミネルヴァ書房.
水村美苗(2012)『母の遺産──新聞小説』中央公論新社.
宮本みち子(2004)『ポスト青年期と親子戦略──大人になる意味と形の変容』勁草書房.
無藤清子(2006)「高齢者の家族介護者・介護家族支援における重要な視点──ジェンダー・センシティヴな家族心理学的・家族療法的視点」『東京女子大学紀要論集』57(1), pp. 125-154.
森岡清美(2005)「最適性の追求(書評シンポジウム:柏木惠子著『家族心理学──社会変動・発達・ジェンダーの視点』)」『児童心理学の進歩』44, pp. 251-255.
山際寿一(1994)『家族の起源──父性の登場』東京大学出版会.
山際寿一(2012)『家族進化論』東京大学出版会.
山田昌弘(1999)『パラサイト・シングルの時代』筑摩書房.
横浜市教育委員会預かり保育推進委員会(2001)『横浜市預かり保育に関する研究──平成11・12年度文部科学省預かり保育調査研究最終報告書』.
ドンズロー, J.(著)宇波彰(訳)(1991)『家族に介入する社会──近代家族と国家の管理装置』新曜社.
ニューマン, K. S.(著) 萩原久美子・桑島薫(訳)(2013)『親元暮らしという戦略──アコーディオン・ファミリーの時代』岩波書店.
Kagitcibasi, Cigdem(1996) *Family and Human Development Across Cultures: A View From the Other Side*. New Jersey: Lawrence Erlbaum Associates Publishers.

第 2 節
夫婦関係に関する生涯発達的研究の動向
伊藤裕子

　夫婦関係の研究動向といっても、そもそも日本では「夫婦」を単位とした発達研究がごく最近までなかったといってよい（柏木・平山, 2003）。家族研究、発達研究はもっぱら親子（なかでも母子）関係が中心で、それも親の養育態度が子に及ぼす影響というように、一方が他方に影響を与えるという関係を反映し、「関係性」に関わる研究そのものが少ない。他方、日本より結婚の研究が進んでいるアメリカにおいてさえ、結婚の研究は関連する多くの領域の「周辺」において行われている（Jacobson, 1990）という認識が最近まであった。

　結婚・夫婦に関しては、これまでもっぱら家族社会学がそのハード面を扱い、ソフト面である夫婦関係そのものは、カップル・セラピーとして家族臨床の分野で扱われてきた。日本では、戦後のごく短期間に形成され、あたかもそれが家族の原型であるかのように思われてきた「近代家族」（落合, 1997）が、1980年代を境に急速に変容してきたことは本章第1節にみたとおりだが、夫婦関係とそこに生じる問題もこのような社会変動の大きな波を被らずには済まされない。

　本節では、次章以降の各論に向けて、まず結婚について概観し、続いて人生で最も活力のある子育て期から中年期の——すなわち仕事と子育てに追われる壮年期の夫婦関係を、そしてそれらから解放される退職後の、中年期から高齢期にかけての夫婦関係についてみていきたい。

1　結婚、離婚、結婚の継続

a. 結婚の価値の変化

　晩婚化、未婚化が急激に進んでいる。なかでも生涯未婚率（50歳までに一度も結婚したことがない人の割合）はわずか数パーセントだったものが1990年以降増加に転じ、2010年の国勢調査では男性で2割、女性でも1割に達し、将来推計

(2030年)では男性の3割、女性でも2割強が未婚のままだと予測される。

　一方、離婚も増加している。不倫や暴力など十分な理由がある場合に離婚を認める有責主義だったものが、長期間の別居など夫婦としての内実がなければ離婚を認める破綻主義になってきた。また、同居期間が短い（5年未満）離婚が大多数だったものが、結婚20年以上と同居期間の長い夫婦の離婚が増えている。家裁への離婚申立ての7割は妻からであり、さまざまな社会保障制度を含め不十分ながら経済的に生活が可能になったことが、潜在的な離婚予備軍を顕在化させた大きな理由であろう。

　これらから言えるのは、結婚の価値の変化である。"適齢期"あるいは"妻帯者"ということばに象徴されるように、「結婚して一人前」という社会的圧力、結婚への押しの要因が薄れた。他方、現状を超える生活が保障されるかという不確実さ、あるいは食や性が安価・安易に提供されるようになり、結婚への引きの要因も低下した。このためなかなか結婚しなかったり、結婚しそびれたりという、晩婚化や未婚化が進展しているのである。一方、離婚に対する許容度の高まりもあって、結婚という制度に踏みとどまらせる要因も薄れてきた。

b. 結婚の継続

　それでもなお、多くの者が結婚生活を継続しているのはなぜだろう。結婚に情緒的意味をもたせ、愛情を基盤として結婚生活は構築されるという考え方は、歴史的にみると比較的新しい（落合, 1997）。今日、親密性は恋愛関係や夫婦関係における重要な要因であり、関係を維持していく上での動機づけになるが、関係を安定して維持する上で親密性を不可欠と考えるか否かは、個人によって、また文化によって異なってくる。

　結婚生活の継続の質をとらえる指標としてコミットメント（commitment）があり、結婚生活の継続を説明する主要な概念として位置づけられている。コミットメントには、システムの安定（機能性の確保）と親密性が含まれ、多次元的にとらえられる。ジョンソンら（Johnson, Caughlin, & Huston, 1999）は、関係にとどまりたいと思う個人的コミットメント、関係にとどまることの拘束感ともいえる構造的コミットメント、関係を続けることを道徳的に義務と考える道徳的コミットメントの3領域をあげているが、その構造は、組織心理学や職業心

理学でいわれる組織コミットメントと共通するものがある。わが国でも伊藤・相良 (2015) が、人格的コミットメント、諦め・機能的コミットメント、規範的コミットメントの3因子を明らかにしている。特に、諦め・機能的コミットメントは女性で高く、結婚の機能性さえ確保されていれば「別の人とやり直すのは面倒」、「わかり合えなくても夫婦とはしょせんこんなもの」という諦めが離婚を思いとどまらせていると考えられる。破綻した関係でなくても、親密性を諦め、機能性でのみ関係を継続する結婚満足度の低い妻の現状がある（池田・伊藤・相良, 2005）。

c. 結婚満足度

　新婚期の二人は、結婚を意識する前後から、結婚生活や配偶者に対してさまざまな期待や欲求をもつ。情緒的安定や経済的安定、性的欲求の充足、子どもをもちたいという欲求などである。実際、未婚者が結婚の利点としてあげる理由の第一は、男女とも「子どもや家族がもてる」であり、「精神的安らぎの場が得られる」がそれに続く（国立社会保障・人口問題研究所, 2012）。

　この時期はいわゆる蜜月期といわれるが、結婚満足度は時間経過とともにどのように変化するのだろう。これまでいわれてきたのは、U字型の変化である。すなわち新婚期に高く、時間経過とともに低下し、子どもが反抗期の頃夫婦関係は最も悪くなり、子どもの離家によって夫婦関係はまた改善されるというものである。ランダムサンプリングによる、わが国で得られた大規模調査の結果も同様の変化を示している（稲葉, 2004）。しかし多くは横断的研究で、離婚や死別によるデータの欠損から、満足度の低い夫婦が抜け、満足度の比較的高い夫婦が結果として残った選択バイアスによる（Van Laningham, Johnson, & Amato, 2001）、あるいは子どものいない夫婦でも年数が経過すると満足度は低下するので、満足度の低下を子どもの効果だけでは説明できないなど、U字型分布に対する批判はいろいろある。

　他方、結婚満足度は直線的あるいはL字型のように減少するという報告も多い。結婚後10年以内に急速に低下し、その後速度を緩めながら下がり続けるというものである（Bradbury, Fincham, & Beach, 2000）。図1-2-1は、10年間にわたり100組近い夫婦の結婚満足度を縦断的に追ったものである。結婚して4年の間に急

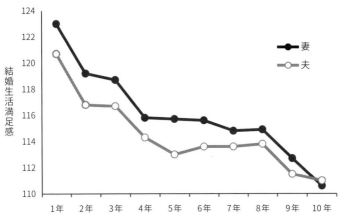

図1-2-1 結婚生活満足感の変化（Kurdek, 1999のデータをもとに作成）

激に低下し、その後速度を緩めながら低下していくことが見て取れる（Kurdek, 1999）。一般に、結婚満足度は結婚直前が最も高く、結婚後数年で急激に低下し、その後中年期までは緩やかに低下すると考えられる。

この変化は日本でも当てはまるが、日本の夫婦の場合、妻と夫で結婚満足度の開きが大きく、妻の満足度は夫より著しく低い。また、妻は子育て期に満足度を著しく低下させるが、夫の低下は漸減傾向であるなど（伊藤, 2015）、異なった特徴がみられ、結婚の意味が男女で異なることが考えられる。

2 仕事・子育てと夫婦関係

a. 家事・子育て分担

日本の男性の仕事時間が欧米に比べて飛び抜けて長く、反対に家事・育児時間が極端に少ないことはよく知られている（内閣府, 2007）。家事と育児を明確に分離することは難しいが、少なくとも心理的には可能であろう。子育て期（子どもが小学生）と中年期の男女に、家事関与と子育て関与の妻と夫の分担割合（合計10）を尋ねたところ、予想に反してどちらもライフステージによる違いはみられず、女性の関与度が圧倒的に高かった（家事8.4〜8.6、子育て7.1〜7.2）。子育て関与に関しては男女の差はやや縮小しており、特に理想では妻と夫が同等に

関わるべきという意識がうかがえる（伊藤・池田・相良, 2003）。

　それは関係満足度に反映されてくる。子育て期に夫の子育て関与が少ないと、妻の夫婦関係満足度が低下するのは了解できるが、中年期になって子育て負担が減少しても、夫の家事関与ではなく子育て関与が少ないことが、妻の関係満足度を低下させているのである（伊藤ほか, 2003）。すなわち、家事の負担が妻に大きいことは"仕方ない"こととして受け止めても、子育てについては夫にも相応に関わってほしいという妻の願望の表れだといえる。

　一方、家事関与や子育て関与が夫婦関係満足度に及ぼす影響は、妻の就業形態によっても異なってくる。夫の家庭関与が夫婦関係に影響し（伊藤・相良・池田, 2006）、夫婦関係が育児不安や養育態度に影響することが明らかにされているが（中川, 2008; 中谷, 2009）、その影響の仕方にはジェンダー差がある。妻の夫婦関係満足度は夫の子育てに関する意識や行動の影響を受けやすいが、夫の夫婦関係満足度は、妻に比べると、妻の子育てにおける意識や心理状態の影響をそれほど受けない（中谷, 2009）。しかし、夫の家庭関与が夫自身の夫婦関係満足度に影響していないのは専業主婦の家庭のみで、共働き家庭では夫の家庭関与は妻の夫婦関係満足度を高めるのみならず、夫自身の関係満足度にも強く影響していた（伊藤ほか, 2006）。また、夫婦関係の影響の仕方は、妻が専業主婦か共働きかという就業形態によって異なってくるだけでなく、夫の性役割観にも影響されるのである。

b. ワーク・ライフ・バランス

　ワーク・ライフ・バランスとは「仕事と生活の調和」という意味で、わが国で盛んにいわれ出したのは2000年代に入ってからである。急激に進む少子化と男女共同参画の推進への対処の必要から、喫緊の課題としてワーク・ライフ・バランスが問題とされるようになってきた（山口, 2009）。

　だが「男は仕事、女は家庭」という旧来の性別分業から、女性の家庭役割が軽減されないまま「男は仕事、女は家庭と仕事」という新性別分業へ移行するなかで、過重負担を怖れて若い女性たちが伝統的な性別分業を支持するようになる（内閣府, 2012）のも無理はない。わが国では出産を機に多くの女性たちが退職し、その後就業するものの、多くはパートタイム労働である。しかし、パ

ートタイムで働く女性は、フルタイムや無職の女性に比して夫婦関係満足度が低いことが明らかにされている（平山・柏木, 2005; 伊藤ほか, 2006）。

　実際、妻がパートタイムで働く家庭では、妻がフルタイムや無職に比して、妻・夫とも家計収入満足度が低い（伊藤ほか, 2006）。つまり、わが国では子どもがいる家庭で妻がパートで働く目的の第一は、家計補助なのである。このことを夫がどう受け止めるか、夫自身の性役割観によって、夫婦関係への影響の仕方や夫の精神的健康への影響が異なってくる。すなわち、妻の就労に不賛成な夫は、妻の就労によって一家の稼ぎ手としての役割を果たしていないと不適応を感じたり（Simon, 1995）、夫が稼ぎ手として不十分と感じている場合、うつ傾向や夫婦関係の葛藤が強い（Crowley, 1998）。日本でも、妻の就業に対する夫の考え方や性役割観が夫婦関係の現実（例えば、家事分担のあり方）と矛盾するか否かに精神的健康が左右されることが明らかにされている（Sagara, Ito, & Ikeda, 2006）。先にみたように、日本では根強い分業意識から「夫＝稼ぎ手」であるため、夫の収入の高さは妻の結婚満足度を高めるが（伊藤・池田・相良, 2014）、大多数が有職であるアメリカの妻では影響しないことが報告されている（Kamo, 1993）。長時間労働の解消によるワーク・ライフ・バランスは、本人の心身の健康のためだけでなく、男女共同参画の点からも必要なのである。

c. コミュニケーション

　夫婦にとって最も重要なのはコミュニケーションであることは論を待たない。しかし、男性のリポート・トーク（事実や用件だけを話す）、女性のラポール・トーク（相手との関係を強めるために話す）といわれるように、夫婦間葛藤を引き起こす大きな原因の一つが、男女間のコミュニケーションのあり方でもある（野末, 2014）。

　夫婦の会話時間の実態を全国家族調査（NFRJ08）でみると（土倉, 2010）、平日では30〜40代の壮年層で、男女とも30分未満が最も多く3割強である。それが50代、さらに退職を迎えた60代になると会話時間は増大し、1.5〜2時間未満が1割前後にまで増えてくる。やはり、仕事に子育てにと忙しい壮年期には、十分な会話時間を確保することは難しい。

　一方、コミュニケーションのなかで、物理的な会話時間ではなく自己開示（自

分の心情の吐露）についてみると、男性の場合、友人や職場の人への開示は子育て期に比べ中年期になると減ってくるが、配偶者に対しては変化がない。逆にいえば、歳とともに周囲との関係が狭まるにつれ、開示対象は配偶者に限定されてくる（伊藤・相良・池田, 2007）。そのため、配偶者に自己開示すること（できること）は、男性の精神的健康を左右する（伊藤, 2008）。

　では、夫婦の会話時間や自己開示が夫婦関係満足度にどう影響しているのかを子育て期と中年期でみると（伊藤ほか, 2007）、女性ではどちらのライフステージでも共に強く影響し、満足度への規定力も高い（約40％）。一方男性では、両者を合わせた規定力は女性に比べ半減するが、子育て期には会話時間が、中年期には自己開示が関係満足度を高めていた。そしてどちらのライフステージでも、配偶者への自己開示は男性の精神的健康を高める役割を果たしていた。

　わが国では、おもに中年期の夫婦を対象にコミュニケーション様態が明らかにされているが（平山・柏木, 2001, 2004）、男性に多い威圧や無視・回避ではなく、共感的態度が夫婦のコミュニケーションに欠かせないことは、今さらいうまでもない。

3　退職後の夫婦関係

　長寿命化がいわれて久しい。今や平均寿命は男性で80.2歳、女性で86.6歳に達する（厚生労働省, 2014a）。就業者の7割は雇用者で、多くはいずれ退職を迎える。また、現在では少子化が進み、子世代の高学歴化はあるものの、昔に比べれば子育て期間は短縮している。すなわち、仕事や子育てから解放されてからの期間が20〜40年はある。また、子どもが成人した後、夫婦二人で生活する者は多い。世帯構成からみると、65歳以上の者がいる世帯では高齢者だけの世帯が半数を占め、そのうち最も多いのは夫婦のみの世帯で（31.1％）、親子孫の三世代世帯（13.2％）は今や少数派になった（厚生労働省, 2014b）。

a. 夫婦の共同活動

　夫の退職によって、夫はもちろん、妻もそれまでのライフスタイルの変更を余儀なくされるなどの影響がある。夫の定年は、妻にとって夫婦関係の危機を

もたらすと自覚されている場合が多い（岡村，2006）。その一方、定年前後の男性を対象にした縦断調査によれば、退職前から退職後にかけて、家事参加や夫婦の会話時間、夫婦の共同活動の増大が報告されており（東京都老人総合研究所，1991）、定年を境にして男性の家庭・家族への関与が増加していることが推測される。

定年退職が個人の適応にどう影響するかを検討した研究は多いが、夫婦関係への影響をみたものは少ない。横断調査ながら、夫が50代の現役世代夫婦と、夫が60〜74歳の退職世代夫婦を比較した研究をみると（伊藤・相良，2012a）、先の縦断研究同様、家事参加や夫婦の会話時間、夫婦の共同活動はいずれも増大していた。そして、それらが夫婦関係満足度に及ぼす影響も大きかった。妻では、夫の退職以前から会話時間や共同活動が関係満足度への影響は大きかったが、夫では退職前は影響していなかった会話時間や共同活動が、退職後には関係満足度を高める要因になっていた。一緒に買い物をしたり、外食や旅行に行ったり、また趣味の活動を一緒に行うなどの共同活動が、退職後の関係満足度を高めるといえよう。一方、高齢期になると、男女とも個別性を志向するようになる（伊藤・相良，2010）。高齢期の余暇活動における個別性と共同性は、夫婦の関係性のあり方に大きく左右される（宇都宮，2014b）。

b. ソーシャルサポート

コミュニケーション同様、ソーシャルサポートのなかでも、情緒的サポートは結婚生活を送る上で重要な要因である。結婚生活のなかで、配偶者が道具的サポートだけでなく情緒的サポートの対象たりうるかは、結婚満足度と密接に結びつく（稲葉，2004）。しかし、そこには大きなジェンダー差がある。末子の年齢別にみた配偶者からの情緒的サポートを全国家族調査（NFRJ08）の結果からみると（稲葉，2013）、ライフステージの初期から一貫して大きな男女差がみられる。すなわち、夫の方がより多くのサポートを受領し、子育て期を通じての低下はなく、しかも高齢期になると上昇する。一方、妻は子育て期を通じて低下し続け、末子が青年期（本人は中年期）にようやく底を打ち上昇に転じるが、高齢期には夫と異なり上昇しない。わが国の場合、中高年期夫婦を対象とした愛情尺度項目の多くが情緒的サポートを表す内容から構成され、その愛情は関係

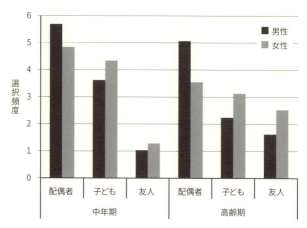

図1-2-2　7つのサポート場面を通じた各サポート対象の選択頻度（伊藤・伊藤・池田・相良, 2004）

満足度と高い相関をもつことから（伊藤・相良, 2012b）、情緒的サポートおよび関係満足度における妻と夫の差異は埋めがたい。

実際、誰を情緒的サポート（例：安心して一緒にいられる、率直に意見を交わしあえる）の対象とするかを中年期と高齢期の夫婦に尋ねたところ（伊藤・伊藤・池田・相良, 2004）、ライフステージによる違いが女性でみられた。先の自己開示と同様、男性のサポート源は年齢が上がるとともに配偶者に集中しがちであるのに対して、女性では配偶者の選択頻度が減少し、代わって友人の頻度が増していた（図1-2-2）。男性は配偶者の感情を共感的に理解することが困難なため、配偶者が困っているとき、情緒的サポートを求めているときでもその必要性を過小評価し、相手を失望させるという（野末, 2014）。その積み重ねの結果、役割を終えた高齢期になると、もはや夫には期待しないという妻が生まれてくるのであろう。女性では、こうして結婚生活を継続していくための適応戦略として、諦めや個人化（個別化）、役割の切り離しが行われると考えられる。もちろん、宇都宮（2014a）が指摘するように、夫婦の関係性のあり方によることはいうまでもない。

引用文献
池田政子・伊藤裕子・相良順子（2005）「夫婦関係満足度にみるジェンダー差の分析──関係は、なぜ維持されるか」『家族心理学研究』19（2）, pp. 116-127.

伊藤裕子（2008）「夫婦関係における男性」，柏木惠子・高橋惠子（編）『日本の男性の心理学――もう1つのジェンダー問題』（pp. 97-119）有斐閣．
伊藤裕子（2015）「夫婦関係における親密性の様相」『発達心理学研究』26（4），pp. 279-287．
伊藤裕子・池田政子・相良順子（2003）「職業生活と家庭生活が夫婦の心理的健康に及ぼす影響――ジェンダー・ギャップの視点から」『平成13～14年度科学研究費補助金基盤研究（C）（1）研究成果報告書』．
伊藤裕子・池田政子・相良順子（2014）『夫婦関係と心理的健康――子育て期から高齢期まで』ナカニシヤ出版．
伊藤裕子・伊藤あや子・池田政子・相良順子（2004）「ソーシャルサポートと夫婦の心理的健康――中年期と老年期の比較を通して」『聖徳大学研究紀要（人文学部）』15, pp. 47-53．
伊藤裕子・相良順子（2010）「中年期から高齢期における夫婦の役割意識――個別化の視点から」『文京学院大学人間学部研究紀要』12, pp. 163-176．
伊藤裕子・相良順子（2012a）「定年後の夫婦関係と心理的健康との関連――現役世代との比較から」『家族心理学研究』26（1），pp. 1-12．
伊藤裕子・相良順子（2012b）「愛情尺度の作成と信頼性・妥当性の検討――中高年期夫婦を対象に」『心理学研究』83（3），pp. 211-216．
伊藤裕子・相良順子（2015）「結婚コミットメント尺度の作成――中高年期夫婦を対象に」『心理学研究』86（1），pp. 42-48．
伊藤裕子・相良順子・池田政子（2006）「多重役割に従事する子育て期夫婦の関係満足度と心理的健康――妻の就業形態による比較」『聖徳大学研究紀要（人文学部）』17, pp. 33-40．
伊藤裕子・相良順子・池田政子（2007）「夫婦のコミュニケーションが関係満足度に及ぼす影響――自己開示を中心に」『文京学院大学人間学部研究紀要』9（1），pp. 1-15．
稲葉昭英（2004）「夫婦関係の発達的変化」，渡辺秀樹・稲葉昭英・嶋崎尚子（編）『現代家族の構造と変容――全国家族調査（NFRJ98）による計量分析』（pp. 261-276）東京大学出版会．
稲葉昭英（2013）「インフォーマルなケアの構造」，庄司洋子（編）『シリーズ社会福祉学4 親密性の福祉社会学――ケアが織りなす関係』（pp. 227-244）東京大学出版会．
宇都宮博（2014a）「高齢期の夫婦関係と幸福感」，柏木惠子・平木典子（編）『日本の夫婦――パートナーとやっていく幸せと葛藤』（pp. 59-78）金子書房．
宇都宮博（2014b）「高齢者の結婚生活の質と心理的適応および余暇活動――関係性ステイタスの観点から」『高齢者のケアと行動科学』19, pp. 45-62．
岡村清子（2006）「定年退職と家庭生活」『日本労働研究雑誌』550, pp. 67-82．
落合恵美子（1997）『21世紀家族へ（新版）――家族の戦後体制の見かた・超えかた』有斐閣．
柏木惠子・平山順子（2003）「夫婦関係」『児童心理学の進歩 vol.42』（pp. 85-117）金子書房．
厚生労働省（2014a）「平成25年簡易生命表の概況」．
厚生労働省（2014b）「平成25年国民生活基礎調査の概況」．
国立社会保障・人口問題研究所（編）（2012）「わが国独身層の結婚観と家族観――第14回出生動向基本調査 第Ⅱ報告書」『調査報告資料』30, 厚生統計協会．
土倉玲子（2010）「夫婦関係」，日本家族社会学会 全国家族調査委員会（編）『第3回家族についての全国調査（NFRJ08）第一次報告書』（pp. 79-88）．
東京都老人総合研究所社会学部門（1991）「定年退職に関する長期的研究（3）――職業・生活の変化についての追跡調査」．
内閣府（2007）「男女共同参画白書（平成19年版）」．
内閣府（2012）「男女共同参画社会に関する世論調査（平成24年10月）」．
中川まり（2008）「夫の育児・家事参加と夫婦関係――乳幼児をもつ共働き夫婦に関する一研究」, 小平記念日立教育振興財団日立家庭教育研究所（編）『家庭教育研究所紀要』30, pp. 97-109．

中谷祥子(2009)「夫婦間の満足度と子育てに関する意識との関連」,小平記念日立教育振興財団日立家庭教育研究所(編)『家庭教育研究所紀要』31, pp. 169-176.
野末武義(2014)「夫婦間葛藤をめぐる悪循環——自己分化とジェンダーの観点から」,柏木惠子・平木典子(編)『日本の夫婦』(pp. 101-122)金子書房.
平山順子・柏木惠子(2001)「中年期夫婦のコミュニケーション態度——妻と夫は異なるのか?」『発達心理学研究』12(3), pp. 216-227.
平山順子・柏木惠子(2004)「中年期夫婦のコミュニケーションパターン——夫婦の経済生活及び結婚観との関連」『発達心理学研究』15(1), pp. 89-100.
平山順子・柏木惠子(2005)「女性の生き方満足度を規定する心理的要因——今,女性の"しあわせ"とは?」『発達研究:発達科学研究教育センター紀要』19, pp. 97-112.
山口一男(2009)『ワークライフバランス——実証と政策提言』日本経済新聞出版社.
Bradbury, T. N., and Fincham, F. D., and Beach, S. R. H. (2000) Research on the nature and determinants of marital satisfaction: A decade in review. *Journal of Marriage and the Family*, 62(4), pp. 964-980.
Crowley, M. S. (1998) Men's self-perceived adequacy as the family breadwinner: Implications for their psychological, marital, and work-family weil-being. *Journal of Family and Economic Issues*, 19(1), pp. 7-23.
Jacobson, N. S. (1990) Commentary: Contributions from psychology to an understanding of marriage. In F. D. Fincham and T. N. Bradbury (Eds.) *The psychology of marriage* (pp. 258-275). New York: Guilford Press.
Johnson, M. H., Caughlin, J. P., and Huston, T. L. (1999) The tripartite nature of marital commitment: Personal, moral, and structural reasons to stay married. *Journal of Marriage and the Family*, 61(1), pp. 160-177.
Kamo, Y. (1993) Determinants of marital satisfaction: A comparison of the United States and Japan. *Journal of Social and Personal Relationship*, 10(4), pp. 551-568.
Kurdek, L. A. (1999) The nature and predictors of the trajectory of change in marital quality for husbands and wives over the first 10 years of marriage. *Developmental Psychology*, 35(5), pp. 1283-1296.
Van Laningham, J., Johnson, D. R., and Amato, P. (2001) Marital happiness, marital duration and the U-shaped curve: Evidence from a five-year panel study. *Social Forces*, 79(4), pp. 1313-1341.
Sagara, J., Ito, Y., and Ikeda, M. (2006) Gender-role attitude and psychological well-being of middle-aged men: Focusing on employment patterns of their wives. *Japanese Psychological Research*, 48(1), pp. 17-26.
Simon, R. W. (1995) Gender, multiple roles, role meaning, and mental health. *Journal of Health and Social Behavior*, 36(2), pp. 182-194.

第2章
「夫婦になる」ということ

第2章 「夫婦になる」ということ

第1節 恋愛から婚約、結婚への道のり
——夫婦関係の成立に向けて

宇都宮博

1 はじめに

　本書の焦点は、言うまでもなく結婚後のカップル、すなわち夫婦関係の生涯発達である。しかしながら、恋愛結婚が見合い結婚を上回ってすでに半世紀が経過し、今日では大多数を占めるに至っている。日本では、たいていの場合、関係性の形成が結婚に至るまでの交際期間に始まっているのが現実である。

　そこで本節では、わが国における近年の結婚をめぐる状況を概観した上で、結婚に対する態度の主要な形成要因として、両親の夫婦関係からの影響に着目する。さらに、結婚までのプロセスに関わる諸要因の研究を紹介する。そして、最後に婚約期におけるコミットメントの問題を取り上げ、次節以降の夫婦関係の各論へとつなげたい。

　ただし、わが国では関連の研究が著しく遅れているため、研究の動向を検討するにあたり、基本的に欧米の研究成果に頼らざるを得ない。言うまでもなく、結婚や家族の成り立ちについては、文化的、歴史的背景が大きく異なることから、慎重な解釈が必要であることをあらかじめ記しておく。

2 現代社会における結婚をめぐる状況

a. 結婚に関する人口動態とその背景

　人口動態統計によると（厚生労働省大臣官房統計情報部, 2016）、初婚年齢は、男女それぞれ1947年時には26.1歳、22.9歳であったが徐々に上昇し、2014年では男性が31.1歳、女性が29.4歳となっている。いわゆる晩婚化が進展していることがわかる。成人の未婚者の割合については、5年に一度実施される国税調査（総務省統計局, 2014）の最新のデータによると、男性では「25〜29歳」71.8％、「30〜34歳」47.3％、「35〜39歳」35.6％、女性では「25〜29歳」60.3％、「30〜34

歳」34.5%、「35〜39歳」23.1%であった。30代に入るまでは、男女ともに未婚者が有配偶者よりも多い状況となっている。ちなみに、1950年時の30代の未婚率をみると、男女それぞれ「30〜34歳」が8.0%、5.7%、「35〜39歳」が3.2%、3.0%であることから、未婚化も進んでいることが理解できる。

　チェアリン（Cherlin, 2004）は、結婚の意味をめぐり、20世紀から今日に至るまでの間にいくつかの段階を経ていると論じている。彼によれば、20世紀初頭までは愛情は二の次とされ、家族の役割遂行が重視された"制度的結婚（institutionalized marriage）"が顕著であったが、同半ばには情緒的なきずなや友情によって特徴づけられる"友愛（伴侶）的結婚（companionate marriage）"に移行したとしている。そして1960年初頭になると、より個々の発達を優先させた"個人的結婚（individualized marriage）"へと変容を遂げたという。わが国で生じている晩婚化や未婚化も、結婚の個人的機能が重視される方向にあることを示唆しているものと考えられる。個人的な人生の目標追究が重視される社会では、夫婦であっても別個の人格をもつ存在であることを意識する必要があり、自らの結婚を展望する際にアイデンティティの問題（Brown, 1999）が浮上していることが推察される。

b. 独身者の結婚意思

　独身者の結婚に対する態度にはさまざまな要因が関与しており、個々人によってそれぞれのもつインパクトは異なるものと考えられる。ここでは、国立社会保障・人口問題研究所が実施した「第14回出生動向基本調査 結婚と出産に関する全国調査（独身者調査）」で得られた結果について、いくつか紹介しておく。なお、対象者は18歳から34歳までの若年成人であった。

　結婚への意欲については、男女共通して9割弱の者が"いずれ結婚するつもり"であると考えていた（男性86.3%、女性89.4%）。調査対象となった年齢層の大多数の者が、自身の人生に結婚を組み込んだ展望を有していることがわかる。しかしながら、結婚することと独身生活双方の利点の有無については、男女共通して、独身生活の方に多くの利点を見出している傾向がみられる（結婚の利点：男性62.4%、女性75.1%、独身生活の利点：男性81.0%、女性87.6%）。男性では、相対的に低所得とされる"パート・アルバイト"（55.5%）と"無職・家事"（45.8%）に

おいて、結婚に利点があるとする割合の低さが確認されている。

　結婚の利点の中身については、男女ともに"子どもや家族をもてる"が最も多いが（男性33.6％、女性47.7％）、男女間での開きが大きい項目でもあった。唯一の社会的に認められた性生活を営む（子どもをもてる）という特性が、とくに女性にとって、結婚の魅力として強く認識されていることがわかる。"経済的余裕をもてる"も、相対的に男女間で大きな差が認められた項目である（男性4.1％、女性15.1％）。結婚の利点に関する男性の結果も考慮すると、男性が結婚をする上で、経済的基盤の確立が切実な課題であることがうかがわれる。2番目に該当者が多かったのは、"精神的安らぎの場が得られる"（男性32.3％、女性29.7％）であったが、これは結婚の個人的機能の充足に対応した性質であるといえる。

　その他、本調査で注目される結果として、交際相手のいない未婚者の多さ（男性61.4％、女性49.5％）が挙げられる。さらに、その半数近く（男性45.0％、女性45.7％）が、異性との交際自体を望んでいなかった。"適当な相手にめぐり会わない"というマッチングの問題や、独身生活と結婚とを秤にかけて独身生活の利点が上回るといった条件面の問題だけでなく、そもそも特定の異性とのパートナーシップを求めない者が一定数いることがうかがえる。むろん、本調査で尋ねた交際は異性を前提とされており、多様なセクシュアリティのパートナーシップについて考慮する必要性を示唆しているのかもしれない。

c. 配偶者との出会いと交際期間、および結婚のきっかけ

　実際に結婚を選択した人々は、どのような交際を経て結婚に至ったのであろうか。ここでは、交際期間ならびに、配偶者との出会いおよび結婚のきっかけに注目してみたい。「第14回出生動向基本調査 結婚と出産に関する全国調査（夫婦調査）」によると、平均交際期間では、男女（過去5年以内に結婚し、自身と配偶者ともに初婚の場合）それぞれ、第9回（1987年）で2.54年と3.15年であったのが、第14回（2010年）では4.26年と4.48年となっている。その間に行われた4度の調査でも、一貫して右肩上がりで上昇している。特定の相手との交際期間が長期化していることが指摘できる。婚約の有無や、結婚のタイミング（婚約期の長さ）については、調査で尋ねられていないため不明である。

　出会いおよび結婚のきっかけについては、第14回（2010年）のデータに着目

すると、出会ったきっかけでは、"職場や仕事で"（29.3%）、"友人・兄弟姉妹を通じて"（29.7%）、"学校で"（11.9%）の3つで7割を占めていた。なお、お見合い結婚は、現在ではかなり少数派となっている（第14回調査では5.2%）。

一方、結婚のきっかけは妻の結婚年齢で違いがみられ、25歳未満の場合、"子どもができた"が半数を占めていた（50.0%）。以下"できるだけ早く一緒に暮らしたかった"（28.1%）、"年齢的に適当な時期だと感じた"（24.6%）と続く。これに対し、25歳以上になると、"年齢的に適当な時期だと感じた"（25〜29歳：53.9%、30〜34歳：57.8%、35歳以上：55.6%）が過半数を占め、次いで"できるだけ早く一緒に暮らしたかった"（25〜29：22.7%、30〜34歳：19.3%、35歳以上：30.3%）となっている。25歳以上で"子どもができた"の割合は低い（25〜29歳：12.4%、30〜34歳：11.6%、35歳以上：6.0%）。自分（たち）のなかで設定する適齢期が大きく作用しているようである。"できるだけ早く一緒に暮らしたかった"という理由は、結婚しない状態での共同生活、すなわち同棲が浸透していないわが国の状況を反映しているといえる。同棲については、後に詳しく取り上げる。

3　結婚・離婚への態度と世代間伝達

人々の結婚に対する態度の基盤や背景を探ろうとする研究では、彼らの成育歴、とりわけ源家族の特性に着目した取り組みが比較的多くみられる。なかでも両親がいる家庭では、父母の結婚生活が何によってつながっているのか、この点は子どもが成人期に持続的な親密な関係を構築する上で非常に重要な文脈である。両親の夫婦としての関係を通して、他者とのコミットメントの基盤を学ぶこととなる（Weigel, Bennett & Ballard-Reisch, 2003）。

青年や初期成人を対象とした研究では、両親の婚姻状態や結婚生活の質と子どもの結婚に対する態度との間に関連が示されている。例えば、アクシンとソートン（Axinn & Thorton, 1996）は、親の離婚を経験した者は結婚をしている人が幸福であると信じない傾向にあり、単身でいるよりも結婚する方がよいとは考えていないことを明らかにしている。また、ティーチマン（Teachman, 2002）は、親の離婚を経験した成人は、自分自身も離婚を選択する傾向があることを報告している。

されている。例えば、伊東（1997）は、成人女子において、両親の結婚生活を幸福なものととらえる者ほど結婚に対する肯定的態度を有し、結婚への意思が高まることを見出している。また、山内・伊藤（2008）は、両親の関係が良好であると青年が認知した場合に、自身の結婚観に影響を与えることを明らかにしている。一方、ウィルビィら（Willoughby, Carroll, Vitas, & Hill, 2012）は、父親と成人子の結婚に対する態度（結婚のタイミングおよび重要性）の関連が父親の結婚生活の質によって異なり、その質が適応的であるほど親子間で類似していることを見出している。このほか、タスカーとリチャード（Tasker & Richards, 1994）は、両親の離婚が子どもの結婚へのとらえ方を否定的なものにする働きを有するが、とくに両親間葛藤のレベルが高い状況下にあてはまりやすいことを確認している。

　これまでの研究から、結婚および離婚への態度における世代間伝達をめぐっては、両親の夫婦関係の観察によるモデリングの影響が指摘される。その一方で、親たちが子どもへのサポートや統制を通じて、自分たちと態度を類似させるよう、直接的に働きかけている可能性も考えられるため（Gecas & Seff, 1990; Peterson & Rollins, 1987）、慎重な理解が必要であると考えられる。また、近年では、青年後期や成人初期の子どもを対象とした両親間葛藤による心理的影響の研究も漸増しており（例えば、Amato & Afifi, 2006; Kline, Wood & Moore, 2003; Turner & Kopiec, 2006）、巣立ったはずの両親間の不和への巻き込まれや三角関係化が、成人子の結婚への態度や交際相手との結婚をめぐる実際の意思決定プロセスに与える影響などが注目されるところである。

4　恋愛から結婚へのプロセスに関わる諸要因

　ここでは、新婚期への移行や適応に影響を及ぼす結婚前要因として検討されてきた、「デイティング」と「同棲」に焦点を当てて議論することとする。

a. デイティングの多様性

　ロマンティック（恋愛）関係についての研究では、デイティングの概念が頻繁

に用いられている。わが国でも、交際相手と行動をともにする際などに「デートをする」という表現が広く用いられているが、欧米のデート文化の影響を少なからず受けたものと理解できる。デイティングには、多様な形態があり、1対1だけでなく、グループや2対2などで行われる場合もある。また、友人などからの紹介によって未知の相手と行うブラインド・デイティングや、情報化の進展にともないインターネット・デイティングといった形態も出現している。いずれにしても、分析の主流は、二者関係の深まりに注目したカジュアル・デイティングとシリアス・デイティングの違いや変容のプロセスであるように思われる。

　例えば、マンラブら（Manlove, Welti, Wildsmith & Barry, 2014）では、成人初期のデイティングのあり方として"交際期間が浅く、親密性、コミットメントおよび葛藤が低い群"、"交際期間が浅いが、親密性とコミットメントが高く、葛藤が低い群"、"交際期間が長く、葛藤が高く、親密性とコミットメントが低い群"、"交際期間が長く、親密性とコミットメントが高く、葛藤が低い群"を抽出している。ここでのコミットメントは、現在のパートナーとの関係が将来も継続するという見通しや意欲を意味していた。最後の4つ目の群はシリアスで適応的な状態といえるが、コミットメントの特徴として、ほとんどの者（95%）が半年先も二人の交際が継続することを予想し、大半（89%）が結婚についてパートナーと議論していた点が挙げられる。

　青年期から成人初期にかけてのロマンティック関係の発達モデルをみると、恋愛の最終段階としてコミットメントを位置づけているものがみられる（Brown, 1999; Connolly & Goldberg, 1999）。ブラウンは青年後期や成人前期での最終段階を「きずな期」と位置づけ、この時期にはカップルに将来を見据えた実利的な展望も芽生え、長期に及ぶコミットメントが熟考されようになるとしている。そのため、真剣な交際の表れとして、コミットメントがシリアスに対応するものとして位置づけられ、カジュアル・デイティングと比較される場合もある（Eisenberg, Ackard, Resnick & Neumark-Sztainer, 2009）。

　ところで、マンラブら（2004）もアイゼンバーグら（2009）も、ともにセックスに対する態度との関連を検討したものである。このようにデイティングとセックスの問題を関連づけた研究は、デイティングとセックスのタイミング

(Willoughby, Carroll & Busby, 2014) や、シリアス・デイティング、カジュアル・デイティング、交際していない相手とのセックスの比較（Paik, 2010）、コミットメントと交際相手以外とのセックスの関連（McAlister, Pachana & Jackson, 2005）など比較的多くみられる。同種の研究は、夫婦を対象としても展開されており（例えば、Dzara, 2010; Waite & Joyner, 2001）、夫婦の表出的行動（愛情表出や性的交流）と道具的行動（子どもの妊娠）をあわせもつものとして興味深い。しかしながら、結婚の有無を問わず、わが国ではほぼ手つかずの状態となっている領域である。若年夫婦のセックスレス化が社会の関心を集めているわが国でも、重要な研究課題であると考えられる。

関係の持続や深化に関連する研究テーマとして、恋愛のサイクリングの問題も注目される。サイクリングとは、同じ相手との交際と別れを繰り返す状態である。安定した持続的関係に比べると、サイクリングの関係では、コミットメントや満足度が低く、コミュニケーションが乏しく、関係の不確実性が高く、言語的、身体的攻撃が高いことが報告されている（例えば、Dailey, Middleton & Green, 2012; Halpern-Meekin, Manning, Giordano, & Longmore, 2013）。また、サイクリングを経験した者は、さらなるサイクリングのリスクに曝されやすく、関係から容易には抜け切れない拘束的な状況に置かれることが明らかとなっている（Vennum, Lindstrom, Monk & Adams, 2014）。サイクリングの同棲カップルは、結婚の可能性が低く（Binstock & Thornton, 2003）、結婚前にサイクリングを行っている場合、結婚生活が開始してから5年にわたり、関係への満足感が低い状態で持続していたこと（Vennum & Johnson, 2014）などが報告されている。これらの知見をふまえると、俗にいう「元のさやに戻る」や「よりを戻す」といった選択をしたカップルが、その後どのような方向に進んでいくかを追跡していく必要があり、夫婦関係の形成をめぐる学術的テーマとして有用ではないかと考えられる。

b. 同棲期間の位置づけ

真剣な交際へと進展し、パートナーとの結婚を視野に入れるようになると、試行期間として同棲という選択肢を考えるカップルがいるかもしれない。しかし実際には、先の「第14回出生動向基本調査」結婚と出産に関する全国調査（独

身者調査）によると、わが国の同棲経験のある未婚者（18〜34歳）はかなり少数派であり、男女それぞれ5.5%、5.8%に過ぎない。わが国では、デイティングから同棲を経るケースは稀であり、直接結婚生活へと移行しているものと考えられる。

　一方、アメリカでは、たいていの場合、結婚生活の前に同棲が先行して生じており、同棲は結婚へのプロセスにおいて重要な役割を担っている（Cherlin, 2009; Kennedy & Bumpass, 2008）。しかしながら、全体としてみると、同棲が結婚へと移行するケースは減っているようである（Bumpass & Lu, 2000）。結婚を念頭に置き、同棲を開始させるカップルもいるが、多くのカップルは同棲に至った経緯を成り行きだとしている（Lindsay, 2000）。また、初期の結婚意思は時間の経過にともなって衰退していき、その傾向がとくにみられるのは過去に同棲経験をもつ者であるという（Vespa, 2014）。同棲を始めたカップルでは、夫婦よりも当事者間の不協和が生じやすいことが指摘されているが（Manning & Smock, 2005; Nock, 1995）、その一因として、将来の結婚をめぐる見解に大きな相違が生じやすい（Waller & McLanahan, 2005）ことが関係しているのかもしれない。

　結婚を前提に始まる同棲は少数であることから（Vespa, 2014）、結婚と同棲のつながりは弱まってきているともいえよう（Bumpass & Lu, 2000）。むしろ、結婚とは異なる独自の結びつきとして、同棲というパートナーシップのあり方が模索されているのかもしれない。しかしながら、同棲という結びつきは、夫婦や婚約カップルといったカテゴリーとは異なり、とらえることが困難な曖昧な関係といわれている（Lindsay, 2000）。スタンレーら（Stanley, Rhoades & Fincham, 2011）は、同棲カップルの多い背景に、成人初期の人々の間でそうした関係の曖昧さを選好する傾向が高まっている可能性を指摘している。

　そうした曖昧さゆえか、同棲関係は結婚に比べると、かなり短い期間（平均2年間程度）で終わりを迎えることが報告されている（Kennedy and Bumpass, 2008）。コペンら（Copen et al., 2013）によると、どのような解消の仕方かも重要であり、同棲カップルの多くが直面するであろう過渡期（解消もしくは結婚）は2年以内に訪れやすいものの、解消のタイミングの方が結婚への移行に比べると平均で数か月早い。

　なかには、さまざまな相手と短期間の同棲を繰り返す場合があり、"連続型同棲

(serial cohabitation)" と呼ばれている。この同棲をめぐっては、とくに女性の心身への影響が懸念されている。彼女らは、同棲の開始年齢が早く、セックスの相手を多くもつ傾向にあり、結婚への期待が弱いことが確認されている（Cohen & Manning, 2010）。また、結婚したとしても、同棲対象が夫だけであった女性に比べて、結婚生活の不安定性のリスクが高く、離婚率が2倍以上になるとの報告がみられる（Lichter & Qian, 2008）。結婚生活と同様に、同棲についても、その質に注目する必要性が指摘される。

5　恋愛から結婚への移行としての婚約期
──コミットメントの視点を中心に

　前項では、同棲のもつ性質の複雑性や留意点などについて論じた。ここでははじめに結婚との関連に焦点を当てて、同棲における決断の役割について検討する。そして、これまでの内容をふまえ、結婚生活への移行に向けたコミットメントの発達をめぐる問題について考えていきたい。

a. 移行期における決断の役割

　デイティングがシリアスなものとなり、結婚を意識し始めると、パートナーとの結婚を熟考したり、結婚する前に関係を試したりするために同棲を選択する場合もあると考えられるが（Johnson, Stanley, Glenn, Amato, Nock, Markman & Dion, 2002）、同棲する際に結婚を視野に入れているか否かに着目した研究がある。それによると、結婚を計画している同棲者は、その計画がない同棲者よりも関係の質が高く、婚約をしている同棲カップルと夫婦の間では、満足感の差がほぼみられないことが示されている（Brown & Booth, 1996）。明確な決断を行うことで、最後までことをやり遂げようとする強靭な行動力を生み出すことが（Brehm, 2007）、夫婦に類似した結果をもたらしている可能性がある。

　一方、スタンレー、ローデスとマークマン（Stanley, Rhoades & Markman, 2006）は、同棲のプロセスについて、流動的で自然に滑り込んでいく"流れ（sliding）"（Manning & Smock, 2005）という傾向に対して、二人の関係が健全であり続けるためには、明確なコミットメントの形成が必要であり、節目となる"決断

(deciding)"の機会の重要性を主張している。"決断"とはコミットメントを宣言し、共有することであり、婚姻制度にもとづくならば「婚約を交わす」ことが最も象徴的である。彼らによれば、関係の移行時に"流れ"というかたちがとられた場合、コミットメントの"拘束的要素"（解消を困難にする事情）が増大した際、互いのコミットメントの"献身的要素"（双方にとって、恩恵が得られる関係となるようにその質を改善させたいという願望）が弱いために、結果的に二人のこれからの関係に対してディストレスを生起させるリスクが高いとしている。決断により、コミットメントの共有が成立し、未来への安定した見通しが立つことで、より確固とした関係が築かれるのかもしれない。

ウエディング（挙式）は、コミットメントを私的な社会集団に周知してもらう機能を有することから、コミットメント・セレモニーとも呼ばれる。また、結婚のプロポーズで交わされるやりとりは、コミットメントの宣言と受諾ととらえることができる。

b. コミットメントに対する多次元的、力動的理解

本節では、すでにコミットメントという用語が何度も出ているが、その定義をめぐっては、統一的な見解に到達できていないように思われる。しかしながら、コミットメントは、結婚生活の安定性や関係の継続／解消を規定する中枢的機能として位置づけられており、多くの研究者や臨床実践家らが個人（あるいはカップル）のコミットメントのあり方に注目している。

そこで、あらためてコミットメントの概念を整理しておきたい。前項で取り上げたマンラブらでは、現在のパートナーとの関係が将来も継続するという見通しや意欲を意味していた（コミットメントの展望的側面）。このほかにも、婚姻制度にもとづいて、または信仰上、死が二人を分かつまで夫婦であり続けることを約束するといった"宣誓"を指す場合もある（コミットメントの制度的側面）。むろん、恋愛の帰結として結婚を位置づけるならば、これにパートナーへの愛の誓いも含まれることになる。しかし、実際の結婚生活が始まると、最初の誓いは万能薬ではないため、効力が維持されにくくなる。そのことは、今日の離婚件数の多さはもとより、やむを得ない理由で離婚しない家庭内別居などの現実からも容易に理解できるところである。

第2章 「夫婦になる」ということ

　結婚生活に対するコミットメントについては、単に関係継続への長期的な見通しや最初の誓いだけでは、現実に十分対応することは困難である。そこで、どのような性質を帯びたコミットメントなのかに着目した多次元的な理解が不可欠となっている。先述のスタンリーは、コミットメント研究を牽引してきた第一人者であり、彼とその仲間たちは精力的な活動を続けている。彼らは先述したようにコミットメントを"献身的要素"と"拘束的要素"とに大別している（Stanley & Markman, 1992）。一方、ジョンソン、コーリンとヒューストン（Johnson, Caughlin & Huston, 1999）は、"個人的"（続けたい）、"道徳的"（続けるべき）、"構造的"（続けなければならない）の3次元で構成されるとしている。アダムスとジョーンズ（Adams & Jones, 1997）や伊藤・相良（2015）も、彼らと類似した3因子構造を報告している。これらの各次元は、相互に密接に関連しながらも、基本的には独立したものとみなし、個人あるいはカップルでのそれらの組み合わせをとらえる必要性を示唆している。

　一方、宇都宮（2010）は、「コミットメント志向性」によるアプローチを提唱している。すなわち、どのようなかたちでの関係継続を望むかは、相手の反応も含め、状況により変容するとし、生涯にわたり展開する可能性を示唆するモデルである。図2-1-1に示す通り、志向性は2つに別れており、左側が継続のあり方に対して関心を有する「探求ルート」である。右側は関係継続を自明のものとし、パートナーへの他者性の感覚が希薄で、継続の質に関心を示さない「非

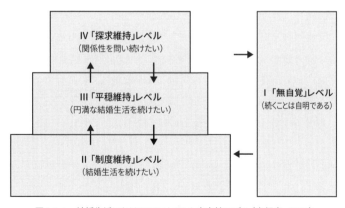

図2-1-1　結婚生活におけるコミットメント志向性モデル（宇都宮, 2010）

探求ルート」である（宇都宮, 2014）。「探求ルート」は、さらに結婚生活での要求水準で異なり、"探求維持"、"平穏維持"、"制度維持"の3つに分けられている。

配偶者をもつ者は、結婚生活を歩むなかでいずれかのルートに位置し、自己あるいは配偶者のターニング・ポイントなどを契機に探求ルート内ないしは両ルート間を移行する可能性を秘めている。「コミットメント志向性」は、夫婦関係の生涯発達をとらえる試みであり、コミットメントの重層性と可変性を視野に入れたダイナミックなモデルといえる。今後実証的検討の積み上げが期待されるとともに、それぞれの志向性にもとづいた心理臨床実践や心理教育のあり方についても議論が望まれるところである。

c. 婚約期のコミットメントの構造

恋愛から結婚への移行期でのコミットメントに着目した研究はわずかであり（Owen, Rhoades, Stanley & Markman, 2011）、内外を通してもいまだ十分に解明されていない状況にある。以下、筆者によるわが国の婚約期の人々を対象としたオンライン調査（Utsunomiya, 2016）の結果を紹介しておきたい。対象者は、自己とパートナーがともに20代ないしは30代で、結婚歴をもたず、子ども（妊娠を含む）のいない人々であった。

分析の結果、コミットメントは、表2-1-1の通り、方向性をとらえる「関係的コミットメント」、「合理的コミットメント」、「拘束的コミットメント」と、価値や必要性をとらえる「コミットメントの無自覚・欠如」から構成されることが示された。方向性に関しては、下位次元が抽出され、「関係的コミットメント」は"人格的非代替性"と"情緒的充足"、「合理的コミットメント」は"価値・信念"と"実利・生活"、「拘束的コミットメント」は"社会的支障"と"別離困難"で構成されていた。

方向性を示す3つの柱は、夫婦を対象としたアダムスとジョーンズ（Adams & Jones, 1997）、ジョンソンら（Johnson et al., 1999）、伊藤・相良（2015）とおおむね符合する構造であると考えられた。図2-1-2は、男女の各方向性の得点を示したものである。男女共通して、関係的コミットメントが高得点であることがわかる。一方で、男女差も確認され、女性は「関係的コミットメント」の"人格的非代替性"と"情緒的充足"が有意に高く、男性は「合理的コミットメント」

表2-1-1　プレマリタル・コミットメント・インベントリーの質問項目の一部（Utsunomiya, 2016）

関係的コミットメント	人格的非代替性	彼（彼女）を本当に愛している
		彼（彼女）は、かけがえのない唯一無二の存在である
	情緒的充足	彼（彼女）と一緒にいると、楽しい
		彼（彼女）と一緒にいると、落ち着く
合理的コミットメント	価値・信念	結婚すると約束したのなら、きちんとやり遂げるべきだ
		結婚は使命であり、きちんと責任を果たすべきである
	実利・生活	彼（彼女）がいると、何かと役に立つ
		生活の安定のために、彼（彼女）が必要である
拘束的コミットメント	社会的支障	婚約を解消したら、自分の家族が不快に思う
		婚約を解消したら、自分のコミュニティ（例えば、職場や趣味活動の場など）の中で立場がない
	別離困難	婚約を解消しようとしても、彼（彼女）が承諾してくれないだろう
		これが自分の運命だと思い、あきらめている
コミットメントの無自覚・欠如		とくに別れる理由がない
		結婚する理由を聞かれても、じっくりと考えたことがないので返答に困る

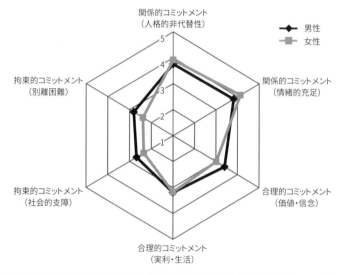

図2-1-2　プレマリタル・コミットメントの方向性（3次元6下位尺度）に関する比較（Utsunomiya, 2016）

の"価値・信念"と「拘束的コミットメント」の"社会的支障"と"別離困難"が有意に上回っていた。ペアでの対応の分析ではないため、注意深い解釈が求められるが、実際に結婚生活に入る前の婚約期の時点で、結婚生活に向けた基本的スタンスともいえるコミットメントのあり方に差異がみられたことは注目に値する。

これに加えて、「コミットメントの無自覚・欠如」は、婚姻制度にもとづく結びつきが揺るぎないものとして、継続の自明性を前提とする感覚によるものと考えられる。「コミットメントの無自覚・欠如」においては、男女間で得点に違いはみられていない。ただし、新婚期を対象とした研究（宇都宮, 2015）からは、コミットメントに対して無自覚な者が女性よりも男性に多く確認されているため、結婚生活への移行にともないどのように変化するかは留意すべきであろう。

6 おわりに

本節で基本的に焦点が当てられたのは、成人初期に位置する人々の異性との結びつきであった。しかし、現実には同性愛の人々をはじめとして、国際カップル、年の差カップル、障害者カップルなど、さまざまなかたちのパートナリングがあるだろう（Sassler, 2010）。たとえ異性間であっても、未婚者ばかりではなく、結婚歴は多様であり、前のパートナーとの間に子どもを授かり親となった者においても、デイティングや同棲、結婚（再婚）などによる新たなパートナーシップのための努力と適応が求められている（Shafer, Jensen & Larson, 2014）。冒頭で指摘したように、マジョリティの研究でさえ途上のわが国であるが、いわゆるマイノリティに属する人々やカップルへの実証的ならびに臨床実践的な研究についても、今後発展していくことを切に願うばかりである。

引用文献
伊東秀章（1997）「未婚化に影響する心理学的諸要因——計画行動理論を用いて」『社会心理学研究』12(3), pp. 163-171.
伊藤 裕子・相良順子（2015）「結婚コミットメント尺度の作成——中高年期夫婦を対象に」『心理学研究』86(1), pp. 42-48.
国立社会保障・人口問題研究所（2011）「第14回出生動向基本調査 結婚と出産に関する全国調査 独身者調査の結果概要」〈http://www.ipss.go.jp/ps-doukou/j/doukou14_s/doukou14_s.asp〉.
国立社会保障・人口問題研究所（2011）「第14回出生動向基本調査 結婚と出産に関する全国調査 夫婦調査の結果概要」〈http://www.ipss.go.jp/ps-doukou/j/doukou14/doukou14.asp〉.
厚生労働省大臣官房統計情報部（編）（2016）『我が国の人口動態 平成28年 平成26年までの動向』厚生労働統計協会.
総務省統計局（2014）『平成22年国勢調査最終報告書 日本の人口・世帯 上巻解説・資料編』日本統計協会.
宇都宮博（2010）「夫婦関係の発達・変容——結婚生活の継続と配偶者との関係性の発達」, 岡本祐子（編）『成人発達臨床心理学ハンドブック——個と関係性からライフサイクルを見る』(pp. 187-195)

ナカニシヤ出版.
宇都宮博(2014)「高齢期の夫婦関係と幸福感」, 柏木惠子・平木典子(編)『日本の夫婦——パートナーとやっている幸せと葛藤』(pp. 59-78)金子書房.
宇都宮博(2015)「新婚期における配偶者との関係性と心理的適応——コミットメント志向性の枠組みから」『立命館人間科学研究』31, pp. 53-63.
山内星子・伊藤大幸(2008)「両親の夫婦関係が青年の結婚観に及ぼす影響——青年自身の恋愛関係を媒介変数として」『発達心理学研究』19 (3), pp. 294-304.
Adams, J. M., & Jones, W. H.(1997) The conceptualization of marital commitment: An integrative analysis. *Journal of Personality and Social Psychology*, 72(5), pp. 1177-1196.
Amato, P. R., & Afifi, T. D.(2006) Feeling caught between parents: Adult children's relations with parents and subjective well-being. *Journal of Marriage and Family*, 68(1), pp. 222-235.
Axinn, W., & Thornton, A.(1996) The influence of parents' marital dissolutions on children's attitudes toward family formation. *Demography*, 33(1), pp. 66-81.
Binstock, G., & Thornton, A.(2003) Separations, reconciliations, and living apart in cohabiting and marital unions. *Journal of Marriage and Family*, 65(2), pp. 432-443.
Brehm, J. W.(2007) A brief history of dissonance theory. *Social and Personality Psychology Compass*, 1(1), pp. 381-391.
Brown, B. B.(1999) "You're going out with who?": Peer Group Influences on Adolescent Romantic Relationships. In W. Furman, B. B. Brown, & C. Feiring (Eds.) *The Development of Romantic Relationships in Adolescence*(pp. 291-329). New York: Cambridge University Press.
Brown, S. L., & Booth, A.(1996) Cohabitation versus marriage: A comparison of relationship quality. *Journal of Marriage and Family*, 58(3), pp. 668-678.
Bumpass, L. L. and Lu, H.-H.(2000) Trends in cohabitation and implications for children's family contexts in the United States. *Population Studies*, 54(1), pp. 29-41.
Cherlin, A. J.(2004) The deinstutionalization of marriage. *Journal of Marriage and Family*, 66(4), pp. 848-861.
Cherlin, A. J.(2009) *The marriage-go-round: The state of marriage and the family in America today*. New York: Knopf.
Cohen, J. & Manning, W.(2010) The relationship context of premarital serial cohabitation. *Social Science Research*, 39(5), pp. 766-776.
Connolly, J. A., & Goldberg, A.(1999) Romantic relationships in adolescence: The role of friends and peers in their emergence and development. In W. Furman, B. B. Brown, & C. Feiring(Eds.) *The development of romantic relationships in adolescence*(pp. 266-290). New York: Cambridge University Press.
Copen, C. E., Daniels, K., & Mosher, W. D.(2013) *First premarital cohabitation in the United States: 2006–2010 National Survey of Family Growth*(National Health Statistics Reports No. 64). Hyattsville, MD: National Center for Health Statistics.
Dailey R. M., Middleton A. V., & Green E. W.(2012) Perceived relational stability in on-again/off-again relationships. *Journal of Social and Personal Relationships*, 29, pp. 52-76.
Dzara, K.(2010) Assessing the effect of marital sexuality on marital disruption. *Social Science Research*, 39(5), pp. 715-724.
Eisenberg, M. E., Ackard, D. M., Resnick, M. D., & Neumark-Sztainer, D.(2009) Casual sex and psychological health among young adults: Is having "friends with benefits" emotionally damaging? *Perspectives on Sexual and Reproductive Health*, 41(4), pp. 231-237.
Gecas, V., & Seff, M. A.(1990) Families and adolescents: A review of the 1980s. *Journal of Mar-

riage and the Family, 52(4), pp. 941-958.

Halpern-Meekin, S., Manning, W. D., Giordano, P. C., & Longmore, M. A.(2013) Relationship churning, physical violence, and verbal abuse in young adult relationships. *Journal of Marriage and Family*, 75(1), pp. 2-12.

Johnson, M. P., Caughlin, J. P., & Huston, T. L.(1999) Tripartite nature of marital commitment: Personal, moral, and structural reasons to stay married. *Journal of Marriage and the Family*, 61(1), pp. 160-177.

Johnson, C. A., Stanley, S. M., Glenn, N. D., Amato, P. R., Nock, S. L., Markman, H. J., & Dion, M. R.(2002) *Marriage in Oklahoma: 2001 baseline statewide survey on marriage and divorce*. Oklahoma City: Oklahoma Department of Human Services.

Kennedy, S., & Bumpass, L.(2008) Cohabitation and children's living arrangements: New estimates from the United States. *Demographic Research*, 19, pp. 1663-1692.

Kline, G. H., Wood, L. F., & Moore, S.(2003) Validation of Modified Family and Interparental Conflict Scales for use with young adults from divorced and non-divorced families. *Journal of Divorce & Remarriage*, 39(3-4), pp. 125-142.

Lichter, D. T., & Qian, Z.(2008) Serial cohabitation and the marital life course. *Journal of Marriage and Family*, 70(4), pp. 861-878.

Lindsay, J. M.(2000) An ambiguous commitment: Moving into a cohabiting relationship. *Journal of Family Studies*, 6(1), pp. 120-134.

Manlove, J., Welti, K., Wildsmith, E., & Barry, M.(2014) Relationship types and contraceptive use within young adult dating relationships. *Perspectives on Sexual and Reproductive Health*, 46(1), pp. 41-50.

Manning, W. D., & Smock, P. J.(2005) Measuring and modeling cohabitation: New perspectives from qualitative data. *Journal of Marriage and Family*, 67(4), pp. 989-1002.

McAlister, A. R., Pachana, N., & Jackson, C. J.(2005) Predictors of young dating adults' inclination to engage in extradyadic sexual activities: A multi-perspective study. *British Journal of Psychology*, 96(3), pp. 331-350.

Owen, J., Rhoades, G. K., Stanley, S. M., & Markman, H. J.(2011) The revised commitment inventory: Psychometrics and use with unmarried couples. *Journal of Family Issues*, 32(6), pp. 820-841.

Paik, A.(2010)"Hookups," dating, and relationship quality: Does the type of sexual involvement matter? *Social Science Research*, 39(5), pp. 739-753.

Peterson, G. W. and Rollins, B. C.(1987) Parent-child socialization. In M. Sussman & S. K. Steinmetz(Eds.), *Handbook of marriage and the family* (pp. 471-507). New York: Plenum Press.

Sassler, S.(2010) Partnering Across the Life Course: Sex, Relationships, and Mate Selection. *Journal of Marriage and Family*, 72(3), pp. 557-575.

Shafer, K., Jensen, T. M., & Larson, J. H.(2014) Relationship effort, satisfaction, and stability: Differences across union type. *Journal of Marital and Family Therapy*, 40(2), pp. 212-232.

Stanley, S. M., & Markman, H. J.(1992) Assessing commitment in personal relationships. *Journal of Marriage and Family*, 54, 595-608.

Stanley, S. M., Rhoades, G. K., & Fincham, F. D.(2011) Understanding Romantic Relationships among Emerging Adults: The significant roles of cohabitation and ambiguity. In F. D. Fincham & M. Cui(Eds.) *Romantic Relationships in Emerging Adulthood* (pp. 234-251). New York: Cambridge University Press.

Stanley, S. M., Rhoades, G. K., & Markman, H. J.(2006) Sliding versus deciding: Inertia and the

premarital cohabitation effect. *Family Relations*, 55(4), pp. 499-509.
Tasker, F. L. and Richards, M. P. M. (1994) Adolescents' attitudes toward marriage and marital prospects after parental divorce: A review. *Journal of Adolescent Research*, 9(3), pp. 340-362.
Teachman, J. D. (2002) Childhood living arrangements and the intergenerational transmission of divorce. *Journal of Marriage and the Family*, 64(3), pp. 717-729.
Turner, H. A., & Kopiec, K. (2006) Exposure to interparental conflict and psychological disorder among young adults. *Journal of Family Issues*, 27(2), pp. 131-158.
Utsunomiya, H. (2016) Development of the Inventory of Premarital Commitment (IPC): Factor structure, reliability, and validity. *Poster presented at the 31st International Congress of Psychology*, Yokohama, Japan. (July 24-29). Accepted for presentation.
Vennum, A., & Johnson, M. D. (2014) The Impact of Premarital Cycling on Early Marriage. *Family Relations*, 63(4), 439-452.
Vennum, A., Lindstrom, R., Monk, J. K., & Adams, R. (2014) "It's complicated": The continuity and correlates of cycling in cohabiting and marital relationships. *Journal of Social and Personal Relationships*, 31(3), pp. 410-430.
Vespa, J. (2014) Historical trends in the marital intentions of one-time and serial cohabitors. *Journal of Marriage and Family*, 76(1), 207-217.
Waite, L. J., Joyner, K. (2001) Emotional satisfaction and physical pleasure in sexual unions: time horizon, sexual behavior, and sexual exclusivity. *Journal of Marriage and the Family*, 63(1), pp. 247-264.
Waller, M. R., & McLanahan, S. (2005) "His" and "Her" Marriage Expectations: Determinants and Consequences. *Journal of Marriage and Family*, 67(1), pp. 53-67.
Weigel, D. J., Bennett, K. K., & Ballard–Reisch, D. S. (2003) Family influences on commitment: Examining the family of origin correlates of relationship commitment attitudes. *Personal Relationships*, 10(4), pp. 453-474.
Willoughby, B. J., Carroll, J. S., & Busby, D. M. (2014) Differing relationship outcomes when sex happens before, on, or after first dates. *Journal of Sex Research*, 51(1), pp. 52-61.
Willoughby, B. J., Carroll, J. S., Vitas, J. M. & Hill, L. M. (2012) "When are you getting married?" The intergenerational transmission of attitudes regarding marital timing and marital importance. *Journal of Family Issues*, 33(2), pp. 223-245.

第2節 新婚期の夫婦関係
東海林麗香

　家族／夫婦は危機に際して緊張や動揺を経験し、再組織化の連続によってプロセスを発展させる（岡堂,1991）。また、個の発達と関係発達は不可分であり（氏家,1996）、夫婦の関係性や課題は夫婦のライフステージごとに異なる可能性がある。このようなことから、新婚期にどのような関係的特徴があるのか、またどのような発達的特徴があるのかを検討することには意味があるだろう。本節では、これらについて家族心理学の視点を中心に整理し、その上で、新婚期の関係形成に関わる内外の研究知見を紹介する。最後に、新婚期研究の課題と今後の展望について述べる。

1　新婚期とは

　新婚期とはいつのことで、どんな時期のことだろうか。「新婚」の辞書的な意味は「結婚したばかり」であるが、学術的意味について議論を始めるにあたって、家族の発達段階という視点から考えてみよう。

　岡堂（1991）では、その臨床実践に照らして6段階の家族発達段階論モデルが示されている。そのうち、新婚期は第1段階である。これによると、新婚期とは婚礼から第一子の誕生までの時期であり、結婚式を挙げない場合には、二人が生活を共にし始めた時期ということである。

　伝統的な家族モデルでは、婚姻がすなわちカップルの共同生活の始まりとなり、その後子どもを含めた家族の段階に移行するというイメージだが、現代における実像は必ずしもそうではない。結婚期間が妊娠期間より短い出生の嫡出第一子に占める割合は平成7年に22.5%であったが、その後増加し、平成21年には25.3%となった（厚生労働省,2010）。そこからも、伝統的な家族モデルそのものを見直す必要があるだろう。

また、「再婚したばかり」も結婚の初期という意味では新婚期にあたる。結婚という経験はあるものの、再婚相手との夫婦関係においては初期にあたるからだ。このように、この節での議論の対象となる「新婚夫婦」とはどのような人たちを指すのか、それ自体が親密な関係や家族のあり方についての重要な検討課題となる。

以上を踏まえながらも本節では、子どもをもつ夫婦については他の節で扱うことから、新婚期を「初婚の結婚初期、子どものいない時期」ととらえることとする。初期とはいったいどのくらいの期間であるかというのも議論になる部分ではあるが、結婚生活に入ってから出生までの平均同居期間は平成24年では2.33年であることから（厚生労働省, 2012）、日本においては結婚から3年程度ということになろうか。欧米での新婚夫婦（newlyweds）を対象とした研究でも、初婚で子どもを持たないこと、調査時点より6か月〜1年以内に結婚していることを条件に研究協力者を募集することが多くあり（Carrereら, 2000など）、場合によってはそこから4〜5年程度の縦断調査を行う研究が散見されることから（Lavner & Bradbury, 2010など）、子どもの有無でこの時期を定義しない場合は、5年程度までを結婚の初期と考えることができるだろう。

次項で新婚期夫婦の関係形成に関する研究知見を概観する前に、先に示した岡堂（1991）の家族発達段階論モデルを再度参照し、第一段階である新婚期の課題について述べる。このモデルによると、新婚期の主要な発達課題は、夫と妻の双方がそれぞれの出生家族から物理的にも心理的にも距離をおき、二人の世界をつくり始めることである。個人心理のレベルでは、各々の基本的なニーズの充足を互いに満たしあうように努力することである。また、システムのレベルでは、カップルとして充分に機能するための基本的なルールとパターンを築き上げること、個人としてのアイデンティティを損なうことなく一体感を感じられるような境界をつくること、とされている。

価値や経験がより多様になっている現代のあり方が、これらのような発達的課題の乗り越えをさらに困難にしているかもしれない。例えば年齢という観点からみると、初婚の平均年齢は、昭和50年には夫27.0歳、妻24.7歳であったが、平成24年には夫30.8歳、妻29.2歳と上昇しており（厚生労働省, 2012）、近年の夫婦の方が、結婚に至るまでに個々が多様な経験を重ねている可能性が高い。相

手の価値観に合わせることを窮屈に思わず、そのプロセスに、二人で新たな価値観をつくっていく喜びを見出せるかが、発達課題を乗り越える原動力になるだろう。

2 新婚夫婦の関係形成──内外の研究知見の概観から

a. 新婚夫婦への関心

　日本においては夫婦関係に関する実証研究自体がまだまだ少なく、新婚期に焦点化した研究はほとんどないといっていいだろう。しかしながら、欧米では1980年代以降夫婦関係に関する実証研究が盛んに行われるようになり、新婚期に焦点化した研究も多く行われている。

　新婚期に研究上の関心が持たれるのはなぜだろうか。先述のとおり、家族ライフサイクル理論においては、新婚期の課題として「夫婦の価値観や習慣、社会的な態度に見られる差異を認め、調整すること」が挙げられている（岡堂, 1991）。それは裏を返せば、さまざまな側面で夫婦のぶつかり合い（夫婦間葛藤）が起こる可能性が高いことを示している。また、出産・育児期へスムーズに移行するためには、互いの差異を認識し、必要に応じて解消することが重要であることが多くの研究において指摘されている（Belsky & Kelly, 1995など）。

　つまり、新婚期は関係の形成期として不安定であること、また、その後の夫婦関係および家族関係の基礎として重要であることから、多くの研究者の関心を集めているのである。

b. 結婚満足度などの結婚の質について

　結婚初期の高い幸福感や満足感が必ずしも持続するわけではなく、それどころか一般的にはそのような関係の質が時間を経るにつれて低下していくという研究知見も、新婚期への関心の一因であるといえよう。つまり、どのような新婚期を過ごせば、その関係の質は高いまま持続するのだろうかという関心である。さらには新婚期の夫婦関係のあり方から、その後の夫婦関係（離婚の有無など）を予測しようという研究が多く、現在の欧米における新婚期研究の主眼がここにあるといえる。

予測因子として、結婚生活や関係における満足度、ディストレス（心理的苦痛）、といった、関係の質に関する変数がよく用いられる。結婚満足度については、Marital Adjustment Test (MAT) (Locke & Wallace, 1959) という15項目からなる自記式の質問紙が、新婚期のみならずすべての時期でよく用いられる。

夫婦関係の質に焦点を当てた研究では、前述のとおり、結婚初期から時間の経過とともに関係の質は低下することが示されている（Kurdek, 1998など）。加えて、結婚初期の関係の質の低さは、その後の関係の悪化や崩壊と関連するとされている（Karney & Brudbury, 1997など）。しかしながら、離婚に至った夫婦の関係の質が必ずしも結婚初期から低かったわけではなく、関係の質が高い夫婦が離婚しないわけではないことから、関係性をどう捉えるかが課題となる。

アマートとホーマン-マリオット（Amato & Hohmann-Marriott, 2007）は、離婚に至った509組のカップルの結婚初期のデータをもとに、彼らを「結婚初期にディストレスの高かった夫婦」「低かった夫婦」の2組に分類し、さまざまな変数を比較検討した。その結果、どちらの群においても、結婚へのコミットメントの低さとコミュニケーション上の問題が、離婚に関する重要な予測因子であることを見出している。ここから、関係の質の維持や変容に関わる要因についての検討も必要であることがわかる。

ところで、満足度などの夫婦関係の質に関しては、夫に比べて妻の方が低く、またその差は結婚後年数を経るごとに大きくなっていくことが、多くの研究によって示されている（菅原・詫摩、1997など）。しかしながら、結婚満足度を扱った173編の研究をメタ分析したジャクソンら（Jackson, Miller, Oka, & Henry, 2014）では、ジェンダー差はあっても微々たるものであることが主張されるなど、夫と妻の間の差異については慎重に検討を進める必要がある。

c. 夫婦間の相互作用について

関係の質とともに、心理学分野では夫婦の相互作用に焦点を当てたものが多くみられる。相互作用が重要視されるのは、それによって関係を形成し、維持し、さらには関係上の葛藤解決の手段となるからである。主張する・譲歩するといった具体的な行動に焦点を当てたもの、相互作用の中で生じる怒りや喜びなどの感情に焦点を当てたもの、相手の発言をどう受け取るかといった認知に

焦点を当てたものなど、夫婦間相互作用のさまざまな側面から、その後の夫婦関係を損ないかねない危険因子を探り、心理臨床や心理教育の実践に活かすべく研究が進められている。

　ゴットマンを中心としたグループは、配偶者間の言動には繰り返し現れる特定のパターンがあり、そのようなやりとりがその夫婦の関係を特徴づけていること、また、関係に満足している夫婦の言動パターンは不満足な夫婦のそれと異なっているという前提のもとに、行動観察アプローチを中心とした研究を進めている。

　例えば、ゴットマンら（Gottman, et al., 1998）では、新婚夫婦のやりとりを実験室で観察し、そこからその後の関係の質および安定性を予測しようとした。その結果、夫婦間葛藤時のポジティブな感情の重要性が示された。それまでは、怒りのようなネガティブな感情は関係に悪影響を及ぼすと考えられていたが、ネガティブ感情が単独で関係性に悪影響をもたらすというよりも、夫婦間葛藤のような状況でユーモアなどポジティブな表出ができるかどうか、ネガティブな表出とポジティブな表出の比率はどうであるのか、が夫婦関係の予測に役立つとした。

　このような行動観察アプローチは、当事者さえも言語化／意識化できないような不和の原因を同定することを可能にしたことから、有意義なアプローチとして現在でも多くの研究が蓄積されている。

　しかしながら、当然批判もある。カーニーとブラッドベリ（Karney & Bradbury, 1995）では、以下の2点が挙げられている。一つ目は、夫婦間の相互作用を十分に理解するためには、夫婦が生活する文脈での具体的出来事についても検討する必要があるのではないか、ということである。伝統的に、この行動観察アプローチでは主に実験的状況での微視発生的な相互作用の分析が中心に行われ、相互作用の起こる環境や日々の変化に影響するマクロレベルの変数（ライフイベントなど）について十分に考慮されてきたとはいえない。二つ目は、このアプローチでは、どのような相互作用のパターンが夫婦生活に影響するのかは説明できても、そのパターンの生成のメカニズムを説明することはできないということである。

　どの研究法にも長短があり、新婚夫婦に関する研究知見についても、その方

法論の限界を踏まえた上でその妥当性を判断する必要がある。

d. 夫婦関係の発達研究

　夫婦研究の分野では、縦断研究の重要が提唱されてきた。しかしながら、縦断研究であっても夫婦の関係性や継続に関わる要因を見つけ出すという問題意識で行われており、葛藤時のコミュニケーションや反応などのパターンがどう生まれ変化していくのか、結婚のサイクルの中でどう変化するのか、といった発達的視点に立った研究はほとんどないことが指摘されている（Karney & Bradbury, 1995）。つまり、新婚期の様相が記述されたり、それとその後の夫婦関係の関連が示されたりしても、新婚期というライフステージにおける関係性がどのように形成され、どのように変容する可能性があるか、またこの時期の発達課題とその関係性がどのように関連するのかといった、「発達的視点」に立った実証研究はあまりみられない。

　筆者はこれまで、このような問題意識から、新婚夫婦の発達に関して研究を進めてきた（東海林, 2005, 2009など）。東海林（2009）では、夫婦関係で起こりうる「同じ原因によりいざこざが繰り返されている状態」に焦点を当て、新婚女性30名を対象とした電子メール調査およびインタビュー調査から、結婚2か月前から7か月後までの9か月にわたる経過を追跡した。

　ここで分析の主眼となるのは、配偶者やいざこざの原因、夫婦間にいざこざがあることそれ自体についての「意味づけ」であった。「意味づけ」（meaning-making）とは、出来事を解釈し意味を与える行為であり、世界を構成し、その流れを特色づけ、その世界の中で事象を分節化するなどの手段をもたらすものである（Bruner, 1999）。私たちは、現実に起こる一つ一つの出来事を自分なりに解釈し意味づける中で、ある事柄を問題化し、それに対処している。この意味づけの変容パターンから、「同じ原因によりいざこざが繰り返されている状態」の経過を、解消型・保留型・継続型（積極継続型・消極継続型）の4つに分類した。各々の意味づけの例は、表2-2-1のとおりである。

　解消型と保留型では、いざこざを反省的に見直すことが一つの契機となって、その原因となった事柄や配偶者に関するポジティブな側面の発見があったり、折り合いをつけるようになったりといった、意味づけの変化が生じていた。特

表 2-2-1　意味づけの例

タイプ	意味づけの例（語り、記述から）
解消型	「全部は直ってるわけじゃないんですけど、努力してくれてることが見えると、彼なりにがんばってくれてるなっていうのもあって、かえって、そんなに腹が立たないっていうか。全然最初の方が、それでも我慢してたくらいだったんですけど、最近は、あまりそういうのがないです。今はそれはそれでって感じなんですよ。彼も変わってきてると思うんですよね」
保留型	「親が生きている限りついてまわる問題なので、解決できるならした方が、ケンカの原因も減るのでいいと思います。が、無理にすぐにとは思いません」 「私が慣れれば済むところは慣れるつもりでも今後、ほかの人にも迷惑をかけるかもしれない点は直すべきだと思う。私がカバーしてあげられるところはしていくつもりなのでいいです」
積極継続型	「自分がしてほしいことをわかってほしい」 「時にはケンカも必要で、話し合いをしなければ解決できないこともある」
消極継続型	「相手に変化がないのが、とても尊敬できる。自分はわがままばかりだ（だから何度もケンカになってしまう）」 「優しい人だと再認識、自分は忍耐や我慢が必要だと思う（なのにできなくて何度もケンカになってしまう）」

に解消型では、いざこざのよい側面の発見や、熟知性や信頼感の高まりといったことが、理解可能な文脈に問題を位置づけ直すことにつながり、解決されないまま存在し続ける問題を、関係の脅威とはならないものとして抱えておくことを可能にしていた。それでも気になることはとりあえず伝えようとしており、問題をなかったことにする「抑圧」や、関わらないようにする「あきらめ」といった対処とは異なるものと考えられる。継続型では、「問題を解決したい、しなければ」という思いが継続している。積極継続型では、不可抗力でいざこざが繰り返されているというよりは、あえて問題を指摘し続けることで解決に向かっていこうという意志が見られる。しかしながら、働きかけ方に関する後悔や気持ちの混乱が語られることが、前の2つのタイプと異なる。消極継続型では、いざこざが繰り返されることを自分のせいであると意味づけており、ストレスの高い状態であることがうかがえる。

このように、第三者から見ているといつまでも繰り返し同じことでケンカばかりしているように見える夫婦でも、意味づけに変化が生じている。交際期間を経て、相手のことをそれなりにわかった上で結婚していてもなお、夫婦生活の中で知ることや変わることがある。これを捉えていけるのが、発達的視点に立った研究ではないだろうか。

3　課題と今後の展望

　ここまで述べてきたことと重複する部分もあるが、日本における新婚期夫婦の生涯発達研究に関する課題と今後の展望について、4点にまとめる。

　1点目は、生活という視点である。心理学の研究ではどうしても個人の内的な特性やプロセスに焦点を当てることになるが、結婚とは二者の関係性の変化であるとともに、生活そのものの変化である。経済状況や各人の対人ネットワークの変化、就業状態など、生活上の変化も含めて検討する必要がある。もちろん、満足度など夫婦関係の質とそれらの関係を探るような研究はこれまでにもなされているが (Van Steenbergenら, 2011など)、その具合像を実証的に示した研究は見当たらない。

　2点目は、身体・空間の視点である。夫婦関係における性交渉等の身体的コミュニケーションについてはまだまだ検討が少なく、新婚夫婦についてはなおさらである。また、結婚生活の始まりと同時に共同生活を始めることが多いと思われるが、これは、他者と空間を共有するという体験の始まりでもある。結婚前までは、実家暮らしでも自室があるなど、自身のプライベートスペースが確保されていたケースが多いのではないだろうか。そのような意味でも、結婚による変化があるだろう。身体という視点から新婚夫婦の関係性について検討することで、その特性や良好な関係の形成・維持についての示唆が得られるかもしれない。

　3点目は、研究の方法論についてである。ここまで述べてきたとおり、欧米では夫婦関係に関する研究は多い。新婚夫婦に焦点を絞ったものも数多く、またさまざまな対象・関心・方法論により研究が行われている。方法論に関しては、伝統的な手法である質問紙調査や観察法、面接法といった方法以外にも、例えば新婚期のストレスホルモンとその後の関係性の関連について検討するような (Kiecolt-Glaserら, 2003)、生理指標を用いた研究も行われている。しかしながら、予測因子を探すタイプの研究がほとんどであり、一組一組の夫婦が個別具体的な状況をどのように解釈しながら日々を過ごしているのか、その主体的な様子や日常性は見えづらくなっている。新婚期がその後の関係性の基礎になるのなら、なおさらこの時期を丁寧に見ていく必要があるだろう。

そのためには、現在主流の予測型研究とともに、質的な方法論が必要である。特にナラティヴ・アプローチに夫婦関係研究の新たな可能性を期待したい。ナラティヴとは、人々が広義の言語によって経験を意味づける行為（act of meaning）と、語られたストーリーである（やまだ, 2013）。私たちは現実に起こる一つ一つの出来事を自分なりに解釈し意味づける中で、ある事柄を問題化し、それに対処しているが、ナラティヴ論では自分や周囲、あるいは経験や出来事に対しての意味や現実は、他者との、そして自分自身との会話や言語行為の中でつくり出され経験されるとしている（アンダーソン, 2001）。夫／妻である自身のアイデンティティ、自分たちの関係、配偶者、結婚そのものといった事柄に対する意味がどのようにつくられていくのか、どのように変容していくのか——そのプロセスを辿ることで、結婚による個人の発達および関係の発達プロセスが見えてくる。

　人々が、世界をどのように捉え構成するかを、ナラティヴという材料をとおして検討するのがナラティヴ研究である。ナラティヴ研究では、個人の体験をそのまま生かし、個人の生きる文脈や歴史を捨象しないことを重視する。このような視点の研究が積み重なっていくことにより、新婚夫婦がどのように発達課題を乗り越えて関係をつくっていくのか、その具体的なヒントが得られるのではないだろうか。

　4点目は、新婚期の再考である。親密な関係のゴールは必ずしも結婚ではなく、また家族関係の始まりは必ずしも結婚ではない。本節では初婚、子どものいない夫婦の初期の関係性に絞って考察を進めてきた。同性カップルも含めた事実婚カップル、平均初婚年齢から隔たった中年期以降の初婚夫婦、再婚夫婦といったさまざまな生き方の「新婚さん」が存在する。「他者と生涯を見据えた関係を築く」という意味で共通するところもあれば、その関係性ごとの特質もあるだろう。特に実証研究では、標準的なライフコースにある夫婦が研究対象となりがちであるという課題がある。

　結婚は社会的な取り決めであり、その関係性にも社会のあり方が反映される（Valsiner, 2007）。日本では、新婚期の夫婦関係そのものを探求するような研究はほとんどない。今後の検討が待たれる。

引用文献

氏家達夫（1996）『親になるプロセス』金子書房．
岡堂哲雄（1991）『家族心理学講義』金子書房．
東海林麗香（2005）「夫婦間葛藤への対処における譲歩の機能――新婚女性によって語られた意味づけ過程に焦点を当てて」『発達心理学研究』17（1），pp. 1-13.
東海林麗香（2009）「持続的関係における葛藤への意味づけの変化：新婚夫婦における反復的な夫婦間葛藤に焦点を当てて」『発達心理学研究』20（3），pp. 299-310.
菅原ますみ・詫摩紀子（1997）「夫婦間の親密性の評価――自記入式夫婦関係尺度について」『精神科診断学』8, pp.155-166.
やまだようこ（2013）「質的心理学の核心」やまだようこ・麻生武・サトウタツヤ・能智正博・秋田喜代美・矢守克也（編）『質的心理学ハンドブック』（pp. 4-23）新曜社．
アンダーソン, H.（著）野村直樹・青木義子・吉川悟（訳）（2001）『会話・言語・そして可能性――コラボレイティブとは？セラピーとは？』金剛出版．（Anderson, H.（1997）*Conversation, Language, and Possibilities: A postmodern approach to therapy.* New York: Basic Books）．
Bruner, J. M.（1990）*Acts of Meaning.* Cambridge: Harvard University Press.（ブルーナー, J.（著）岡本夏木・吉村啓子・仲渡一美（訳）（1999）『意味の復権――フォークサイコロジーに向けて』ミネルヴァ書房）．
Amato & Hohmann-Marriott.（2007）A Comparison of High- and Low-Distress Marriages That End in Divorce. *Journal of Marriage and Family*, 69（3）, pp. 621-638.
Carrere, S., Buehlman, K. T., Gottman, J. M., Coan, J. A. & Ruckstuhl, L.（2000）Predicting Marital Stability and Divorce in Newlywed Couple. *Journal of Family Psychology*, 14（1）, pp. 42-58.
Jackson, J. B., Miller, R. B., Oka, M. & Henry, R. G.（2014）Gender Differences in Marital Satisfaction: Meta-analysis. *Journal of Marriage and Family*, 76, pp. 105-129.
Karney, B. R. & Bradbury, T. N.（1995）The longitudinal course of marital quality and stability: A review of theory, method, and research. *Psychological Bulletin*, 118, pp. 3-34.
Karney, B. R. & Bradbury, T. N.（1997）Neuroticism, marital interaction, and the trajectory of marital satisfaction. *Journal of Personality and Social Psychology*, 72, pp. 1075-1092.
Kiecolt-Glaser, J. K., Bane, C., Glaser, R. & Malarkey, W. B.（2003）Love, Marriage, and Divorce: Newlyweds' Stress Hormons Foreshadow Relationship Changes. *Journal of Consulting and Clinical Psychology*, 71（1）, pp. 176-188.
Kurdek, L. A.（1998）The nature and predictors of the trajectory of change in marital quality over the first 4 years marriage for first-married husbands and wives. *Journal of Family Psychology*, 12, pp. 494-510.
Lavner, J. A. & Brudbury, T. N.（2010）Patterns of Change in Marital Satisfaction over the Newlywed Years. *Journal of Marriage and Family*, 72, pp. 1171-1187.
Valsiner, J.（2007）*Culture in Minds and Societies: Foundations of Cultural Psychology.* Sage Publications India Pvt. Ltd., New Delhi.（「最小のコミュニティとその組織――血縁集団、家族、結婚形態」，ヴァルシナー, J.（著）サトウタツヤ（訳）（2013）『新しい文化心理学の構築――〈心と社会〉の中の文化』（pp. 197-274）新曜社）．
Van Steenbergen, E. F., Kluwer, E. S. & Karney, B. R.（2011）Workload and the Trajectory of Marital Satisfaction in Newlyweds: Job Satisfaction, Gender, and Parental Status as Moderators. *Journal of Family Psychology*, 25（3）, pp. 345-355.

第3節 結婚生活の破綻
藤田博康

1 はじめに

　私たちは幸せな家族を目指して結婚生活への第一歩を踏み出す。しかし、そこには良いことばかりが待っているわけではない。結婚生活では、数多くのすれ違いや、期待はずれなことが必ず起こる。いまやわが国では、統計上、約3組に1組もの夫婦が別れる時代になりつつある。本節では、結婚生活を破綻に追い込む要因とその背景について考えてみたい。

2 結婚生活への期待

a. 種々の調査から

　内閣府による、20～34歳の既婚者または1年以内の結婚の予定がある男女への意識調査によれば、結婚（婚約）した理由は、「一緒に生活したいと思ったから」（54.1%）、「家庭を持ちたいから」（36.3%）が第1・2位の回答である（内閣府国民生活局, 2003）。また、独身男女を対象とした調査では、結婚することの利点として、「子どもや家族をもてる」、「精神的な安らぎの場が得られる」が多数であった（図2-3-1）。東京都の調査（東京都, 2011）によれば、配偶者に期待することは、「お互いの個性、能力、希望を尊重して協力し合える」（50%）、「精神的なやすらぎを与えてくれる」（38%）の順であった（図2-3-1）。

　以上の結果が示唆していることは、私たちは心の安らぎを得るために、ともに暮らす親密な他者を必要とし、夫婦や家族とのふれあいを通じての生きがいや精神的な支えを求めているということであろう。

b. 夫婦・カップル間のアタッチメント

　アタッチメントとは、「危機的な状況に際して、あるいは潜在的な危機に備え

第2章 「夫婦になる」ということ

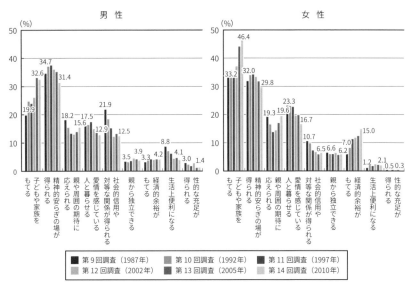

図2-3-1 結婚することの利点（出典：厚生労働省「平成25年版厚生労働白書」）

て、特定の対象との近接を求め、また、これを維持しようとする個体の傾性」（Bowlby, 1969）である。言い換えれば、人が不安や心配、恐れなどを抱いたときに、自分にとって重要な人物との「つながり」に安心感や癒しを求める行動傾向であり、それは私たち人間に普遍的・本能的に備わっているものとされる。

このアタッチメントは、主として親子間に適用されることが多い概念だが、大人にとってもなくてはならないものであり、夫婦、カップル、親しい友人などの間でも生じるものである（Johnson, 2003）。私たちはどんなに年長になろうとも、不安や心配になったとき、あるいは孤独で淋しいとき、そばにいてくれる誰かを、そしてその誰かとのスキンシップを求める。例えば、東日本大震災の後で結婚願望が高まったのはその心理の典型であり、「一緒に生活する家族を持ちたい」という動機は、日々の拠りどころとしての「心の安全基地」への希求でもあろう。そのような意味での精神的安らぎや癒し、すなわちアタッチメントを求める想いは、多かれ少なかれほとんどすべての結婚の動機になっている。したがって、結婚生活の破綻について考える際にも、アタッチメントの観点は無視できない。

3　現代の離婚観

　他方、現代では、「相手に満足できないときには離婚すればいい」と考える男女が半数以上にのぼっている（内閣府, 2009）。また、女性は「問題のある結婚生活なら早く解消したほうが良い」などと、離婚を肯定する者の割合が、離婚を望ましくないとする者の割合を大きく上回っており、男性も同様に離婚を肯定する者の割合が年々増えてきている（図2-3-2）。

　実際、その年ごとの婚姻件数と離婚件数を比した離婚率では右肩上がりであり、1970年代にはわずか10％余りにすぎなかったものが、2000年代に入ると30％を超え、2010年では36.6％にものぼっている（図2-3-3）。特に、結婚後5年以内という短期間での離婚は全離婚件数の約3分の1を占め（厚生労働省, 2010）、10代、20代若年層の離婚率は他と比較して圧倒的に高い（図2-3-4）。

　つまり、多くの若者は結婚に精神的安らぎや心の安全基地を求めるが、それが叶えられないとなると、比較的容易に離婚の選択をしてしまいがちでもある。「バツイチ」、「バツニ」などの気軽な離婚感は、その象徴でもあろう。

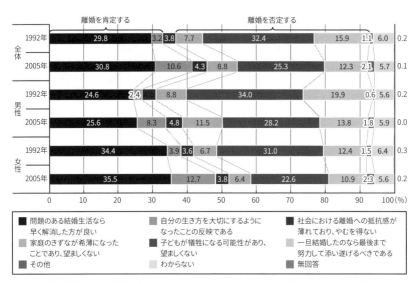

図2-3-2　離婚についての考え方（出典：厚生労働省「平成25年版厚生労働白書」）

第2章 「夫婦になる」ということ

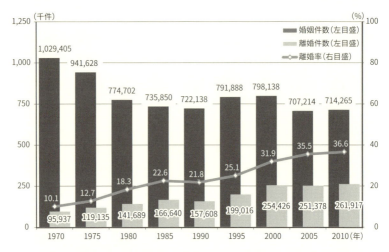

図2-3-3 婚姻・離婚件数と離婚率の年次推移（出典：厚生労働省「平成21年人口動態統計」）

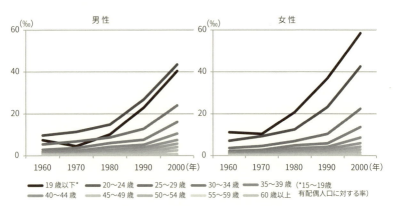

図2-3-4 性、年齢別有配偶者に対する離婚率
（出典：国立社会保障・人口問題研究所「人口統計資料集2005」）

4 離婚に至る夫婦の相互作用プロセス

とはいうものの、通常、結婚生活の破綻は突然に訪れるものではなく、一連の移行プロセスである。夫婦カップル関係においては、パートナーにアタッチメントを求める一方で、生育歴も原家族も異なる二人がともに暮らしてゆく上で生じる葛藤や軋轢を引き受けてゆかねばならないというジレンマが、必然的

に付随する。

　一般的に見られる典型的な関係破綻のプロセスは、パートナーへのアタッチメント欲求のこじれが悪循環的にコミュニケーションを悪化させ、「性格の不一致[i]」に象徴されるような離婚に至ってしまうというものである。まずはそのプロセスを、ディムとグレン（Dym & Glen, 1993）の夫婦関係をめぐる循環プロセスモデルを援用して、具体的に押さえておこう。

　ディムとグレンは夫婦関係における長期的なプロセスを、①相手との相補的一体感によって自己が拡大したような体験をするような良好な関係期である「拡大・保障」期、②相互に裏切られたように感じて関係から引きこもりがちになる「縮小・背信」期、③それを乗り越え、関係が回復されてゆく「和解」期、④再び「拡大・保障」期に戻る循環の連続としている。この「拡大・保障」期は、いわば「アタッチメント期」にほかならない。言い換えれば、どんな夫婦でもアタッチメントが叶う良好な関係が長続きするわけではなく、二人の間のすれ違いや葛藤に苦しんだり、問題が起きたりする時期（「縮小・背信」期）が必ず訪れるが、二人の間の自助作用でそれらが修復され（「和解」期）、再び心理的情緒的安心感の得られる「アタッチメント期」に至るという相互作用を、循環的に繰り返している。

　したがって、長続きする夫婦においては、「縮小・背信」期が耐えがたいほど深刻になることはなく、二人の間で自発的にその修復がなされ、その循環を繰り返すごとに、つまり年月が経つにつれ、その揺れ幅が穏やかになってゆくという相互作用プロセスがあると考えられる。逆に、結婚生活が破綻してしまう夫婦は、「縮小・背信」が深刻で回復困難なものであるか、あるいはそうではなくとも「縮小・背信」期に対する修復が不十分で、それが繰り返されていくたびに、互いへの不満や失望、憤りや不信などが積もり積もってゆき、あるとき限界を超えてしまうという現象が生じている。その両者は必ずしも明確に区別できるものではないが、多くの離婚ケースで見られる夫婦のコミュニケーションの悪循環プロセスは、後者のモデルを念頭に考えると理解が容易である。

5　蜜月期——最大のアタッチメント形成（拡大・保障）期

　アタッチメントへの欲求は、心身ともに相手との一体感を求める心理にほかならないから、交際期から結婚に至る男女のかかわり合いは、その期待や欲求に強く色づけられる。ここで、通常は無条件に親からの愛情が与えられる乳児とは異なり、大人同士の場合は、まずは二者間の濃密な関係を確立することが必要となる。ゆえに、相手にとって魅力的のある自分を提示し、相手の期待や欲求に沿おうとするコミュニケーションが多くなる。相手の「あばた」も「えくぼ」に見え、性格も好みも考え方も一致しているかのような錯覚を起こしがちでもある。

　この最初の「拡大期・保障期」、かつ最大のアタッチメント形成期である「蜜月期」の二人の緊密性や一体感は、その後の結婚生活でのさまざまな葛藤や軋轢を乗り越える原動力になる。この時期特有の、互いの強い性的欲動に基づくエロス的合一感はそれをおおいに支えるものであり、どちらかのコンプレックスや生理的身体的事情、特定の思想などにより性的交流がない、または非常に少ない夫婦などは、当初からかなりのハンデを負っていることになる。そのほか、いわゆる「できちゃった婚」、さまざまな事情による不本意な結婚、経済的安定や社会的地位を主たる目的とした結婚、早期にどちらかの婚（約）外異性関係があった場合なども、夫婦間のアタッチメント形成が不十分となり、将来の関係破綻のリスクが高い。

　さりとて、この時期の二人の関係が緊密であればあるほど良いというわけでもない。例えば、配偶者選択において私たちは自分が育った原家族の影響をさまざまに受けるが、そこで満たされなかった愛情やケアなどを、結婚により埋め合わせようとする欲求が強いカップルがしばしばある。その場合、二人の排他的な密着関係に「心の安全基地」を求めるあまり、さまざまな困難を伴う結婚生活の現実や、自他の課題や問題をことさら見ないようになりがちである。一般的に、原家族のさまざまなしがらみから逃れようとする結婚は、その後の夫婦間の相互適応を困難にさせる（Carter & McGoldrick, 1999）。また、何らかの外傷体験や強い不安ゆえに、相手を必要としているという場合なども同様である。

　もっとも、結婚相手への期待や欲求は、各人がはっきりと意識できている分

かりやすいレベルのものもあれば、本人が心のうちで抱えてはいるが、恥や不安が伴うためなかなかはっきりとは口にできないレベルのもの、さらには、自分でも気づいていない願望やコンプレックスなどに深くかかわっており、本人にも意識できていないレベルのものなど、さまざまな水準がある（Sager, 1981）。先に述べたような排他的二者関係に陥りやすいケースは、意識しにくい水準の願望が結婚の動機になっていることが多い。

そもそも、アタッチメントへの欲求などは、なかなか率直に表現できなかったり、本人にも意識しにくいものでもある。意識できていない欲求が強ければ強いほど、それは二人の間で共有されにくく、また、その表現も率直さを欠いたダブルバインド的なものになりやすい。それらは蜜月期には問題にならなくても、のちに夫婦関係を複雑にこじらせる要因になることが多い。

6 親密さのパラドクス

どんな夫婦においてもこの蜜月期は長くは続かず、次第に互いの性格や考え方の違いが明らかになり、当初の期待や欲求が叶わなくなることが増えてゆく。そして、相手への失望や憤りはもちろんのこと、ときに、恨みや憎しみさえ湧くようにもなる。「縮小・背信」期への移行である。これは、二人にとっての大きなストレス体験であり、ここをどう乗り切るかがその後の夫婦関係を大きく方向づけることになる。

さらに、この時期には家族ライフサイクル（Carter & McGoldrick, 1999）の移行に伴うストレスが重なることが多い。例えば、第一子が産まれた夫婦の7割近くは、結婚生活に不満を覚えるようになる（Gottman & Silver, 1999）。実際、子どもが産まれると、子育ての負担や生活形態の変化などにより、夫婦それぞれの相手への期待や欲求が急激に高まるにもかかわらず、逆に満たされにくい状況になってしまう。

ここで、親子関係であるならば、子どもの不満や失望、怒りなどをほどほどに受け入れる親の存在に支えられて、子どもの情緒的成熟や心理的自立を待つことができる。しかし、大人同士である夫婦は、互いに相手と協力し助け合ってゆく姿勢を保ちながらも、相手に頼れなかったり、甘えられなかったりする

事態や局面を自分なりに受け止め、乗り越えてゆかなくてはならない。言い換えれば、夫婦は自分を犠牲にしすぎることなく、しかも、相手を自分のいいように変えようとか説得しようとかという過大な要求を抱かずに、互いに相手のありようを認め合う「親密性」(Lerner, 1994) を築いてゆく必要性に迫られる。

アタッチメントを求めるまさにその相手との関係性において、夫妻それぞれの「心の成熟性」や「自立性」が試されるというのは困難なパラドクスであり、高い自己分化[iii]が求められる。

逆に、「縮小・背信」期においてしばしば顕著になるのは、相手との関係において生じる不安や失望、憤り等への対処策として、相手を変えようとしたり、操作しようとしたりする拘束的なコミュニケーションである。簡単に言えば、まさに甘えたい相手に対して失望や怒りなどが生じ、その相手をコントロールすることによってその解消を試みるという入り組んだ相互作用であるから、本来の甘えたいとか頼りたいとかといった想いが背景に隠れ、夫婦間のせめぎ合いややり込め合いといった感情的争いに陥ってしまう。そして、当初の思惑とは逆に、悪循環的に関係が破綻してゆく。結婚に精神的安らぎを求めるがゆえの落とし穴である。

7 相手にアタッチメントを求めるタイミングのズレ

互いの自己分化に支えられた相互尊重的な「親密性」は、なにも結婚後間もない時期や子の出生の時期に限らず、結婚生活のすべての時期、すべての局面で試されることである。ここで状況をさらに難しくするのは、夫婦の一方だけが、自立的、相互尊重的な「親密性」を築くことを意識してもうまくいくとは限らず、逆に、他方が寂しさや見捨てられ感や裏切られ感などを抱いてしまい、関係がむしろ悪化してしまうということがしばしば起こるということである。

人生上で、身近な誰かに頼りたい、甘えたいと思うような状況、つまり、強いアタッチメントを必要とする時期は幾度となく訪れるが、タイミングとして、その想いや不安が相手から汲み取られなかったり、逆に厭われてしまったりすることがしばしばある。例えば、妻が子育てで苦しいときに夫が職場でハードワークを余儀なくされたり、夫が何らかの事情で抑うつ的になっているときに

妻がキャリアアップや自己実現に専心していたり、親の介護や子どもの問題が起こったときに、夫婦のどちらかが多忙で余裕がなくなっていたり等々のすれ違いの例は、枚挙に暇がない。

そんなことが何度か繰り返されると、私たちは感情的になって相手をとがめたり、追い込んだり、逆に甘えたい気持ちを押さえ込んで相手をことさら無視したり、一切会話をしなくなったり、もうこんりんざい相手に頼るまいと意地になったりしてしまう[iv]。そして、その反動として、より一層仕事やボランティア活動にのめり込むようになったり、子どもと密着して過保護になったり、実家の親を味方に引き入れたり、異性関係に走ったりしてしまいがちになる。

8　三角関係化という問題

　私たちは、精神的安らぎや不安の解消のために、アタッチメントを常にどこかに求めている。その大きな拠りどころである夫婦関係がこじれた場合、第三者を巻き込んで心の安定を図ろうとする「三角関係化」(Bowen, 1978) が起こりやすくなる。夫婦・カップル間をめぐる三角関係化は、パートナーに求めるアタッチメントが叶わず、不安や寂しさ、憤りなどに対処するための代償的行動化ではあるが、言うまでもなく、夫婦間の溝はさらに深刻化してしまう。

　特に現代は、このような三角関係化が起こりやすい時代でもある。まず第一に、課題達成や成果重視、特に職業上の成功に高い価値を置く社会による圧力 (柏木・平木, 2009) は、私たちに職業生活への献身や勤勉性を強く求め、家族関係の維持に費やせる時間やエネルギーは相対的に少なくなっている。そのため、夫婦の一方が職業生活に労力の大部分を注ぎ、他方がその不満や淋しさから他のアタッチメント対象を求めるようになったり、あるいは最近は、夫婦それぞれが職業上の成功や課題達成を最優先するあまり、心安らぐ関係が築けないといったカップルも臨床実践上しばしば目にする。

　また、現代は異性との出会いや交流が容易になっていることに加えて、婚外異性関係を以前ほど否定視しないような風潮もある。結婚生活では十分に満たされないアタッチメントの補償としての異性との文字通りの三角関係は、離婚ケースの多くを占めている[v]。

さらに、課題達成や成果を重視する社会は、高学歴や優れた能力の習得が人生の幸福に直結するという価値観を絶対化する。そのため、子どもの世話や受験や習い事に力を注ぐことで子どもと密着し、「子どもと結婚した母」（柏木・平木, 2009）のような三角関係化も、現代によく見られる現象である。

その延長で、世代間境界があいまいとなり、子の結婚後にも干渉や介入をしたがる親世代も目立ってきている。だからと言って、必ずしももとの親子関係が良好だったとは限らない。むしろ、パートナーとの関係にはかつての親との間での葛藤や問題が投影されることが多いため、特に「縮小・背信期」には、相手に親の嫌なところや不満を投影し、それを相手自身の性格的欠点と思い込み、関係をひどく耐えがたく感じてしまうということがしばしば起こる。そのようなケースでは、逆説的であるが、親への忠誠心（Boszormenyi-Nagy & Spark, 1973）が刺激され、もとの親子関係のしがらみの中に再び逃げ込んでしまいやすい。原家族からの自己分化が不十分であるがゆえの三角関係化である。

現代の祖父母世代はまだまだパワーにあふれ、子ども夫婦の揉め事に積極的に介入したがる傾向が強い。しかし、それが逆に葛藤や軋轢をさらに悪化させ、本来なら修復できる夫婦関係を破綻に追い込んでしまうケースも相当に多い。

9　結婚生活の破綻を防ぐために

以上、多くの離婚ケースで起きている、夫婦のコミュニケーションの悪循環から三角関係化へのプロセスについて述べた。特にわが国の夫婦や家族は、情緒的一体感を重視し、自分と対象の個別性や分離について厳格な意識を持たず、「つながり」や一体感のなかで甘えを許し合う雰囲気が個の存在に優先しているという特徴がある（山野, 1987）。ゆえに、相手に素直に甘えられないとき、つまり、求めているアタッチメントが叶わないとき、すねる、ひがむ、ひねくれる、恨むなどの心理になりやすく（土居, 1971）、それがこじれてしまうと、相手に対する怒りや憤り、人格否定、かたくなな意地、恨みなどにつながりやすい。

同時に、代償的な「つながり」や一体感を、ほかのどこかに求める欲求も強くなる。つまり、離婚の危機は、根っから悪気があるとか、もとから性格が合わないというよりも、甘えや依存のこじれ、タイミングやめぐり合わせの悪さ

第3節　結婚生活の破綻

の悪循環がその本質であることが相当に多い。

したがって、夫婦関係が二人の「心の安全基地」として長らく機能してゆくために大切なことは、

　①私たちは不安や心細さから決して自由になれず、常に誰かを必要とする存在であるという自覚
　②結婚生活に必然的に生じる相手との葛藤や軋轢、さまざまな困難などを引き受ける覚悟
　③原家族との関係も含めた自己理解および自己分化を高める努力
　④関係の修復・和解を支える「友愛」の関係[vi]
　⑤家族ライフサイクルの移行に伴う困難やストレスへの準備

などが挙げられよう。そのために、夫婦にとって重要な問題について結婚前からある程度話し合い、そのために必要なスキルを高めておくことが重要（野末, 2008）とされ、結婚レディネスを高めるための予防的アプローチやプリマリタル援助の必要性が唱えられている（吉川, 2006）。

10　おわりに──わが国の離婚の現状をめぐるもっと深刻な問題

　先に、わが国の離婚率を上げているのは、10代・20代の若年層であることに触れた。ここで特に着目すべきことは、自己分化度が低い出生家族で育った子どもが、若年のうちから何度も離婚を繰り返しているという事実である。そのような家族は、親世代も離婚再婚を繰り返し、貧困や心身の病、養育意欲の乏しさ、規範意識の低さなどのさまざまな心理的・福祉的・教育的問題が絡み合っていることが少なくない。当然、親子のアタッチメントも不全なことが多く、虐待やそれに近い現象、親の非社会的・反社会的な振る舞い、不特定の交際相手の家への出入り、子どもの低学力や学校不適応、非行や犯罪がらみの問題などの発生率も相対的に高い。そのような多世代的なしがらみを背負った子どもたちはごく若いうちから、まさに代償的アタッチメントを求めて異性との性的関係を繰り返し、同棲や「できちゃった婚」などに簡単に至ってしまう。そして、子どもの出産に自分の経験できなかった「暖かい家庭」を築くことを夢見ては、すぐに挫折し、相手との関係も破綻し、負の世代間連鎖を再生産してゆく。

彼ら彼女らにとって離婚の問題などは相対的に瑣末な問題であり、いくら専門家が自己分化の大切さや結婚レディネスなどを啓蒙しても、あまり効果がない。程度の差はあれ、わが国の離婚をめぐる深刻な問題はこのような現実にあり、これは、単なる一個人や一家族の心がけで改善できるものでは決してない。家族心理学領域をはじめとする専門家には、このような厳しい現実にどう対応してゆくかが厳しく問われている。この観点からの研究や実践が積み重ねられることを望みたい。

i 「司法統計年報」（最高裁判所, 2012）によれば、調停離婚申立ての理由は、夫側が①性格が合わない、②異性関係、③家族親族と折り合いが悪い、④異常性格、⑤浪費する、妻側が①性格が合わない、②暴力を振るう、③異性関係、④精神的に虐待する、⑤生活費を渡さない、である。
ii 厚生労働省（2002）「人口動態調査特殊報告」によると「第一子の出生数のうち結婚期間が妊娠期間より短い出生割合」は、15〜19歳で81.7%、20〜24歳で58.3%にも上っている。
iii 自己分化とは、私たちが情緒的にも知性的にも多様な機能を細やかに働かすことができるようになる内的プロセスであり、その度合いが低い場合には、情緒と知性が融合してしまうため感情的に振る舞いやすく、対人関係において過度に依存的になったり、周囲を感情的に巻き込んだり巻き込まれやすくなったり、逆に相手を一方的に排斥してしまったりする。他方、自己分化度の高い者は、情緒的に豊かであると同時に知性をバランス良く機能させることができ、自立的で場に応じた感情コントロールに優れているという特徴があり、対人関係においても、情緒的結びつきと自立的な言動のバランスを保ち柔軟に対応できる。つまり、自己分化度の高さは、家族などの対人関係における心の成熟度とも、自立性の度合いとも、親密な関係の築きやすさとも言えるものである。
iv 最近わが国でも問題となりつつある、いわゆる「家庭内別居」には、このメカニズムが大きく影響している。
v 異性関係を申立ての理由とする離婚調停は男女を問わず高率であり、筆者による親の離婚を経験した大学生に対する調査でも、その8割以上に親の不倫が認められた（藤田, 2011）。
vi ガットマンら（Gottman & Silver, 1999）は、たとえ結婚に満足している夫婦であっても、互いの性格や興味や価値観には大きな違いがあり、家計、仕事、子ども、家事、性生活、互いの原家族の問題などについて多くの口論や衝突があり、それは離婚する夫婦と同等程度であるとの研究結果を示している。夫婦間の問題の多くは、二人の育ちや原家族、それまでのライフスタイルや性格などの違いという根本的なものに根ざしており、実は夫婦間で解決できないものが多く、良好な夫婦関係の維持には、問題をそれ以上大きくしないような心がけが大切である。夫婦が離婚してしまうか否かは、その修復（「和解」）のプロセスがうまく機能するかどうかにかかっており、そのためには、夫婦が共同生活者として互いに尊敬や喜びを分かち合えるような友愛性（友情のような関係）が決め手であるとする。

引用文献
柏木惠子・平木典子（2009）『家族の心はいま――研究と臨床の対話から』東京大学出版会.
厚生労働省（2002）「人口動態調査特殊報告」.
厚生労働省（2010）「平成21年人口動態統計」.
厚生労働省（2014）「平成25年版厚生労働白書」.
国立社会保障・人口問題研究所（2005）「人口統計資料集2005」.

最高裁判所(2012)「司法統計年報」.
土居健郎(1971)『甘えの構造』弘文堂.
東京都(2011)「男女平等参画に関する世論調査結果」.
内閣府(2009)「男女共同参画社会に対する世論調査」.
内閣府国民生活局(2003)「平成15年版国民生活白書」.
野末武義(2008)「独身の若い成人期」, 中釜洋子・野末武義・布柴靖枝・無藤清子『家族心理学――家族システムの発達と臨床的援助』(pp. 41-59)有斐閣.
藤田博康(2011)「親の離婚を経験した子どもたちのリジリエンス」『日本家族心理学会第28回大会論文集』pp. 74-75.
山野保(1987)『「未練」の心理――男女の別れと日本的心情』創元社.
吉川延代(2006)「結婚レディネスとプリマリタル・カウンセリング」, 日本家族心理学会(編)『夫婦・カップル関係――「新しい家族のかたち」を考える(家族心理学年報)』(pp. 53-63)金子書房.
Boszormenyi-Nagy, I. & Spark, G. M. (1973) *Invisible Loyalties: Reciprocity in Intergenerational family therapy*. New York: Harper& Row.
Bowen, M. (1978) *Family Therapy in Clinical Practice*. Lanham: Jason Aronson.
Bowlby, J. (1969) *Attachment and Loss: Vol. 1. Attachment*. New York: Basic Books.（黒田実郎ほか（訳）(1991)『母子関係の理論Ⅰ 愛着行動』岩崎学術出版）.
Carter, B. & McGoldrick, M. (Eds.) (1999) *The Expanded Family Life Cycle: Individual, Family and Social Perspectives*. Boston: Allyn and Bacon.
Dym, B. & Glen, M. L. (1993) *Couples: Exploring and Understanding the Cycles of Intimate Relationships*. UK: HarperCollins.
Gottman, J. & Silver, N. (1999) *The Seven Principles for Making Marriage Work*. New York: Brockman.（松浦秀明（訳）(2007)『結婚生活を成功させる七つの原則』第三文明社）.
Johnson, S. (2003) Attachment Theory: A Guide for couple therapy. In Johnson, S & Whiffen, V. (Eds) *Attachment Process in Couple and Family Therapy* (pp. 103-123). New York: Guilford Press.
Lerner, H. G. (1994) *The Dance of Intimacy: A Woman's Guide to Courageous Acts of Change in Key Relationships*. New York: HaperCollins.（中釜洋子（訳）(1994)『親密さのダンス――身近な人間関係を変える』誠信書房）.
Sager, C. J. (1981) Couples Therapy and Marriage Contracts. In Gurman, A. S. & Kinskern, D. P. (Eds.) *Handbook Of Family Therapy*. New York: Brunner/Mazel.

> 研究紹介 ①
>
> # 国際結婚の日本人妻の名のりの選択に見られる文化的アイデンティティの構築──戦略としての位置取り
>
> 矢吹理恵

　日本人同士の結婚では、戸籍上は夫婦同姓が民法（750条）で定められている。他方、外国人と結婚した日本人は、自分の日本姓、配偶者の外国姓、あるいは日本姓と外国姓を組み合わせた混合姓から選択できる（戸籍法第107条）。夫婦の結婚後の名のりは、個人にとっては結婚後の新たな所属を象徴し、家族にとっては家族成員同士の関係を社会的にどのように示すかを表す。本研究では、結婚生活の場で繰り広げられる意味を伴った行為を「文化実践」（Miller & Goodnow, 1995）と位置づける（矢吹, 2011）。そして、それを通じて妻が獲得した「文化的意味」が、文化的アイデンティティの形で収斂したものが結婚後の妻の名のりであると考える。

　ここでは、結婚後の名のりの形態についてより多くの選択肢をもつ国際結婚夫婦の、日本人妻の名のりの選択に関わる要因とそこに付与されている意味を、それが埋め込まれている日常生活の文脈の特殊性を考慮しつつ質的に明らかにすることを目的とする。対象者は日本の首都圏在住の夫アメリカ人・妻日本人有子夫婦20組、質問紙法および一人につき平均4.3回の面接によりデータを収集した。期間は1999年6月から2000年12月であった。

1　質的分析から析出された対象夫婦の類型

　対象夫婦の家庭内文化実践のあり方を定める要因は2つあり、一つは①夫と妻それぞれの「自らの文化的志向性へのこだわりの強さ」、もう一つは②「その文化的志向性のありかた」であった。

　①は、自分の考え方ややり方を明確に認知し、それを家庭内文化実践に反映させる意志の強さを指す。具体的には、「夫は何事に対しても、『自分のやり方』に私よりこだわりがある」等の対象者の語りの内容、および自己主張の強さに関する夫と妻への質問紙の項目の回答から、以下にあげる

家庭内文化実践の文化的志向性が夫の主導によると判断される場合は「夫主導」、妻の場合には「妻主導」として分類した。

②については、対象夫婦間で質的違いが見られた以下の指標により、対象夫婦を「アメリカ志向」と「日本志向」に分類した。第一は「家族成員間コミュニケーションにおいて優勢な言語が英語か日本語か」、第二は「親が子どもに与える絵本・ビデオなどで優勢な言語、および子どもの就学先として選択されるのが、英語およびアメリカンスクール・国際学校か、日本語および日本の学校か」、第三は「希望定住地がアメリカか日本か」、第四は「夫婦の片方または両方がキリスト教を信仰し、かつその信仰がアメリカ文化の一部であると認知されているか否か」であった。

以上の指標のうち、3/4以上が「日本語・日本」だった場合は「日本志向」の群に、「英語・アメリカ」だった場合は「アメリカ志向」の群に分類した。「アメリカ志向」と「日本志向」が半々だった場合は、第一指標の「家族成員間コミュニケーションにおいて優性な言語」と第四指標の「宗教」のいずれかが「アメリカ志向」だった場合は「アメリカ志向」の群に、「日本志向」だった場合は「日本志向」の群に分類した。

以上の基準によって対象夫婦20組を分類したところ、「妻主導日本志向夫婦」7組、「妻主導アメリカ志向夫婦」5組、「夫主導アメリカ志向夫婦」8組、「夫主導日本志向夫婦」0組となった。

2 対象夫婦の妻に見られた名のりのパターン

妻の結婚後の名のりには、

(1) 日本でもアメリカでも日本姓を使用
(2) 日本でもアメリカでもアメリカ姓を使用
(3) 日本でもアメリカでも混合姓を使用
(4) 日本では日本姓をアメリカではアメリカ姓を使用
(5) 日本では混合姓、アメリカではアメリカ姓を使用
(6) 日本では日本姓、アメリカでは混合姓を使用

の6つのパターンが見られた。家庭内文化実践が日本志向の夫婦の妻には(1)と(2)と(4)が、アメリカ志向の夫婦の妻には(2)と(3)と(5)と(6)が見られた。

以上の検討から、妻の名のりをめぐる文化実践は、対象夫婦の日常生活の場において、妻が社会的により優位な位置を占めるための「戦略」として機能していることがわかった。妻は、自らが選択した「名のり」に付与された「意味」を、自己を象徴する一部として社会的に表出させていた。これは、社会学者ブルデュー（Bourdieu, P.）の理論における「文化資本」の一形式である、「象徴資本」（Bourdieu, 1979/1990）としての機能である。「象徴資本」は、「家名」、「ブランド名」等、それを所有することにより当人の社会的信用や威信を根拠づける事象を指す。

　「象徴資本」としての名のりの形態を規定していたのは、2つの要因であった。一つは、妻のもつ学歴等の「文化資本」に対する夫のそれの大きさ、もう一つは、妻の収入等の「経済資本」の大きさに対する、夫のそれの大きさである。

　対象夫婦においては、第一に、夫の姓を名のることによって得られる妻の結婚後の「象徴資本」の増減が、妻の名のりの選択に影響を与えていた。夫の「文化資本」・「経済資本」が妻のそれに対して相対的に低いか同等であると認知する妻にとっては、夫の姓であるアメリカ姓を名のることで妻の「象徴資本」は増大せず、妻自身の社会的威信も高まらない。妻主導日本志向夫婦に多く見られたこれらの妻は、日本でもアメリカでも日本姓を使用していた。他方、夫の「文化資本」・「経済資本」が妻のそれよりも高いと認知する妻は、日本でもアメリカでもアメリカ姓を選択していた。夫主導アメリカ志向夫婦に多く見られたこれらの妻は、「自分は実家を出て、夫の『家』に入った『嫁』である」という伝統的家制度の中に自らを位置づけていた。

　第二に、妻は名のりを自らのキャリア形成上の「戦略」として利用していた。日本語教師を生業とする妻は日米両国で日本姓を、日米合弁企業で働く妻は混合姓を、英語教師として働く妻は日米両国でアメリカ姓を使用していた。

　第三は、第一点と第二点の混合形態である。夫の「文化資本」・「経済資本」が妻よりも高いと認知し、かつ自身がキャリアをもつ夫主導アメリカ志向夫婦の妻は、キャリアをもつ日本では混合姓を使用し、キャリアをも

たないアメリカではアメリカ姓を使用していた。それにより、日本では日本姓を部分的に入れることで日本人であることを職場にアピールし、アメリカではアメリカ姓のみを使うことで、夫の家族との一体感を高めていた。

第四は、対象夫婦の類型にかかわらず、妻が日米両国で専業主婦である場合は、「日本では子どもが日本姓のほうが差別を受けにくい」等の理由から、日本では日本姓を、アメリカではアメリカ姓を使い、地域社会と一体感を高めていた。

このように、対象夫婦の妻は、名のりの形態を選択することで、それを「象徴資本」に転換し、「社会的位置空間」(ブルデュー, 1990)における自らの位置を上昇させる「戦略」をとっていた。それは、名のりの選択によって、自分と、自分または夫が所属する社会集団との間の類似性を強調し、自己と外集団との間に「線引き」をする行為であった。

文化人類学者のエドマンド・リーチは、ある社会集団の成立の根拠は、従来言われてきた客観的な集団の特徴よりも、成員による主観的な帰属意識にあると主張した。その後、主観的帰属意識すなわちエスニック・アイデンティティを生み出す源泉について、2つの立場が提出されている。一つは、自分の出身文化への原初的な愛着に求める立場で、もう一つは、エスニシティは個人や社会集団がおかれた社会的・政治的・経済的状況によって利益を最大化するように意識的に操作されるとする立場である。後者は、スチュアート・ホールらが提唱するカルチュラル・スタディーズに引き継がれ、そこではアイデンティティとは、もはや個人の本質的な「与えられた」属性としては想定されていない。

グローバル化が進んだ現在、主体はその状況によって異なるアイデンティティを選び取る存在とされており、アイデンティティの選択は主体の政治的な「定位・位置取り (Positioning)」(ホール, 1998)とされる。対象夫婦の妻の名のりの選択は、それぞれの状況における社会的政治的経済的利益を最大化するための主体的な判断の下で行われていることから、ホールの文化的アイデンティティ論における「定位・位置取り」にあたると結論づけられる。

(『発達心理学研究』第16巻 (2005年) 第3号、pp. 215-224より)

引用文献

矢吹理恵 (2011)『国際結婚の家族心理学』風間書房.
ブルデュー, P. (著) 石井洋二郎 (訳) (1990)『ディスタンクシオン (I, II)』藤原書店. (Bourdieu,P. (1979). *La Distinction: Critique sociale du jugement*. Paris: E'ditions de Minuit).
ホール, S. (著) 小笠原博毅 (訳) (1998)「文化的アイデンティティとディアスポラ」『現代思想』26 (4), pp. 90-103. (Hall,S. (1997) Cultural Identity and Diaspora. In K. Woodward (Ed) *Identity and Difference* (pp.223-290). London: Sage/The Open University).
Miller, P. J., & Goodnow, J. J. (1995) Cultural practices: Toward an integration of culture and development. In J. J. Goodnow, P. J. Miller, & F. Kassel (Eds) *New Directions for Child and Adolescent Development*, 67, pp. 5-16.

研究紹介 ②
青年の恋愛と結婚への展望
髙坂康雅

1　青年期における恋愛関係とアイデンティティ

　青年期に入ると、多くの者は異性や恋愛に対する関心をもち、異性と親密な関係（恋愛関係）になることを望み、実際に恋愛関係を構築していく。髙坂（2011, 2013a）では、大学生のおよそ35%に恋人がおり、45%は恋人を欲しいと思っており、20%が恋人を欲しいと思っていないことが、明らかにされている。青年期後期に相当する大学生では、およそ3人に1人に恋人がいるといえる。

　青年期は、「アイデンティティの確立」という心理社会的な主題（theme）に取り組む時期であり、いいかえれば、アイデンティティが未確立で、心理的に不安定な時期である。この心理的な不安定さは、恋愛関係にも関わっており、エリクソン（Erikson, 1950）は「青年期の恋愛は、その大部分が、自分の拡散した自我像を他人に投射することにより、それが反射されて徐々に明確化されるのを見て、自己の同一性を定義づけようとする努力である」と述べている。また、大野（1995）は、アイデンティティが未確立な状態において、他者からの評価によって自身のアイデンティティを定義づけようとしたり、補強したりする恋愛的行動を「アイデンティティのための恋愛」として概念化し、①「相手からの賛美、賞賛を求めたい」、②「相手からの評価が気になる」、③「しばらくすると、呑み込まれる不安を感じる」、④「相手の挙動に目が離せなくなる」、⑤「結果として多くの場合交際が長続きしない」、という5つの特徴を挙げている。

　髙坂（2013b）は、恋人がいる大学生を対象とした約8か月に渡る3回の縦断調査を実施している。その結果、アイデンティティの側面のうち、「自己斉一性・連続性」や「対他的同一性」の高さは、約4か月後の交際継続／終了を規定し、「心理社会的同一性」の高さは、約8か月後の交際継続／終了を規定していることを明らかにしている。「対他的同一性」や「心理社会的同一性」は、自己と外界の現実社会との関わりに関する「心理社会

的自己同一性」を機構成するものであり（谷, 2008）、アイデンティティの側面の中でも、本来の自分自身と他者（恋人）や社会の中での自分とが一致しているという感覚がもてている者ほど、恋愛関係が継続することが示唆されている。

　また、恋愛関係は、自身と恋人の二者関係であることから、恋人のアイデンティティも恋愛関係のあり方に関わっているといえる。髙坂（2010）では、大学生本人のアイデンティティと、大学生が推測した恋人のアイデンティティとの組み合わせから「恋愛関係の影響」の差異を検討したところ、自身のアイデンティティが「達成型」や「フォークロージャー型」のような安定した状態である方が「モラトリアム型」や「拡散型」のような不安定な状態であるよりも、恋愛関係の中で「時間的制約」を感じにくいことが明らかにされている。また、恋人のアイデンティティが安定した状態である方が、不安定な状態であるよりも、恋愛関係の中で「自己拡大」や「充足的気分」を感じることができ、「他者交流の制限」を感じにくいことを明らかにしている。

　さらに、青年個人のアイデンティティの状態が恋愛関係のあり方に影響を及ぼすように、恋愛関係が青年個人のアイデンティティの状態に影響を及ぼすことも示されている。例えば、片岡・園田（2011）では、恋人に対して親密性を抱いているほど、「自己斉一性・連続性」が高まり、情熱を抱いているほど、「対他的同一性」が高まることが明らかにされている。また、髙坂（2013c）では、恋愛関係において、「その人の気持ちがいつも気になる」、「嫉妬する（ヤキモチをやく）ことが多い」などの「関係不安」が、約4か月後のアイデンティティを高めていることが明らかにされている。

　このように、青年期の恋愛関係とアイデンティティは相互に影響しあっていると考えられるが、これまで実証的な研究が少なく、その相互作用関係については、今後さらに検討される必要がある。

2　恋人を欲しいと思わない青年

　すでに述べたように、大学生の約80％は、恋人がいるか恋人を欲しいと思っている一方、大学生の約20％は、恋人を欲しいと思っていない。恋愛

に高い価値が置かれている日本において、「青年は異性を求めるもの」、「青年は皆、恋愛をしたいと思っているし、している」という暗黙の前提が流布する中、恋人を欲しいと思っていない青年は、時に「草食系」と揶揄されたり、「モテない者の強がり」として批判や偏見に晒されてきた。しかし、近年、恋人を欲しいと思わない青年の心理的特徴に関する研究が散見されるようになり、そのような青年の実態が明らかになりつつある。

その端緒となった髙坂（2011）では、恋人がいる大学生（恋愛群）、恋人を欲しいと思っている大学生（恋愛希求群）、恋人を欲しいと思ってない大学生（恋愛不要群）について、自我発達、精神的健康、個人主義の観点から比較検討を行っている。その結果、恋愛不要群は、「日常生活で無気力であることが多く、充実感もあまり感じられておらず、また自己の斉一性・連続性や、他者から見られている自分と本来の自分との一致感によるアイデンティティの感覚もあまり感じられていないが、自分の意見・考えを最善であると考えている青年の一群である」としている。

このように、恋人を欲しいと思わない青年はネガティブな特性を有していることが明らかにされているが、恋人を欲しいと思わない青年をより詳細に検討すると、必ずしもネガティブな特性を有している者だけではないことが示されている。髙坂（2013a）は、恋人を欲しいと思わない理由を、①恋愛による負担の回避、②恋愛に対する自信のなさ、③充実した現実生活、④恋愛の意義のわからなさ、⑤過去の恋愛のひきずり、⑥楽観的恋愛予期、の6つに分類した。そのうえで、恋人を欲しいと思わない青年を、A. 恋愛拒否群、B. 自信なし群、C. 楽観予期群、D. ひきずり群、E. 理由なし群の5群に分類し、自我発達の比較を行った。その結果、恋愛拒否群や自信なし群は全般的に自我発達の程度が低かったのに対し、楽観予期群やひきずり群は全般的に自我発達の程度が高く、特に楽観予期群は、恋人がいる青年と同程度の自我発達の状態にあることを明らかにしている。

これらの研究から、「自分のアイデンティティに確信が持てない若者は、対人的な親密さを怖がって尻込みする」（Erikson, 1959）と指摘されているように、恋愛関係という親密な対人関係を拒否・回避している恋愛拒否群や自信なし群のような青年がいる一方、楽観予期群のように、現在取り組む

べきことがあったり、友人関係など活発な対人関係をもっているため、現時点では恋人を欲しいと思っていないが、「いずれ恋人はできる」という確信にも近い予期がある青年もいる。単に「恋人を欲しいと思わない」という点だけでひとくくりにすることができない複雑さがあり、また、恋愛を含めた価値観が多様化する現代において、このような青年をひとくくりにして、批判したり偏見をもつべきではないと考えられる。

3　恋愛と結婚の狭間──恋愛研究の展望

　現代では、結婚したカップルのおよそ90％が恋愛結婚であり（国立社会保障・人口問題研究所, 2012）、テレビドラマやマンガ、小説などをみても、「異性と恋愛関係を構築し、その相手と結婚する」というプロセスが一般的に受け入れられている。しかし、青年期の恋愛の多くは、関係崩壊（失恋）になりやすく、髙坂（2013b）では、8か月の間に、34.2％のカップルが別れていることを明らかにしている。これは、先に述べたアイデンティティ未確立による心理的不安定さによるものであると考えられるが、一方で、青年期に恋愛関係を構築し、そのまま結婚に至るカップルも一定数存在する。

　このような結婚に至る個人的な要因として、厚生労働省大臣官房統計情報部（2014）では、10年間の縦断調査のデータをもとに、学歴、就業形態（正規／非正規）、年収、年齢、親との同・別居などについて検討している。一方、アイデンティティや親密性などの自我発達的特性や、アタッチメントスタイルなどの対人関係に関わる特性のような個人的心理的特性、スターンバーグ（Sternberg, R. J.）の「愛情の3要素」、恋愛関係満足度のような関係性に関わる指標が、現在の恋愛関係を結婚に至らせる要因としてどの程度機能しているかについては、まったくと言ってよいほど検討されていない。恋愛関係に関する研究も夫婦関係に関する研究も多数ある中、恋愛関係と夫婦関係をつなぐ研究が行われていないのが現状であり、関係性を生涯発達的にとらえる上で重大な課題となっている。

引用文献
大野久（1995）「青年期の自己意識と生き方」, 落合良行・楠見孝（編）『講座生涯発達心理学4　自己への問い直し──青年期』(pp. 89-123) 金子書房．

片岡祥・園田直子（2011）「恋愛関係が青年の発達に及ぼす影響──多次元自我同一性尺度と恋人の有無・交際期間・愛情との関連から」『久留米大学心理学研究』(10), pp. 104-111.
髙坂康雅（2010）「大学生及びその恋人のアイデンティティと"恋愛関係の影響"との関連」『発達心理学研究』21 (2), pp. 182-191.
髙坂康雅（2011）「"恋人を欲しいと思わない青年"の心理的特徴の検討」『青年心理学研究』23 (2), pp. 147-158.
髙坂康雅（2013a）「青年期における"恋人を欲しいと思わない"理由と自我発達との関連」『発達心理学研究』24 (3), pp. 284-294.
髙坂康雅（2013b）「アイデンティティ及び"恋愛関係の影響"による大学生の恋愛関係の継続／終了の予測」『和光大学現代人間学部紀要』(6), pp. 23-34.
髙坂康雅（2013c）「大学生におけるアイデンティティと恋愛関係との因果関係の推定：恋人のいる大学生に対する3波パネル調査」『発達心理学研究』24 (1), pp. 33-41.
厚生労働省大臣官房統計情報部（編）（2014）『21世紀出生児縦断調査及び21世紀成年者縦断調査特別報告書（10年分のデータより）』.
国立社会保障・人口問題研究所（編）（2012）「平成22年 第14回出生動向基本調査 第Ⅰ報告書──わが国夫婦の結婚過程と出生力」.
谷冬彦（2008）「アイデンティティのとらえ方」, 岡田努・榎本博明（編）『自己心理学5　パーソナリティ心理学へのアプローチ』(pp. 6-21) 金子書房.
Erikson, E. H.（1950）*Childhood and Society*. New York: W. W. Norton.（仁科弥生（訳）（1977）『幼児期と社会1』みすず書房.）
Erikson, E. H.（1959）*Identity and the Life Cycle*. New York: International Universities Press.（西平直・中島由恵（訳）（2011）『アイデンティティとライフサイクル』誠信書房.）

> 研究紹介 ③
震災婚とカップルの成長
高橋恵子・長谷川啓三

1 「震災婚」への注目

　まだ記憶にも新しい東日本大震災は、人々の生活やかけがえのない人を多く奪った。震災後は痛ましいニュースが多く報道されたが、一方で、"被災地でのカップル誕生"という幸福なニュースもたびたび見聞きすることがあり、それは多くの人にとって大変印象深いものとなった。そこで私たちは、震災をきっかけとして（震災がなければ生じえなかっただろう出来事・状況を通して）男女が親密な関係になり事実上の婚姻関係を結んだ状態を「震災婚」と呼ぶことにした。

2 震災婚カップルの家族構築プロセスとは？

　「震災婚」という、"悲惨な状況にもかかわらず見出されるポジティブな現象"は、どのようにして起こったのだろうか。また、震災婚を通してどのような心理的な変化があったのだろうか。その具体的な様相を知るために、私たちは被災地在住の震災婚カップルへインタビューを行うこととした。協力が得られたのは、①それぞれ子どもが独立している60代再婚カップル、②子どもを連れての再婚となった50代・30代カップル、③ボランティアを通して出会った初婚20代カップルの3組である。なおいずれのカップルも、震災後に出会って結婚している。インタビューは2012年8月から11月にかけて実施した。それぞれのカップルに対し、(1)交際や結婚のきっかけ、(2)結婚に至るまでの印象的エピソード、(3)震災後の考え方や人間関係の変化、(4)結婚して思ったことの4つを中心に尋ねた。インタビューで話していただいた内容をもとに、「震災婚」のプロセスやカップルの思い等について整理した。

　インタビュー内容を整理した結果、震災婚のプロセスは、主に3つの時期に分けられた。それは、第1期「集団生活のなかで結婚への下地がつくられていった時期」、第2期「生活再建に向けて動き始めた時期」、第3期

「結婚生活開始後の時期」である。いずれのカップルでも、震災という危機的な状況において、避難所等での共同生活や被災地支援活動等を通し、急速にカップルの結びつき・凝集性が高まっており、その背景には次のようなことが見受けられた。

1)外的要因：『生活空間の共有』『生活の不便さ』『金銭面の困難／援助』『周囲からの後押し』が挙げられ、限られた資源を有効に活用しなくてはならない生活の中で、他者との物理的距離が縮まっていた。これに関しては吉川（1998）も、震災直後の時期は生活のための必要事項が優先されることから、必然的に家族の凝集性が高まることを指摘している。

2)内的要因：震災体験を通して『前向きな人生観への変化』が生じたり、「震災で沈んだ周囲の雰囲気を明るくしたい」「お世話になった人に良いニュースを届けたい」という『周囲の人への思い』が、カップルの結びつきを促進していた。さらに、②のカップルでは「自分が相手の子どもも幸せにするのだ」というような、『子ども養育のパートナーとしての意識』の高まりもうかがわれた。

つまり、震災という危機的な出来事が生じている中でも、外的および内的な要因の影響を受けながら、カップルは新しい家族の構築に向かって互いに結びつきを強めていったのである（図2-6-1）。

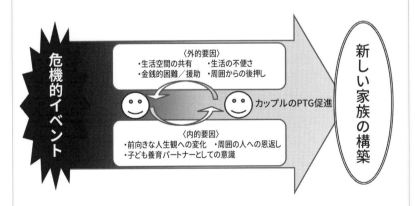

図2-6-1　震災婚カップルの家族構築プロセスモデル

3 震災による影響の程度とカップルの成長の関連とは？

ところで、「震災婚」と一口に言っても、震災の影響をどの程度受けているかは人それぞれ異なる。震災当時、被災地域に居住していたのか、住居に被害はあったのか、身近な人を喪ったのか、仕事や生活に変化を余儀なくされたのか等さまざまである。すると、震災の影響をどの程度受けたと感じるかによって、その後の"夫婦関係の在り方"（結びつきや結婚満足度、夫婦のコミュニケーションのパターン）や"震災婚による成長"に違いは出てくるのだろうか。そこで私たちは、震災発生から1年以内に入籍、もしくは、入籍はしていないけれどパートナーと同居し生計を立てている男女各300名を対象に、2013年7月にインターネットでの調査を行なった。

調査の結果、まず、喪失体験や住居等のさまざまな面においてより多くの被害を被っている人ほど、「自分の結婚には震災の経験がより強く影響している」と認識する傾向にあった。また、自身の結婚において震災の影響が強いと認識している人の方が、そうでない人よりも「カップルの成長」を特に感じていた。この「カップルの成長」というのは、「カップルが共に問題を乗り越えてきたという経験」や、「周囲との絆の強まり」に関する内容を指す。

4 震災婚とカップルのPTG（心的外傷後成長）

そもそも、家族発達段階の新婚期には、カップルが互いの考えや目標を共有し、共に問題解決を図っていくための関係構築という課題がある（岡堂, 2008）。それに加え、被災地における震災婚カップルならではの課題として、生活再建（住居、仕事、経済的問題など）や喪失からの回復過程にカップルがどのように取り組んでいくか、ということが挙げられる。その点において、震災婚カップルは、ほかの一般的な新婚期カップルよりも危機的で課題の多いシステムであると考えられる。

しかしながら震災婚カップルは、「震災」の体験を共有し、共に問題を乗り越えていくプロセスを通し、さらに互いの絆を強め、カップルとしての成長を感じているということがうかがえた。いわば、危機的状況を成長のチャンスに変える可能性があるのである。

なお、「人生における危機的な出来事の結果生じるポジティブな心理学的変容の体験」は、PTG（Post Traumatic Growth: 心的外傷後成長）と呼ばれる（Tedeschi & Calhoun, 2004）。このPTGの概念は、人間の「問題の面」ではなく、同時に見られる「健康な側面」に焦点をあてるという点で、心理療法の一つである解決志向アプローチの「例外」（De Shazer, S., et al. 1986）の考え方と共通する。

　また、震災婚によるカップルの成長には、個人内の要因だけではなく、他者の存在や関わりも重要な要因となる。同時に、カップルの相互作用によって、カップルの価値観が変化したり、新しい家族を築くというアクティブな行動が生じたりすることから、カップルのPTGは直線的変化ではなく、他者や環境との相互作用を含む円環的因果論によって解釈できる。

　最後に一つ大切なこととして、震災の被災体験（被害の程度や受け止め方）は人それぞれ多様であるため、すべてを単純にひとくくりにはできないということも、心にとめておく必要があるだろう。

引用文献
岡堂哲雄（2008）「家族のライフサイクルと危機管理の視点」，高橋靖恵（編）『家族のライフサイクルと心理臨床』(pp. 103-132)金子書房．
吉川悟（1998）「震災の経過とシステム論的家族療法」，日本家族研究・家族療法学会 阪神・淡路大震災支援委員会（編）『喪失と家族のきずな』(pp. 154-170)金剛出版．
De Shazer, S., Berg, I.K., Lipchik, E., Nunnally, E., Molner, A., Gingerich, W.& Weiner-Davis, M.(1986) Brief therapy; Focused solution deveropment. *Family Process*, 25(2), pp. 207-221.（長谷川啓三（訳）(1987)「短期療法：解決の構成主義」，日本家族心理学会（編）『親教育と家族心理学（家族心理学年報5）』金子書房．）
Tedeschi, R. G., & Calhoun, C. G. (2004) Posttraumatic Growth: Conceptual Foundations and Empirical Evidence. *Psychological Inquiry*, 15(1), pp. 1-18.

※本稿は、東日本大震災PTG心理支援機構(2013)「震災復興時のストレスケアに関わる長期的研究」(未公刊)にて報告した内容の一部である。

第3章
子どもの妊娠・出産と夫婦関係

第1節 妊娠・出産過程における夫婦関係
倉持清美

1 妊娠と出産

　妊娠、出産は、人生においてとても大きな出来事であり、夫婦関係に与える影響は大きい。発達心理学の分野では、生涯発達の視点に立ち、親になることがどのような経験になり発達に結びついているのかが検討されている。家族心理学的視点からは、夫婦二人の家族から家族が増えることに伴う家族関係と個々の変化が着目されている。看護学の分野では、母子保健、母性看護、家庭看護の視点で、親になることをどのように支援できるかという立場から研究が蓄積されている。ほかにもさまざまな学問分野が、クロスオーバーして研究が進められているのが現状である。ここでは、実際には家族は増えないが、近未来に確実に家族が増えることが予測できる妊娠期と、育児のスタート地点である出産に焦点を当てる。

a. 妊娠期

　妊娠期は、家族が実際に一人増えるという具体的な家族システムの変化を伴うわけではないが、そのことが夫婦にとって想定できる時期である。しかし、子どもが誕生する前に、小さい子とふれ合う経験をしたことがある夫婦は非常に少なく（加藤, 2001）、出産後に子どもに必要なケアをすることが難しいと予想される。妊娠期のインタビュー調査から、実在しない子どもに対して夫婦が「夢」と「不安」を見いだしていることが分かった（倉持・中澤・田村・及川・木村・岸田, 2001）。「夢」の場合は、子どもが誕生することで、家族としての絆が形成されていくことを感じ、「不安」の場合は、健康な子が生まれるかどうかを心配していた。

　こうした漠然とした不安の相談に乗り、産後の実際のケアを教えるために、各行政、あるいは産院などでは、夫婦ともに対象とした両親学級を開催している。

また、産後の母子保健事業として保健師が家庭訪問をしたりしている。これらの取り組みは、児童虐待の予防も担っている。

　妊娠期は、妻には身体的な変化が訪れるが、夫には実感できる変化はない時期でもある。夫は妻と違い自分の身体を通じて胎児を感じることが少なく、親になる意識をもつ時期は妻に比べて遅くなるといわれている（藤原・日隈・石井, 1997）。妊娠期の夫婦へ親になる意識について調査した研究では、夫は子育ての肯定的な側面（「子どもをもつと楽しくなるだろう」など）を強く意識していたが、妻は、さらに否定的な側面（「自分の時間がもてないだろう」など）も強く意識していた（小泉・中山・福丸・無藤, 2004）。

　夫婦へのインタビュー研究からも、妻は、産後は仕事の時間が減少すると捉えていたが、夫がそのように捉える割合は低く、「今の器が100で、仕事に100向けているとしたら、子どもができたらその器を200に増やして、仕事にも家庭にも100振り分けたい」と述べていた（倉持ら, 2001）。夫はその理由として、仕事をしなくては、子どもが育てられないから、と語っていた。夫には、育児により仕事の時間を減らすという発想が見られなかった。

　また、妊娠期に夫婦に実施した質問紙調査の自由記述欄の分析からは、夫婦で抱く不安にずれがあることが指摘されている（倉持・田村・中澤・及川・岸田・木村・森田・持田・荒牧, 2002）。妊娠期の妻は、出産後すぐの乳児期での子育ての不安（育児方法、育児の相談相手、保育園など）を記していたが、夫は、子どもが成人に至るまでを視野に入れて、経済的な不安や自分自身への不安を記していた。

　以上のことから、妊娠期は、子育てについて具体的な事柄をイメージすることは難しく、また、夫婦でも子どもが生まれた後の生活について共通のイメージは持つことが難しい時期と捉えることができる。

b. 妊娠先行型結婚

　いわゆる「できちゃった結婚」と言われる妊娠先行型結婚は、2009年には「15〜19歳」で8割、「20〜24歳」で6割、「25〜29歳」で2割の出生が該当しており、母親の年齢層が若くなるほど高くなる傾向がある（厚生労働省, 2010）。法的な手続きを伴う結婚のうち、2割程度が妊娠先行型と考えられる。国民生活白書（平成17年版）は、若年層における妊娠先行型結婚の増加の背景には「出生

は婚姻内で行うべきだ」とする、嫡出制の規範の強固さがあると指摘している（内閣府, 2005）。若者の性に対する価値観と、家族についての一般的な価値観とのずれがあり、必ずしも喜ばれる妊娠出産でない場合もあることが予想される。そうしたときに、妊婦の健康や産後の子育てに困難が生じることがあり、母子衛生や保健の分野ではそのサポートについて検討されてきた（田村ら, 2000）。例えば、妊娠先行型の妻と通常結婚型の妻とでは、母親の子どもへの接近感情や母親行動には差がなく、夫婦間の愛情にも差がなかったが、25歳未満の妊娠先行型の妻は子どもへの愛着感情や夫への愛情が低いことが報告されている（盛山・島田, 2008）。

　山田ら（2013）は、2012年に全国の20代から40代の既婚者に実施した調査から、妊娠先行型結婚の特徴について次のように分析している。妊娠先行型結婚は、図3-1-1に示すように通常結婚に比べて年齢が若い。さらに、図3-1-2の交際期間に着目すると短い傾向にあり、10代で相手のことがわからないまま結婚するといったケースは全体から見ると少なく、20歳代の働く男女が2〜4年交際して、妊娠先行で結婚するという状況がむしろ妊娠先行型結婚の典型と言えるようだ。

　社会的背景の分析によると、妊娠先行型結婚では男性も女性も、通常結婚よりも販売サービス業や現場労働などのいわゆるブルーカラーが多くなっている。図3-1-3に示すように、通常結婚と妊娠先行型結婚の階層差は学歴により顕著にあらわれ、男性は通常結婚では半数近くが大卒以上であり、最終学歴として中学校または高校をあげているのは26.6%であった。しかし、妊娠先行型結婚では大卒は3割程度であり、中卒または高卒が42.8%となっている。こうした最終学歴のギャップは女性でより明確で、通常結婚では32.8%であった中卒または高卒は、妊娠先行型結婚では53.1%と半数以上である。こうした状況は、学歴が高くないブルーカラーが妊娠先行型結婚を選択しているというよりも、結婚や出産は社会に出てある程度働き方が安定した者でなくては選択できないという社会的状況の表れと、山田らは考察している。

　また、通常結婚と妊娠先行型結婚の結婚継続年数にそれほど大きな違いが見られなかったことから、出産後に子どもを産み育てていく周期についての違いはないとしている。

第1節　妊娠・出産過程における夫婦関係

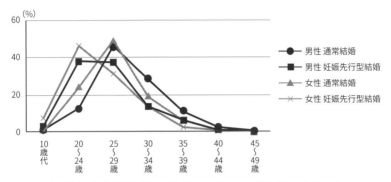

図3-1-1　結婚のスタイル別に見た結婚時の年齢（出典：山田ほか, 2013）

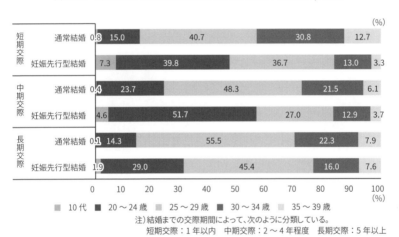

注）結婚までの交際期間によって、次のように分類している。
短期交際：1年以内　中期交際：2～4年程度　長期交際：5年以上

図3-1-2　交際期間別に見た結婚時の年齢（出典：山田ほか, 2013）

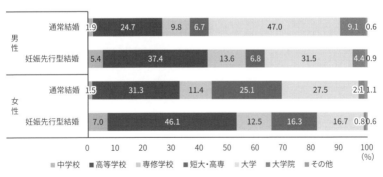

図3-1-3　最終学歴（出典：山田ほか, 2013）

c. 立ち会い分娩

　夫の立ち会い分娩は、出産への不安や苦痛、誕生の喜びを共有するものである。その効果については、看護学の分野で研究が進められている。

　出産直後の母子接触がその後の母子関係に影響を与えることを、クラウスとケネルが著書『母と子のきずな』(1979) で報告した。その後に著書のタイトルを『親と子のきずな』(1985) に改め、父親についても同様なことが言えると言及した。その影響を受けて、夫の立ち会い分娩が増えてきたと考えられている（田村ら, 2000）。周産期における父親の役割の獲得は、まず妊娠に対する喜びが父親としての気持ちの出発点となり、言葉や態度で妻への気遣いを行いながら、出産準備を妻と楽しむ、そして胎児を五感で感じるなど夫婦としての体験を共有して父親像を形成し、両親学級の参加や沐浴などの育児方法を学ぶことで父親像を具体化し、育児への積極性を獲得していくというプロセスをたどることが報告されている（木越・泊, 2006）。立ち会い分娩は、夫婦の共同作業としての出産ととらえられるかもしれない。

　しかし、立ち会った夫の中には精神的なショックを受ける者もおり、その効果については一概に言えない。夫の立ち会い分娩が夫婦関係、親子関係に及ぼす影響に関して実施された長期的な研究では、夫が立ち会い分娩を選択した夫婦の多くが母子同室を選び、子どもがより父母になつく傾向があったが、親の養育行動では差が見られなかったことを示している（上田, 1983）。夫の立ち会い分娩の文献について調査した遠藤ら（遠藤・小松・片桐・三澤, 2001）は、看護援助の視点から、立ち会い分娩の効果を検証するためにはどの場面での立ち会いなのか、夫は分娩室でどのような位置にいるのかなど、詳細な検討が必要であると記している。

d. 里帰り出産

　里帰り出産は、江戸時代には出産に伴い妊産婦を労働力として期待できない出産前後の数か月間の「口減らし」と、母体の産後の養生が目的であったようだ（大村, 1990）。そのほとんどが自宅分娩であったと思われる。厚生労働省の人口動態調査によれば、図3-1-4に示すように、1950年には施設（病院、診療所、助産所）での出産は全体のわずか4.6%に過ぎず、残りの95.4%は自宅またはその

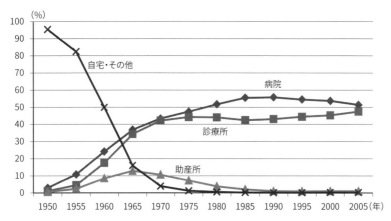

図3-1-4　出生の場所別にみた年次別出生数百分率（1950〜2005年）
（出典：「平成23年 人口動態調査」）

他で出産していた。しかし2005年では、病院での出産が50.9％、診療所が47.9％、助産所が1.0％、自宅などの施設外が0.2％となっている（NPO法人お産子育て向上委員会, 2011）。分娩自体は施設で行われるが、妊産婦が生家の近くの病院で出産、あるいは分娩後すぐに生家に戻り産後の時期を過ごす現代的な「里帰り出産」は、現在も存在している（小林・陳, 2008）。

この「里帰り出産」のデメリットとして挙げられるのは、父親としての役割の獲得（野村, 1983）や、父子関係の確立が阻害されやすい点（加藤, 1986）である。木村ら（2003）は分娩4か月後を対象に調査を行い、里帰りを選ばなかった父親の方が里帰りを選択した父親に比べてお産時の協力、母親の生活変化の理解、育児参加、父親としての実感が高く、里帰りを選ばなかった母親の方が夫に対する気遣いが高い結果を示した。その後の縦断的な研究から、1年たつと父親としての実感では差がなくなるが、里帰りあり群の方が、子どもに対する感情や子育てに対してネガティブな感情をもち、また「ひとりぼっちで寂しい」「とり残されたきもち」「イライラする」「毎日、おもしろくない」という孤独や焦燥感をもっていた。

夫婦関係においても、1年、2年と経過すると、里帰りあり群の方がパートナーに対して不満をもち、夫婦の関係に不安定さを感じていた（久保・岸田・及川・田村, 2012）。里帰りあり群の父親は、子どもがいる生活に慣れない、父親とし

ての新しい生活の変化が受け止めにくい状態にあると考えられる。身体的な変化を伴わず父親になる夫には、産後すぐの育児に関わることが夫婦の一体感を育て、子育てに協同的にかかわる構えを作ることにつながり、その後の子どものいる生活へのスムーズな移行を促すのかもしれない。

　一方で、子育て支援の観点からは、里帰り出産が有用な仕組みであることが指摘されている。陳（2000）は、「核家族化された現代の日本において『里帰り』は、新米の母親に対する身体的、心理的支援システムである」とし、さらに「産後の労働負担を軽減するとともに、母親になるための種々の技能や心構えを、すでに成立している母と娘の愛着関係の中で伝授・獲得される人類社会の長い伝統であり、育児の先輩のもと、新米の母親が「徒弟制」に近い形で母親になってゆく」と述べる。小林ら（小林・陳, 2008）は里帰り出産というシステムを養育性という視点から評価し、母親にとって初めての子育てと母と娘の関係発達に寄与する場、養育性形成に関わる場となりうる可能性を述べている。里帰り出産についての研究の動向を検討した大賀（2009）は、里帰り出産が及ぼす影響の中で、親役割の獲得の側面からの研究や家族の発達に関する研究、とりわけ父親にとっての里帰り出産の意味という視点からの研究の蓄積が十分ではないとしている。

2　親になることと夫婦関係

　親になることは、夫婦関係にどのような影響を与えるのだろうか。「人はその発生から死に至るまで生涯にわたって発達し続ける」という生涯発達の視点に立てば、「親」になった人たちは新たな役割を担い、新たな経験を積み重ねていくプロセスの中で発達していく存在なのだととらえることができる。

　育児期はこれまでの夫婦二人の二者関係から、妊娠・出産を機に子どもを含めた三者関係へと移行するため、夫婦によって、この移行期をどのように乗り越えていくかには違いがあり、移行期に適切に対応できなければ夫婦関係は悪化すると報告されている（Belsky & Kelly, 1994）。

　親への移行の段階で、夫婦ともに自己意識、自己効力観、価値観のような分野で、変化が生じることが知られている（Antonucci & Mikus, 1988）。親になった多

くの夫婦がともに抑うつ感を感じ、自己評価が下がり（Belsky & Kelly, 1994）、特に妻は自尊感情が下がる。夫婦関係の満足度も低下し、夫婦間の葛藤が増えてくる（eg. Belsky & Kelly, 1994; Cowan & Cowan, 1987）。親になるに伴い、家事、時間、家計などの分担について新たに夫婦間で交渉しなければならないことが出てくるが、理想的には、自分がどうしたいかを相手に分かるように告げて、お互いが納得いくように調整し、時には妥協するようなやりとりが、葛藤を避けるために必要だろう。しかし、妊娠から生後1年までの観察研究からは、夫婦間の葛藤が否定的なやりとりに満ちていることが報告されている（Cox, Paley, Payne & Burchinal, 1999）。さらに、その否定的なやりとりは、長期的に見れば、離婚や、結婚生活の不満足感と結びついていくことが示唆されている（Markman, et al., 2010）。夫婦は、否定的なやり取りを避けるコミュニケーションスキルを持っていないわけではないのだが、産後の夫婦間の葛藤場面でそのスキルを使おうとしないのである（Fincham, Stanley & Beach, 2007）。研究者達は、否定的なやりとりを避けるための努力ができるような動機づけとなる要因について検討している（Kusner, Mahoney, Pargament & DeMaris, 2014）。

　また、親へ移行していくときに、夫婦ともに各々の役割についての比重が大きく変化することが知られている。妻は、母親としての役割意識が、男性の父親としての役割意識の増加より大きくなる。また、ともに、パートナーとしての役割意識が減少するが、その割合は妻の方がより大きい。夫は、働き手としての意識が増え、妻は減少していく（Cowan & Cowan, 1987）。

　夫婦関係や結婚生活に対する総合的な評価を測る Norton（1983）の QMI（Quality Marital Index）を使って、出産前後の得点を比較したものが図3-1-5である（中澤ら, 2003）。出産前は、妻と夫の平均値に有意な差が見られなかったが、出産後は妻より夫の平均値が有意に高くなった。

　夫婦の親密性を測るもう一つの尺度として、菅原・詫摩（1997）による Marital Love Scale（MLS）を参考に、「夫（妻）と一緒にいると夫（妻）を本当に愛していると実感する」、「夫（妻）は魅力的な男性（女性）だと思う」、「夫（妻）と今でも恋人同士のような気がする」、「夫（妻）は言葉に出さなくても私の気持ちを理解してくれる」という4項目から構成される夫婦の親密性について検討した。出産前から夫の方が平均値は有意に高いが、出産後はその差が広がってい

第3章　子どもの妊娠・出産と夫婦関係

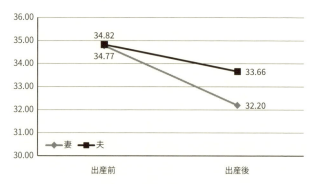

図3-1-5　結婚生活の評価(出典：中澤ほか, 2003)

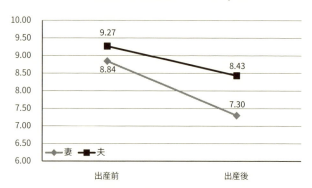

図3-1-6　夫婦の親密性の変化(出典：中澤ほか, 2003)

る（図3-1-6）。

　これらの研究からは、子どもが誕生することで、夫婦に夫・妻としての役割以外に父・母としての役割も加わり、夫婦の関係性に大きな変化が生じることが確かである。出産前と同じ尺度で夫婦関係を捉えようとすると、結婚生活の評価も、親密性も低下していく。しかし、出産後に新たに構築されていく関係性については十分に検討されていない。夫婦各々にとって、あるいは家族にとって、どのような関係性の構築が豊かな生涯にわたる発達と結びついてくるのか、今後のさらなる研究の蓄積が待たれる。

引用文献
上田礼子（1983）「夫立ち会いによる分娩とその意義に関する追跡的研究（第2報）——夫の理想像および父親行動について」『母性衛生』24（2），pp. 116-121.

NPO法人お産子育て向上委員会(2011)「お産の移り変わり」〈http://osan-kojo.com/osan/osannodata01.html〉.

遠藤恵子・小松良子・片桐千鶴・三澤寿美(2001)「「夫立ち会い分娩」に関する研究の動向──1990年代の国内の看護研究から」『山形保健医療研究』4, pp. 1-9.

大賀明子(2009)「里帰り出産に関する研究の動向と課題」『横浜看護学雑誌』2(1), pp. 64-68.

大村清(1990)「里帰り分娩──社会的事項を中心に」『周産期医学』20(臨時増刊), pp. 503-508.

加藤忠明(1986)「里帰り分娩の実態調査」『小児保健研究』45(1), pp. 32-36.

木越郁恵・泊祐子(2006)「周産期における夫の父親役割獲得プロセス」『家族看護学研究』12(1), pp. 32-38.

木村恭子・田村毅・倉持清美・中澤智恵・岸田泰子・及川裕子・荒牧美佐子・森田千恵・泉祐之(2003)「出産・子育て体験が親の成長と夫婦関係に与える影響(5)──里帰り分娩との関連」『東京学芸大学紀要, 第6部門, 技術・家政・環境教育』55, pp. 123-131.

久保恭子・岸田康子・及川裕子・田村毅(2012)「出産前後の里帰りが父子関係、父性、夫婦関係に与える影響と支援方法」『小児保健研究』71(3), pp. 393-398.

倉持清美・田村毅・中澤千恵・及川裕子・岸田泰子・木村恭子・森田千恵・持田京子・荒牧美佐子(2002)「出産・子育て体験が親の成長と夫婦関係に与える影響(2)──質問紙自由記述から」『東京学芸大学紀要. 第6部門, 技術・家政・環境教育』54, pp. 57-67.

倉持清美・中澤千恵・田村毅・及川裕子・木村恭子・岸田泰子(2001)「妊娠期の夫婦の特徴──第一次質問紙調査とインタビュー調査から」『東京学芸大学紀要. 第6部門, 技術・家政・環境教育』53, pp. 73-81.

小泉智恵・中山美由紀・福丸由佳・無藤隆(2004)「妊娠期における夫婦の状況──親となる意識の男女比較」『お茶の水女子大学子ども発達教育研究センター紀要』1, pp. 13-18.

厚生労働省(2010)『平成22年度「出生に関する統計」の概況 人口動態統計特殊報告』.

小林由希子・陳省仁(2008)「出産に関わる里帰りと養育性形成」『北海道大学大学院教育学研究院紀要』106, pp. 119-134.

菅原ますみ・詫摩紀子(1997)「夫婦間の親密性の評価──自記入式夫婦関係尺度について」『精神科診断学』8(2), pp. 155-166.

田村毅・倉持清美・中澤智恵・及川裕子・岸田泰子(2000)「出産・子育て体験が親の成長と夫婦関係に与える影響についての予備的研究」『東京学芸大学紀要. 第6部門, 技術・家政・環境教育』52, pp. 27-43.

陳省仁(2000)「「里帰り」は日本社会の知恵」『新心理学がわかる──現場から(AERA MOOK 58)』(pp. 15-17)朝日新聞社.

内閣府(2005)「子育て世代の意識と生活」『平成17年版国民生活白書』.

中澤智恵・倉持清美・田村毅・岸田泰子・木村恭子・及川裕子・森田千恵・荒牧美佐子(2003)「出産・子育て体験が親の成長と夫婦関係に与える影響(4)──第一子出生後の夫婦関係の変化と子育て」『東京学芸大学紀要. 第6部門, 技術・家政・環境教育』55, pp. 111-122.

野村雪光(1983)「里帰り分娩における親子関係」『周産期医学』13(12), pp. 380-383.

藤原千惠子・日隈ふみ子・石井京子(1997)「父親の育児家事行動に関する縦断的研究」『小児保健研究』56(6), pp.794-800.

盛山幸子・島田三惠子(2008)「妊娠先行結婚と妊婦の対児感情・母親役割獲得・夫婦関係との関連」『日本助産学会誌』22, pp. 222-232.

山田昌弘・松田茂樹・施利平・永田夏来・内野淳子・飯島亜希(2013)「夫婦の出生力の低下要因に関する分析──「少子化と夫婦の生活環境に関する意識調査」の個票を用いて」『ESRI Discussion Paper Series』301, 内閣府経済社会総合研究所.〈http://www.esri.go.jp/jp/archive/e_dis/e_dis301/e_dis301.html〉.

クラウス, M. H.、ケネル, J. H.（著）竹内徹・柏木哲夫（訳）(1979)『母と子のきずな――母子関係の原点を探る』医学書院. (Klaus, M., Kennell, J. (1976) *Maternal-infant bonding: The impact in early separation or loss on family development.* St.Louis: The C. V. Mosby Company.)

クラウス、ケネル（著）竹内徹・柏木哲夫・横尾京子（訳）(1985)『親と子のきずな』医学書院. (Klaus, M. H. &Kennell, J. H. (1982) *Parent-Infant Bonding.* St.Louis: The C. V. Mosby Company.)

Antonucci, T. C., & Mikus, K.（1988）The power of parenthood: personality and attitudinal changes during the transition to parenthood. In G. Y. Michaels, & W. A. Goldberg (Eds.) *The Transition to Parenthood: Current Theory and Research*（pp. 62-84）. New York: Cambridge University Press.

Belsky, J., & Kelly, J.（1994）*The Transition to Parenthood: How a First Child Changes a Marriage: Why Some Couples Grow Closer and Others Apart: Based on a Landmark Study.* New York: Delacorte Press.（安次嶺桂子（訳）（1995）『子供をもつと夫婦に何が起こるか』草思社．）

Cowan, C., & Cowan, P.（1987）Men's involvement in parenthood: Identifying the antecedents and understanding the barriers. In P. Berman & F. Pedersen (Eds.) *Men's Transitions To Parenthood: Longitudinal Studies of Early Family Experience*（pp. 145-194）. New York & London: Psychology Press.

Cox, M. J., Paley, B., Payne, C. C., & Burchinal, M.（1999）The Transition to Parenthood: Marital Conflict and Withdrawal and Parent-Infant Interactions. In M. J. Cox & J. Brooks-Gunn (Eds.) *Conflict and Cohesion in Families: Causes and Consequences*（pp. 87-104）. Mahwah, NJ: Lawrence Erlbaum Associates.

Fincham, F. D., Stanley, S. M. & Beach, S. R. H.（2007）Transformative processes in marriage: An analysis of emerging trends. *Journal of Marriage and the Family.* 69（2）, pp. 275-292.

Kusner, K. G., Mahoney, A., Pargament, K. I. & DeMaris, A.（2014）Sanctification of marriage and spiritual intimacy predicting observed marital interactions across the transition to parenthood. *Journal of Family Psychology.* 28（5）, pp. 604-614.

Markman, H. J., Rhoades, G. K., Stanley, S. M., Ragan, E. P. & Whitton, S. W.（2010）The premarital communication roots of marital distress and divorce: The first five years of marriage. *Journal of Family Psychology.* 24（3）, pp. 289-298.

Norton, R.（1983）Measuring Marital Quality: A Critical Look at the Dependent Variable. *Journal of Marriage and Family.* 45（1）, pp. 141-151.

第2節 不妊治療と夫婦関係
安田裕子

1 生殖の危機に直面した夫婦の、不妊治療を介した関係性とその行方

　昨今のわが国では、不妊の夫婦はおよそ6組に1組存在すると言われている。不妊症の医学的定義は、「避妊をせず通常の性生活を送るにもかかわらず、2年以上妊娠しない場合」とされるが、実際に不妊治療を利用する者は必ずしもこの定義に即しているわけではなく、不妊治療医も不妊症の定義にあてはまらない者にも医療を提供する（平山，2013）。2012年における体外受精・胚移植（体外に取り出した精子と卵子で受精卵をつくり、直接子宮に移植する方法：以下「体外受精」）などの臨床実施に関し、登録施設数は589施設であり、治療周期総数は326,426周期にのぼり、出生児数は37,953名となっている（齊藤，2014）。

　不妊治療を継続するうえで、夫婦の協力が不可欠であると言っても過言ではないなかで、治療を受ける夫婦の心理的ストレスの実態やストレス対処、社会的支援に関する報告がなされている（林谷・鈴井，2009）。不妊治療中の夫婦は、夫婦以外に相談する人をもたず孤立的な状態にあるため、「接近した関係」、「自己表出」、「分かち合い」、「ともに取り組む」、「大切にされている感覚」、「安心」、「信頼」、「性的満足感」といった親密性の増加に関わる変化が報告される（野澤，2005）一方で、治療の長期化に伴い、夫婦双方のストレスが生じやすく、結婚生活全般における幸せ感が変化し、結婚を後悔する人も珍しくないという（林谷・鈴井，2009）。子どもをもたない人生を送る治療経験のある9名の女性を対象に、いかなる心理プロセスを経てその人生を選択したかを捉えた竹家（2008）の研究には、治療後に離婚に至った3事例が含まれている。

　もっとも、治療過程における夫と妻のありようは、良かれ悪しかれ夫婦の関係性の変質につながるいくつもの布石との関連のなかで捉えることが重要だろう。安齋（2002）は、夫婦のコミュニケーションは一定ではなく時期やさまざまなきっかけにより変化していること、子どもができないと思い始めた頃を皮

切りとした種々の事象（通院の決定、夫の検査、検査結果、流産、子宮外妊娠、入院、夫の励まし方、治療費の問題、治療・養子の選択、治療の中断再開、治療の諦め方、将来の話題、夫の態度など）に関する夫婦間での認識の不一致が、その関係性の悪化につながることを指摘した。このことは、不一致の有無よりも、むしろ不一致が明らかになるきっかけに対する夫婦のありように留意することの重要性を示していよう。

女性側の悩みに夫の消極性や期待通りではない行動があることが報告され（白井, 2007）、他方で、治療中の男性が、治療協力の負担感や、妻との間で治療への熱意の温度差や、子どもを希望する価値観の相違を感じていることが報告されているが（朝澤, 2012）、治療にまつわるこうした女性と男性とでのずれは、それぞれの当事者性や立場性の違いに由来する必然の帰結にも思える。

体外受精の継続に関する意思決定状況において、妻から見た夫のかかわりについて検討した阿部（2005）は、妻が夫から意思決定を任されていることを重荷に感じている事例や、子どもを希求する強さが夫婦で異なっている事例など、夫婦双方、あるいはどちらかにストレスが生じる状況があることを明らかにしている。このことから、差異やずれが感じられたストレス状況に対して妻と夫がいかに対処し、あるいはいかに意味づけることができたか、という焦点化した課題が認識される。本稿では、治療経験のあるひとりの女性から、治療にまつわる夫とのかかわりを質的に捉え、治療経験を介した夫婦関係の諸相に接近していく。[*1]

2　ライフストーリーによるAさんの不妊治療の経験への接近

ライフストーリーは「人生物語」や「生活物語」などと訳され、個人の人生、生活、生についての口承の語りを指す（亀﨑, 2010）。ライフストーリーは聞き手と語り手の相互作用を通して構築されるが、亀﨑（2010）は加えて「表象における構築性」という特徴を、桜井厚の論考を引いて次のようにまとめる。E.ブルナーがとらえる3つの生である「生活としての生」、「経験としての生」、「語りとしての生」は必ずしも一致せず、ライフストーリーが示すのは「語りとしての生」であり、「生活としての生」とは独立した筋書きをもつ一方「経験として

の生」と関連しており、つまり語りは、経験を意味づけ秩序立てて構造化するものなのである。

　筆者はこのライフストーリー・インタビューを、30歳代後半の女性Aさんに行った。そして、不妊治療を始めて2年数か月が経過した頃から3年にかけて4回、子どもをもつことに関する思いや治療経験についてうかがった。

　Aさんが治療を開始した経緯を述べよう。Aさんは自らを健康と認識していたが、結婚後2年ほど経った頃に職場の先輩に背中を押され、妊娠するうえで問題がないかを調べようとクリニックを訪れた。すると、そこで受けた検査により、甲状腺機能低下症の疑いと大きな子宮筋腫があることが判明した。このことは、健康を自負していたAさんにとって衝撃的なことであった。甲状腺機能低下症は投薬により安定させつつ、外科手術で子宮筋腫を摘出し手術後半年間子宮を休め、本格的に不妊治療を始めるも卵管の閉塞がわかり、体外受精を行うこととなった。

3　不妊治療経験における夫婦関係への焦点化──KJ法に準拠して

　不妊治療にまつわる夫との関係がどのような経験であったかを捉えるうえで、KJ法（川喜田, 1967）に準拠した手法を用いた。KJ法は、多種の膨大なデータをカードに記述し、グループにまとめ、図解化し、ストーリーを文章化するという複数の段階により、有機的に構造化する方法である。

　まず、夫婦関係に言及した語りについて、ひとつの意味を含むまとまりを一単位として切片化し、101個の語りを得た。次に、同様の意味内容の語りをまとめ、得られた22個の小グループに、語られた言葉を生かしてそれぞれの内容を適切に表す見出しを付けた。再度、統合できる語りを12個の中グループにまとめ、各々に適切な見出しを付け、さらに、もはや統合することのできない5個の大グループにより、夫との関係性に焦点をあてたAさんの経験を構造化して捉えた（表3-2-1、図3-2-1）。

　まず経験の概要を示し、次に経験の諸相を立体的に描き出していこう。〔　〕は大グループを、〈　〉は中グループを、「　」は語りの直接引用を示す。

表3-2-1　不妊治療における夫とのかかわりの全体構造

大グループ	中グループ
ア．ずれや違いをそのままにする	1. 夫の子どもを望む真意がわからない 2. 治療への向き合い方にずれているところがある 3. 自分の考えを押しつけず、夫を信頼する
イ．子どもをもてないことを申し訳なく思う	1. 夫が子どものいない人生を考えていないことを知る 2. 妻の役割をまっとうできていない負い目を感じる
ウ．ともに治療に立ち向かう	1. 全権を委ねる夫と治療方針の確認・報告を行う 2. 協力的で、精神面で支えてくれる 3. ともに治療できる
エ．責任感をわかつ	1. 子どもはタイミングの問題であると考える 2. 女性として評価されていないという引っかかりがほどける
オ．感情を共有しようとする	1. 夫の悲しみを気遣う 2. 夫と喜びと悲しみを共有する

a. 治療経験にまつわる夫との関係性の概要

　不妊治療は、Aさんの意思により進め、夫に報告するというかたちで行っていた。治療をするうえで意思を尊重され主導できるのは、Aさんにとってやりやすいことではあった。ただ、細やかなやりとりや相談を重ねるわけではないあり方は同時に、〈夫の子どもを望む真意がわからない〉（ア-1）ままに治療をするという状況をもたらした。それはAさんに、夫との間で〈治療への向き合い方にずれているところがある〉（ア-2）と感じさせる一因にもなった。ただしこうしたずれに必ずしも不安を感じるわけではなく、Aさんは、〈自分の考えを押しつけず、夫を信頼〉（ア-3）しながら治療に向き合っていた〔ずれや違いをそのままにする〕（ア）。

　ところで、Aさんが〈夫が子どものいない人生を考えていないことを知〉（イ-1）ったのは、初めての体外受精が失敗に終わった時だった。このことは、夫の子どもを望む気持ちを確認する契機になるとともに、時にAさんに、〈妻の役割をまっとうできていない負い目を感じ〉（イ-2）させることにもなった〔子どもをもてないことを申し訳なく思う〕（イ）。

　治療は一貫して〈全権を委ねる夫と治療方針の確認・報告を行〉（ウ-1）いながら進め、〈協力的で、精神面で支えてくれ〉（ウ-2）る夫は、〈ともに治療できる〉（ウ-3）存在として語られている〔ともに治療に立ち向かう〕（ウ）。

第2節　不妊治療と夫婦関係

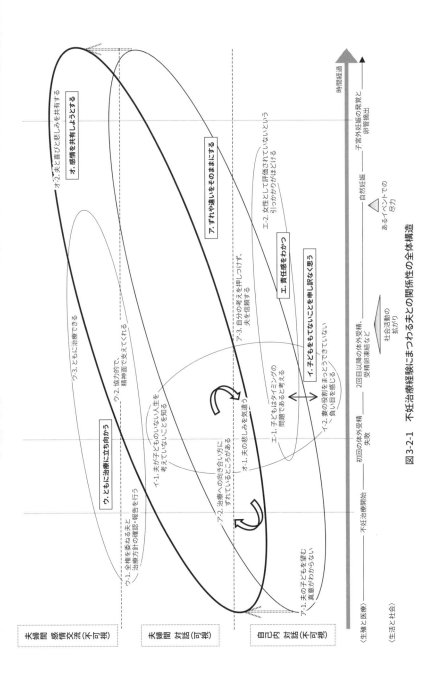

図3-2-1　不妊治療経験にまつわる夫との関係性の全体構造

Aさん自身、ひとりで責めを負おうとするのではなく、基本的には〈子どもはタイミングの問題であると考え〉(エ-1)ていた。夫に〈女性として評価されていないという引っかかりがほどけ〉(エ-2)たのはしばらく経ってからだが、自身に過重な責任を課すことなく治療に向き合ってきた〔責任感をわかつ〕(エ)。

なおAさんは、治療の失敗による〈夫の悲しみを気遣う〉(オ-1)語りを示したが、夫への配慮は、奇跡的に授かった命が子宮外妊娠とわかった時に顕著になっている。子宮外妊娠は、心身ともに大変な出来事だったが、〈夫と喜びと悲しみを共有〉(オ-2)できた経験として意味づけられていた〔感情を共有しようとする〕(オ)。

b. 治療経験にまつわる夫との関係性の諸相
〔ア. ずれや違いをそのままにする〕

結婚して「次は子どもかな」と考えたAさんは、子どもを望む素振(そぶ)りを見せず口にもしない夫の真意をはかりかねていた。結婚当初、保険加入時に子どものいる将来設計を仮想した程度で、子どもについて改まった話をしたことはなく、直接夫に聞くこともできずにいた。どんな答えが返ってくるかもわからないと不安に思う気持ちや、考えの違いが明らかになったところでそれを解消しようとすれば夫に迷惑をかけるという遠慮があった。現実問題として子どもが授かりにくいとわかってからは、「向かい合って話すと悲しい気持ちになってしまう」ことが怖くもあった〈夫の子どもを望む真意がわからない〉(ア-1)。

最初の時点で身体の治療に焦点があたったため、夫婦で気持ちを合わせていこうという雰囲気で不妊治療を始めたわけではなかった。健康でないことを突きつけられたAさんの衝撃は大きかったが、夫もまた「健康だと思っていた人に、こういうの（疾患）がわかって怖くなった」のではないかとAさんは推測する。夫と気持ちをひとつにして不妊治療に取り組みにくかったのは、治療への向き合い方に関する認識のずれにもよった。それは男女差でもあるとしつつ、Aさんは、日常生活における治療への重みづけが異なるのだと解釈する。治療周期に入るうえでAさんは、仕事や身体の調整を考えざるをえないが、治療が始まらない時点では男性にはまだ「スイッチが入っていない」。治療を開始しても、たとえば受精胚を子宮に戻す場合、治療の対象とならない「男性からしたら他

人事」と思えた。

　実際に夫は、治療が失敗しても、がんばればいつか子どもができるだろうと動じない様子だった。ただし、こうした夫のありようは、ずれとして認識されながらも、Aさんが思い詰めてしまうことを防いでもくれた。そもそも「多少のずれがあっておもしろいと思っている」Aさんは、子どもをもつことについて特に自らの考えを明確にするわけではない夫との間で、考え方の差異を突き合わせる必要性を感じておらず、自分の意思を第一に治療を行っていた〈治療への向き合い方にずれているところがある〉（ア-2）。

　治療は日常を変えることでもあったため、仕事を大事にする夫の生活を乱したくはないと強く思っていた。夫の考え方や生活を尊重しようとするこうしたAさんのありようは、良好な夫婦関係とそれに基づく夫への配慮と信頼感によるものなのだろう。もっとも、子どもに恵まれにくいことに関わって特有の感謝の念もあった。「妻の役割としては、子どもが欲しいから別れてくださいと言われてもおかしくないと自分ひとり考え」ることもあったAさんは、「そんなことを考える素振りもなく、普通に夫婦として家族として過ごしてくれている」夫のことをありがたく思っていた〈自分の考えを押しつけず、夫を信頼する〉（ア-3）。

〔イ．子どもをもてないことを申し訳なく思う〕

　初めて試みた体外受精が失敗に終わり、治療にしんどさを覚えたAさんが子どもはいなくてもいいかしらと思わず口にした時、「子どものいない人生を今は考えていないから、もうちょっとがんばろう」と夫ははっきり言った。それは、普段は寡黙な夫の重みのある言葉として、子どもを望む夫の気持ちを確認できる機会になるとともに、Aさんに、あきらめずにがんばろうという気持ちを強くさせた。

　Aさん自身はその時点では考えていなかった養子縁組に関し、「夫が違うことを言えば、私も柔軟に考えを変えていかないといけない」とも述べたが、それも子どものいない人生を考えていないとする夫を慮ってのことである。夫のいう「子どものいる人生」が、血縁の有無を超えたところで想定されていたかは定かではないが、夫が子どものいる家庭を望むのなら養子縁組という選択肢で

子どもをもつことも考えるのだと、夫の人生展望を極力尊重しようとする語りが吐露された〈夫が子どものいない人生を考えていないことを知る〉(イ-1)。

なお、子どもを望む夫の気持ちゆえに、「子どもを産んで、母親になって、彼(夫)を父親にしてという(妻の)役割から考えると、その役目をまっとうできていない」と、Aさんは時に申し訳なく思う気持ちが強くなるようである。夫へのありがたさは時に申し訳なさへと反転し、「やっぱり負い目を感じてしまうのかな」と語られた〈妻の役割をまっとうできていない負い目を感じる〉(イ-2)。

〔ウ．ともに治療に立ち向かう〕

基本的に夫は治療に関してAさんに全権を委ね、「チャレンジする気持ちがあるんだったらしたらいいと思う、僕も協力する、でもしたくないんだったら無理にしないでいい」という姿勢を貫いていた。こうした夫の態度をAさんは、「ずっと、熱くもならず、あきらめることもせず、機会があったら子どもは授かりたいと思っていて、そのためにできることがあれば協力したいと思ってくれている」と評する。夫は、Aさんが口にしないことにまで、「たとえば、不妊治療が進んでいるかとか、大丈夫か、痛かったか、悲しいか、元気が出たかとか、そういうことは一切何も言わ」なかった。そして、治療がうまくいかなくても悲観することなく事実を淡々と受けとめ、それゆえ、子どもが授かりにくい現実も治療の失敗も「夫婦の危機にはならなかった」。Aさんは、「寄り添ってもらおうと思って訴えたら、(できることは何かと)意外な方向から前に進む方策が投げつけられ、もう涙も乾く、みたいな解決策(笑)」を示す夫のありようにかえって癒やされ、落ち着いて自分のペースで前向きに進んでいける気がしたと語る。

もっともAさんは、治療の終結や治療への向き合い方について、夫婦で腹を割って話した方がいいと思わなくもなかった。しかし、治療方針とその報告を淡々と言葉で確認し合うのが自分たち夫婦のやり方なのだと明言したうえで、「どんな夫婦のあり方でもいいと思うのね」というAさんの語りは、冷静に協力してくれる夫への揺るぎのない信頼感と、包容力を内に備えた関係性を彷彿とさせた〈全権を委ねる夫と治療方針の確認・報告を行う〉(ウ-1)。

治療を進める過程で、夫は、実質的に支えてくれる存在として語られるよう

第2節　不妊治療と夫婦関係

にもなっていく。たとえば、頻回の通院や身体への薬の副作用がある時は家事負担を減らしてくれた、治療の結果を一緒に聞きに行き、悲しみをわかち合いながら自宅に連れて帰ってくれた、というように。夫のこうしたできる限りの実質的な協力体制は、Aさんの精神的な支えにもなった。「彼を見ていると、不妊以外に考えていることがたくさんあると、不妊にそんなに悩まなくてもいいというね、そこだけが人生じゃないよという」気づきが得られもした。

　そもそも治療一色の生活にならないよう自ら心がけることのできたAさんは、この頃にはいくつもの社会活動を手がけるようになっていた。Aさんは、「夫がしっかりしていること」とともに「（自分が）スピリチュアルな世界を知っていること」にも支えられていると述べるが、生命の神秘を扱う学問を通じて視野を広くもちながら治療と付き合おうとするAさんは、まだ見ぬ子どもに固執するのではなく、「サポートしてくれるだんなさんとか、今あるものにすごく感謝できる気持ち」になっているのだと語る〈協力的で、精神面で支えてくれる〉(ウ-2)。

　自ら考えを多く言葉にせずとも、Aさんの意思を尊重して落ち着いて協力する夫のありようは、Aさんにとって、夫婦でともに治療をしていることを確認できるすべになっている。また、受精卵を子宮に戻さず凍結している過程で、受精卵の写真を「夫婦にとって大事な存在だと意識」するべく、冷蔵庫に貼って眺めているという。Aさんは、自分たち夫婦ならではの治療への取り組み方や、「子どものもと」である受精卵の写真への言及を基軸に、夫婦でともに治療に向き合っているとする語りを展開した〈ともに治療できる〉(ウ-3)。

〔エ．責任感をわかつ〕

　基本的にAさんは、不妊を自分だけの問題と思い詰めることなく、治療に取り組んでいる。「（妻の役割を果たしてないと）負い目を感じてしまうのかな」と自問で結ばれる語りも時に吐露されたが、疑問形の結びには、そう感じる必要はないと考えているのだけれども、といったAさんの認識が映し出されてもいよう。

　初回の体外受精では卵子と精子とが受精さえしなかったが、卵子の状態は良かったことからAさんは、「疑問符つきだけど」と前置きしつつ「夫（精子）の方が大丈夫かなって、ちょっと心配になった」と述べる。こうした語りにも責

任を背負い込むわけではないAさんの姿勢が見て取れるが、そう思うことでAさんが「気持ちが楽になった」ことに注目したい。治療が失敗に終わって衝撃を受けつつも、Aさんは「自分が背負ってきた責任感をちょっとだけ外」すことで、夫と次また一緒にがんばろうと思い合える関係を築こうとしていた。

　加えてAさんの、「失敗する時もたまたまそういうタイミングだっただけだし、もし今後妊娠してもたまたまうまくいったことだと思うから」と、現実を客観視するありようにも着目したい。治療を受ける女性側が、強い自責の念や自尊心の低下により精神的に落ち込んでしまう場合があることを踏まえればなお、過分に責任を引き受けるわけではないAさんのありようを参照することには意味がある〈子どもはタイミングの問題であると考える〉(エ-1)。

　一方Aさんは、時に、夫から女性として評価されていないのかもしれないと思うことがあった。しかしそうした考えは、ある社会活動に懸命に取り組むなかで自然と和らいでいく。活動を介して「価値観が拡がっていったこともひとつのきっかけ」となり、子育て中の女性からその苦悩を聞く経験を通じて、「自分の悩みって本当にほかの人から見ても悩みなのか、とぼんやりと考え」る相対化の視点が芽生えた。そして、評価という軸で考えているのは自分なのだと思うに至り、「ずっと引っかかっていた部分が解放されて何だか楽になった」。この頃、あるイベントの実施に向けて尽力するなかで、「胚移植をして子どもを授かりたいという気持ちはほとんどなかった」Aさんは、自然妊娠をしていることを知った〈女性として評価されていないという引っかかりがほどける〉(エ-2)。

〔オ．感情を共有しようとする〕

　基本的に夫は落ち込みを見せない存在として語られたが、Aさんは、表面化しない夫の悲しみにもしばしば心を配った。まず、初めての体外受精で受精すらしない結果に終わった時、夫が落胆しないかと「ちょっと気遣った」。「ちょっと」という物言いには、落胆した表情を見せない夫を尊重しつつ、その平然とした様相の奥底に秘めているかもしれない悲しみの感情を慮ろうとする、Aさんの二重ともいえる配慮が透けて見えてくる。また、治療の不成功が繰り返された経験を語るなかで、「結果を出さないと、やっぱり自分も悲しみがあるし、主人にも悲しみがある」とAさんは述べたが、表出されないために夫の気持ち

は計り知れず、だからこそAさんは、自らの悲しみの表現と重ねるかたちで夫の感情を推し量ろうとしたのかもしれない。

しかしその後、奇跡的に自然妊娠するも子宮外妊娠であることがわかり、授かった命を卵管ごと摘出せざるをえないことが明らかになった時ばかりは、さすがに夫も「辛そうな顔をして」いた。卵管摘出手術後、入院中の夜に夫から、悲しみと寂しさを吐露するメールを受け取ったAさんは、死産の子どもを悼む夫婦に宛てられたメッセージをある書物から抜粋し、夫に送った。「読んだときはひとりで泣くだろうけれども、涙を流して心の整理がついたらそれでいいなと思って」のことだった。こうした夫婦間でのやりとりと感情の交流は、それまでのあり方と比すればなお浮き立つものとなる。

もちろん、治療の失敗と受精した命の喪失とではそもそも悲しみの質が異なってもいよう。しかし、夫婦関係の成熟なくしては、直面した出来事の重みに応じた夫婦間での悲しみの共有が生起することもないだろう。子宮外妊娠と卵管の摘出という辛苦の出来事における感情の相互の交流が、夫と妻それぞれのやり方による互いへの配慮と、それを土台にした夫婦としての関係性の蓄積ゆえである、という見方もまた成り立とう〈夫の悲しみを気遣う〉(オ-1)。

体外受精や顕微授精の不成功を繰り返し、治療への関与の仕方を調整しつつ社会活動にエネルギーを注ぐなかで判明したこの奇跡の自然妊娠は、Aさん夫婦にとって、日常生活に降ってわいた喜びの出来事だった。もっとも、「半分は本当に手放しで嬉しいと舞いあがるような感覚がありつつ、もう半分は、でもここは浮かれてないで、きちっとこれからどう過ごすかを落ち着いて考えていこう」という語りには、喜びの感情とともに生活の変化を肯定的に受けとめようとする夫婦としてのありようがよく示されている。

しかしこうした嬉しさも束の間、既述のように子宮外妊娠が発覚し、「すごくふたりで落ち込」んだ。ただしこの出来事は、悲しみを共有し夫婦でわかり合えた経験として語られている。夫は、死産の子どもを悼む夫婦に宛てられたメッセージをAさんから受けとったその返信において、「お母さんはあなたを最後まで守ってくれましたよ」と記した。Aさんは手術前、卵管を失う悲しみのなかで、「卵管に包まれたまま取り出してあげられることは、すごく良かったなあと思って、(子どもが)痛い思いとかしなくて」と夫に伝えていたが、子どもに

宛てたかたちでの夫の返信は、そうしたAさんの思いをしっかりと受けとめ共有したからこそであると、Aさんは理解した。

こうした感情のやりとりが、夫婦関係の成熟によるものであろうことは上で述べた通りだが、この子宮外妊娠と卵管摘出という経験を通じて、「喜びと悲しみを共有できたから夫婦のきずなが強くなっ」たと、Aさんは語る。そしてAさんは、「子育ては自分育てというけれど、不妊治療は夫婦育てだと思います」と結んだ〈夫と喜びと悲しみを共有する〉（オ-2）。

4 ずれを媒介にした感情の共有の可能性

以上捉えられた、不妊治療を介したAさん夫婦が築く関係性には、〔ずれや違いをそのままにする〕（ア）ありさまが下敷きになっている（図3-2-1を参照）。ここでは、Aさんの語りに貫かれていた「ずれ」に焦点をあて、ずれとその共有を、不妊治療における夫婦間のコミュニケーションのひとつのかたちとして提示したい。

夫婦といえども、社会的な活動やジェンダー役割、生育歴のなかで培ってきた家族観などにより、不妊治療にまつわる認識にずれが生じるのは当然のことであるともいえ、Aさん夫婦のずれをずれとしてパートナーを尊重し合うありようは貴重なひとつのモデルとなる。

もっとも、治療の初期においては、果たして夫は子どもを望んでいるのだろうか、向き合って話せば悲しくなりそうで怖い、というように、ずれはいわば遠慮や不安の一因として語られもした——子どもが授かりにくい現実に直面して初めて、子どもをもつことに関する考えが夫婦間で共有されていなかったことが顕在化するのは、Aさん夫婦に限らず一般的なことでもある（平山, 2014）。しかし、多少のずれがあればこそ夫婦はおもしろいとも考えるAさんの度量の広さも潜在するなかで、Aさんが夫との間で捉えるずれは、夫婦における価値のようなものとして語られていった。

あわせて着目すべきは、夫婦間でずれを保持しつつその意味が変容していくなかで、子宮外妊娠という出来事を介し、夫との間での実質的な感情の交流がなされたことである。このことが、夫を配慮するAさんのありようと、言葉少な

にAさんを支える夫のありようとの循環的な積み重ねにより達成された可能性を検討することは、時間経過のなかで育まれる、必ずしも可視化しえない夫婦関係の諸相と機微への理解を進めるうえで、有用な視点を提供してくれる。子宮外妊娠は夫婦にとって危機的な状況だったが、夫と妻との間に存在したずれをずれのままに感情の交流をなしたAさん夫婦のありようにはむしろ、危機的事象を乗り越えた関係性の成熟が捉えられよう。

　さて、平山（2014）は、不妊夫婦が不安定な二者関係を維持するために三角関係を形成し、その第三項に「授かるはずの子ども」や「不妊症治療」を置くことで夫婦関係から目をそらすことを可能にする、と解説する。これは不妊の夫婦の関係性の不具合を説明する枠組みであるが、その三角関係化により、夫婦間でのずれと共有に関し、次のような読み解きが可能ではないだろうか。

　すなわち、Aさんは、夫婦間で明らかになったずれを、夫との直線的な関係で解消するのではなくずれをずれのままに維持する（第三項に置く）ことで、夫の態度を尊重した。もっともずれはずれゆえに共有の対象にもなる。不妊治療を始めた頃、ずれているからこそ夫を配慮するというかたちでなされた感情の共有（図3-2-1のア-2とオ-1）は、時間経過とともに夫婦関係における層を成し、子宮外妊娠と卵管摘出という夫婦にとっての重大事を介して実質的な感情共有（図3-2-1のオ）のかたちへと昇華されたといえるだろう。不妊に特有な種々の喪失もまた、男女間で感じ方や対処法が異なっており、むやみにわかち合おうとすればかえって夫婦関係に亀裂が生じること、治療が長期化すればなお夫婦双方のストレスが生じやすくなることを踏まえれば、ずれをずれのままに、むしろそのずれを介して感情を共有しようとしてきたAさん夫婦のありようは、重要な示唆を与えてくれる。

　ここでは、とりわけ不可視のずれの意義に光をあてて論じるものであるが、治療への身体的参加、子どもや治療への関心、家事のサポートといった具体的・実質的な夫の振る舞いや態度が、治療を受ける女性にとって支援的・協力的側面として認識される（秋月, 2009）ことを、忘れずに付け加えておこう。

5　おわりに──語りに映し出される主体への洞察に向けて

　本稿でとらえられた夫婦関係はAさんの経験に基づくがゆえに、Aさんのジェンダー観が映し出されてもいる。ただしそれは、Aさん個人のものというよりは、女性が治療の対象になるという不妊治療の特性や、男性に勤労の役割が付されるといった、マクロな社会的・文化的構造などに規定されているといえる。また、夫婦の関係性に焦点化して捉えてきたAさんの語りには、そもそも主体としての様相が散見され、またその語り方には、不妊治療に没入するわけではない視野と、社会活動の拡がりという経験が伴っている。さらには、その主体としての語りには、聴き手に向けたメッセージ性が埋め込まれてもいた。ジェンダーの視点を含め、Aさんの主体としての語りを分析する試みは、今後の課題である。

*1　なお、プライバシー保護の観点から、個人が特定されるのを回避すべく、当該経験が変わってしまわない程度に人物や語り内容の描写に一部改変を加えている。

引用文献
秋月百合 (2009)「夫の支援的・協力的側面に関する不妊女性の認識」『日本助産学会誌』23 (2), pp. 271-279.
朝澤恭子 (2012)「夫婦で不妊治療を受ける男性の体験」『日本生殖看護学会誌』9 (1), pp. 5-14.
阿部正子 (2005)「体外受精の受療にかかわる夫婦の意思決定状況──妻の認識している夫のかかわりとそれに対する妻の思いに焦点をあてて」『周産期医学』35 (10), pp. 1389-1393.
安齋純子 (2002)「不妊をめぐる夫婦間コミュニケーションについての一研究 (平成13年度 発達臨床学専攻修士学位論文概要)」『名古屋大学大学院教育発達科学研究科紀要 心理発達科学』49, pp. 295-296.
亀﨑美沙子 (2010)「ライフヒストリーとライフストーリーの相違──桜井厚の議論を手がかりに」『東京家政大学博物館紀要』15, pp. 11-23.
川喜田二郎 (1967)『発想法──創造性開発のために』中央公論社.
齊藤英和 (2014)「平成25年度倫理委員会 登録・調査小委員会報告 (2012年分の体外受精・胚移植等の臨床実施成績および2014年7月における登録施設数)」〈http://fa.kyorin.co.jp/jsog/readPDF.php?file=66/9/066092445.pdf〉(2015年5月31日アクセス)
白井千晶 (2007)「不妊当事者の人間関係──夫婦関係を中心に」『保健医療社会学論集』18 (1), pp. 25-37.
竹家一美 (2008)「不妊治療を経験した女性たちの語り──「子どもを持たない人生」という選択」『質的心理学研究』7, pp. 118-137.
野澤美江子 (2005)「治療をうけているカップルの親密さ──概念分析」『日本看護科学会誌』25 (4), pp. 61-69.
林谷啓美・鈴井江三子 (2009)「不妊治療を受ける夫婦の抱える問題と支援のあり方」『川崎医療福祉学会誌』19 (1), pp. 13-23.
平山史朗 (2013)「不妊治療におけるメンタルケア」『精神科治療学』28 (6), pp. 733-738.
平山史朗 (2014)「不妊症外来でのカウンセリング」『精神療法』40 (5), pp. 696-701.

第3節
ペリネイタルロスと夫婦関係
山崎あけみ

　ペリネイタルロス（Perinatal Loss）とは、流産・死産・新生児死亡など、周産期の喪失体験のことである（以下「ロス」）。WHOにより定められた「疾病及び関連保健問題の国際統計分類 第10回改訂」（ICD-10）（1990）では、周産期とは「妊娠満22週（154日）に始まり、出生後満7日未満で終わる」と定義される。厚生労働統計に用いられる用語のうち、周産期死亡、すなわち妊娠満22週以降の死産と早期新生児死亡をあわせたものが、これに近い（母子衛生研究会，2013）。加えて、「あかちゃんの死」という意味では、1歳未満の健康にみえた乳児の突然死であるSIDSや、妊娠22週未満の流産も、当事者である夫婦にとっては類似する性質の体験である。

　現在、我が国の周産期死亡率は、先進国のなかで最も低率で、出生数は減少しているものの、出生時体重2,500gあるいは1,500g未満の出生割合は年々増加している（図3-3-1，図3-3-2）。これらは戦後、自宅分娩から施設分娩へと刷新したことも貢献しており（図3-3-3）、世界で最も安心して出産できる国である。そこで、若い夫婦は当事者になって初めて、「なぜ？　自分だけが、何がいけなかったのか」と、自責の念と孤立感に苛まれる。高度生殖医療の恩恵を受け、これまで妊娠の成立・継続、あるいは救命が困難とされた命が無事誕生する一方で、周産期の喪失体験は複雑性を呈している。

　一口にロスといっても、図3-3-4のように産婦人科学・新生児医学における臨床経過はさまざまである（荒木，2012；山崎・中村・西村，2009）。死因は、胎児・新生児側、胎盤や臍帯などの付属物・母体側、あるいは不明な場合も少なくはない。ロスを繰り返す習慣性流産・不育症、妊娠継続により母体の生命が左右されるという理由による人工死産、生存する児と死亡する児が同時発生した多胎妊娠・分娩、虐待死の疑いをかけられるSIDSなど、当事者夫婦にとっては何が耐えがたい体験であったのかをひとくくりにできない側面もある。また、医学

第3章　子どもの妊娠・出産と夫婦関係

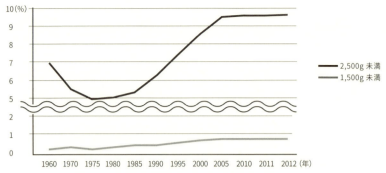

図3-3-1　低体重出生割合（出典：母子保健の主なる統計, 2013）

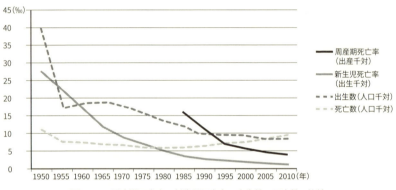

図3-3-2　周産期死亡率・新生児死亡率・出生数・死亡数の比較

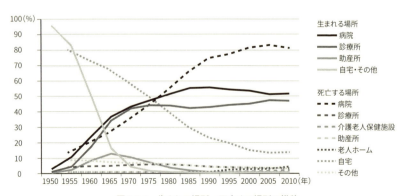

図3-3-3　生まれる場所・死亡する場所の推移

第3節　ペリネイタルロスと夫婦関係

図3-3-4　ペリネイタルロスに関する用語と臨床経過

的な診断名だけではなく、亡くなった子どもがその夫婦にとって第一子なのか、すでに兄弟姉妹がいるのか、夫婦にとって子どもは亡くなったその子だけなのか、あるいはその後無事生まれ育っている子どもがいるのか否かも、夫婦・家族の関係性に影響を及ぼす。

本稿では、ペリネイタルロスを夫婦にとって我が子の死、家族にとって一番若い家族員の喪失ととらえ、ほかの家族員との死別とは異なる喪失体験の特徴を概観する。そして、このライフイベントの後、家族ライフサイクルのなかで夫婦が成長するとはどういったことなのか、事例を用いて考える。

1　喪失体験の特徴

子が親よりも先に死亡することは、仏教では逆縁（ぎゃくえん）と言い、最大の不幸である。高齢社会となった日本では、後期高齢者になった親世代が、我が子を看取らな

119

ければならない事態は珍しくはない。しかし、成人する前の我が子の死は、両親にとって、配偶者やほかの近親者との死別に比較して喪失感と悲嘆は深く（Paykel, Prusoff & Uhlenhuth, 1971）夫婦関係に葛藤をもたらす。ペリネイタルロスには、さまざまな喪失体験にも、また夫婦にとって我が子の死にも見られない次の特徴を有する。

　第一に、ロスは夫婦・家族として、ライフサイクルの初期に生じるイベントである。夫婦制家族では、男女が婚姻生活をはじめることをもって家族は誕生し、一方の死をもって夫婦が形成した家族ライフサイクルを終えると考える。共に長く暮らしている夫婦であれば、そういった場合にパートナーはどのような反応をしがちなのか、何を期待できるのか、あるいはできないのか、ある程度予測可能だろう。しかし、一家の一大事として、ロスが初めての出来事になることが多い。子育ても経験していない、時には共同生活を始めて1年未満、夫婦としての生活が始まったばかりでロスを体験することも考えられる。そして、このような家族形成期の夫婦が、ロスを未解決のままその後妊娠・出産・育児に取り組んだ場合、亡くなった子どもの兄弟姉妹の精神発達に何らかの影響を及ぼすこともある（渡辺, 2000）。

　第二に、"The Hidden Family Grief"（隠された家族の悲嘆）と表現されるように、子どもを喪った夫婦あるいは家族員と死別した家族と認識されにくい（Kirkley-Best & VanDevere, 1986）。例えば、子宮内胎児死亡は、戸籍上は我が子の死ではない。人の死は、医師により死亡診断書と埋葬許可書を出され、遺族が役所に届け出て戸籍からの除籍をもって、その人は社会的に故人となる。同時に、故人や遺族の信仰に則った葬儀をはじめとする、喪に服す儀式がある。これらは、遺族にとって、その人が亡くなったことを現実のこととする節目となり、関係する人々と故人を偲ぶ意味ある慣習と言える。

　しかし、胎児の死亡は、出生届・死亡届いずれもない。そもそも人としてこの世に誕生していないので、死別を悼む儀式もなく、共有しにくい。親族・近隣・友人・同僚、親兄弟でさえ、当事者夫婦をサポートしたいと思っても、どのように接するとよいのかわからないことが多い。戸籍に残る新生児死亡であっても、若い夫婦を労わる気持ちで「若いから。また、次できるから」と言葉をかけやすい。しかし、母親にとっては、亡くなった子どもをなかったことに

しているようで、最も傷つく言葉であるという。

　第三に、死亡前後に直接関わる医療従事者にとって、対応に難しさが残る点である。2000年代になり、ロスに対する産科病棟・NICU（新生児集中治療室）でのケアは変化した。産婦人科医師、竹内（2004）は、医学的な原因追求を優先した医療モデルで死産を捉える視点だけでなく、当事者の立場に立った実践の重要性を解説している。こうした実践は、今日、亡くなった子どもの写真や思い出の品を遺す、死産でも生きている子のように声かけをする等、看護師・助産師にも標準的なケアとして定着されつつある。必要時には臨床心理士が対応する、退院時に自助グループのパンフレットを渡す、亡くなった子どもが着用できる自助グループ手作りの初着（うぶぎ）を提供する、ロスを体験した女性が次回妊娠したときのための専門外来を設置しているなど、先駆的な取り組みもある。

　一方で、日本の出産の約半数を支える有床診療所（産科クリニック）は、元気な新生児が生まれることを前提として機能しており、ロスを体験した夫婦にとっては、その環境そのものが耐え難い。出産後2〜3日程度で退院してからは、提供される支援は、産後1か月健診のみで、十分とはいえない。

2　共有が難しい夫婦の体験

　親になる発達課題においては、妻は、妊娠中期、胎動により児を体感し、妊娠末期には十分な愛着を形成する。その後、出産により身体的に、心理的にはもう少し時間を要するが、一人の異なる人格を有する存在として子を「手放すこと」により真の母親として成長する（Rubin, 1984）。一方夫は、近年超音波診断の画像により胎児期から我が子を「見ること」はできるものの、それでも出産後、その手に抱いて初めて父親として実感する（May, 1982）。このように、親になる過程そのものも、周産期には夫婦間の身体的な違いが大きい。

　周産期・乳幼児期の子との死別については、両親の体験の違いは次のように考えられている。母親は、感情麻痺の時期、思慕の時期・混乱・絶望・怒りの時期から、徐々に再起に至るのは、ほかの死別体験からの悲嘆と回復過程と類似している。加えて、「元気な子を産めなかった自身」への自責の念と自信喪失は、深い（仁志田, 2005）。同様な心情の過程を父親も有しており、子どもを喪っ

た当事者であることは誰もが理解している。しかし例えば図3-3-4の臨床経過の渦中では、医療従事者にとって、ケアの対象者は母親・胎児であり、父親はその第一の支援者として対応する局面が多い。そこで父親の死別体験では、死別初期には、母親がもっと辛い、自分の辛さは優先すべきではない、と考えざるを得ない状況で（O'Neill, 1998)、社会的な責任を果たし、死別後1週間もすれば仕事など日常生活に復帰しなければならないことが特徴である。

喪の作業は、誰かが代われるものではないことは、ロスの場合も同じである。また、実生活を共にできなかった子どもに対してこの課題をこなすことは難しく、複雑性悲嘆を呈するリスクとされる、故人との親密さ、ソーシャルサポートの乏しさもある（日本精神神経学会, 2014）。さらに子どもを亡くした両親は、ロスに限らず、混乱の時期に「怒り」の感情の対象が夫婦間、すなわち当事者間に向けられることもある（北村・蓮井, 2001; 瀬藤・丸山, 2005）。以上より、夫婦が子を亡くした親として互いに悲嘆作業を協働することだけに回復の期待をかけるのは難しい。そこで、当事者同士、自助グループ等で話すこと等、このイベントを共有できる家族の外の繋がり・居場所を持つことも有効である。

3　実生活を共にしなかった子どもとの死別──夫婦の相互作用

家族員との死別、さらには我が子の死と比較しても、ロスには3つの特徴があることを述べた。イベントが発生してから、その子を情緒的に再配置し、形成期家族が次のライフサイクルに移行し安定するまでには、夫婦は年単位の時間を要する。この過程では、いずれにとっても、亡くなった子どもの親になる発達過程と、喪失に伴う悲嘆作業の両方が必要である（Kavanaugh, 2002; Kavanaugh & Hershberger, 2005; Worth, 1997; Yamazaki, 2010）。

例えば小児がんの場合、入院に付き添い闘病生活の大半を共に過ごすのは母親であり、子どもの死亡直後には夫・患児の兄弟姉妹との家族生活に母親は微妙な疎外感を感じるが、それでも母親にとって、夫は大切な我が子の発病から長く苦しい闘病を共に戦った「戦友」と表現される（戈木, 1999）。一方、ロスの場合、こういった夫婦での子どものための協働は死別までに決定的に少なく、死別後自宅に帰り、日常生活に戻ってから、自分たちなりに行っている。80年

代から夫婦がロスの悲嘆過程を共有することは容易ではないことは指摘されていたが（Peppers & Knapp, 1980; Rando, 1986)、時に葛藤を生じながらも、このライフイベントを軸に相互作用を繰り返し、夫婦サブシステムの言動の範囲に幅を獲得しつつ、成長しているとは考えられないだろうか。

筆者は、2000年代後半に、約50人（うちカップルが18組）のロスから8か月〜8年経過している体験者に聞き取り調査を実施した。その結果、医療施設から退院後、夫婦は次の3つの相互作用を繰り返しながら発達と悲嘆の過程をたどっていると考えられた（山崎, 2011)。これから述べる3つの相互作用は、生活を共にできなかった子を育て、その子の喪失を受け入れていく過程である。その子の親となり、かつその死を受け入れることは同じでも、時に夫婦にはどのように温度差が生じるのだろうか。

a. できるかぎりのことはしたと納得する過程

〈事例1〉

Aさん夫妻にとって待望の第一子は、その地域では人気のあるクリニックで妊娠中問題なく経過し、予定日近くに陣痛が始まった。いよいよ出産が始まったものの、思いのほか分娩第2期は難航し、生まれた女児はなかなか啼泣しなかった。新生児胎児仮死と診断され、NICUのある医療施設に救急搬送されたものの、搬送先で死亡が確認された。

聞き取り調査でお会いしたときには、出生・死亡から3年が経過し、長女のお墓は近所にあり、次女が生まれ健やかに過ごされていた。死別から1年間ほどのことを妻は、「夫には話を聞いてもらい、『あなたのせいではない』とだけ言って欲しかった」と、一方夫は、「思い出すことが辛くて。妻と子どもの話はとてもできなかった」と言い、長女に対して、できるかぎりのことはした等、とても夫婦で話し合えなかったときがあったことを振り返る。

我が国にも、出産は母親にとって命懸けで、子どもは必ずしも無事生まれ育つわけではない時代があったが、今や、何事もなくて当たり前である。夫婦は、仮に医師から現代の医療における最善を尽くしたこと、まして両親に何ら非があるわけではないことの科学的な説明がなされても、容易に納得には至らない。

むしろ喪失後数か月、あるいは年単位で、子の出産・死亡前後のことを夫婦で思い出す過程を通じて、親として亡くなった子にできることはしたのではないかと振り返る作業をしていることが多かった。しかし、このケースに限らず、その過程は、いつも双方が同じペースでできるわけではなかった。

b. その子が生きた証を慈しむ過程

〈事例2〉

Bさんは、妊娠30週に差し掛かったある夜、自宅で下腹部の激痛と破水・出血に見舞われ、夫が救急車を呼んだが、胎盤早期剥離のため子どもは助からなかった。その後、夫婦に子どもは授からなかった。

聞き取り調査でお会いしたとき、妻は「ここが夫婦で意見が分かれるところなのですが、遺髪・臍の緒・爪・足型・写真など何かを残しておけばよかった……何もないのです」と。食卓には大人用の椅子2脚が向かい合わせにあり、その隣に子ども用の椅子があり、かわいいランチョンマットが敷かれメモリアルベアが座っていた。これを長男だと思い、夫婦はこれに朝夕挨拶をし、たわいない会話を3人でしているという。

夫は「こういうの（メモリアルベア[*2]）はいいが、遺品は（妻の）心身に悪い」と考えていた。妻は、「からだに毒なのは、辛かったお産の思い出、元気なよその子の姿。自分の子どものものは、全然違う」と訴えた。

死産をした母親のケア・ニーズとして、「子どもが生きていた証となる遺品」を残すことを医療従事者に求めている（太田, 2006）。一方、子との死別に限らず遺品（形見）の扱いについては、保持するのか、処分するのか、一見すると両極端な行為でも、故人を忘れたくない、気持ちの整理をするといった、遺族なりの喪の仕事の途上における意味がある。また男女差については、そもそも女性のほうが、遺品（形見）に喪失対象との思い出を見出す傾向が強いとされる（池内, 2006）。

遺骨は、子がこの世に生を受けた最大の証である。1年間は外出時でさえ常に持ち歩いて片時も離さず命日に納骨した、可愛いカバーをかけた骨壺を生涯夫婦の寝室に置き、母親が亡くなったときに一緒に埋葬してもらうことにして

いる、死後7日で納骨し祖先に守ってもらうことにした等、さらに妊娠週数が浅い場合、遺骨が残らず、このケースのように生きた証として慈しむ移行対象が何もないこともあった。遺骨や遺品の扱いも、夫婦なりに話し合い、時に意見が分かれることもあった。

c. その子は家族の一人だと了解する過程

〈事例3〉

　Cさんは、長男が3歳のとき双子を授かったが、一人は心疾患があり生まれて数時間で亡くなった。その後、次男が生まれ、自分の子どもは4人、我が家は6人家族と考え暮らしていた。聞き取り調査で伺ったとき、リビングの一角に、おもちゃやお菓子のお供えに囲まれた女児の写真があった。
　長男が小学生になり、「『亡くなった妹がいる』って学校で言うと、お友達に格好つけているって誤解されるみたい」と妻。夫は、亡くなった女児も我が子であり、家族の一人であることは当然とする一方で、家族外ではその子のことを話題にしないし、親兄弟にさえ理解を求めることは困難な場合もあると考えていた。妻が、周囲に理解を求めないのは、親として亡くなった子に申し訳ないと訴えると、夫は、「僕たちも、こういうことにならなかったら、わからなかったわけだから。（生存している）子どもたちもそういう人との関係のなかで生きていかないといけないから、あんまりね」と窘めた。

　ロスを体験した父親は、このケースのように「家族外では話題にしない」が大半であった。またこの場面では、亡くなった子どもの兄弟姉妹たちの友達はその子の死を理解できないと表現されているが、常にそういうわけではない。例えば、亡くなった子どものことを伝える育児仲間は慎重に選ぶという母親が、我が子が、自宅に遊びに来た友達に対して、仏壇のあかちゃんの写真を前に「弟だよ。でもあかちゃんのとき死んだんだ」と自然に紹介する姿を見て、子ども達のしなやかな感性に救われたという語りもあった。子育てをしている家族は、家族ライフサイクルのなかでもソーシャルネットワークを活発に拡大していく。そしてその中心は、子どもである。

4　まとめ——亡くなった子どもの兄弟姉妹と夫婦の成長

　かつて日本人は、自宅で生まれ、亡くなっていた。しかし図3-3-3のように、1975年を境に、施設死（病院・診療所・特別養護老人ホームなどの高齢者施設）が在宅死と同数になり、現在は8割が病院内で死亡、近親者の死は、日常から遠ざかったものとなった。我が国では2020年以降死亡数は急増、在宅での看取りの増加が見込まれているにも関わらず、死は等しく誰にでも訪れるものであることを考える機会が少なくなった。

　近年、壮年期のがん患者の終末期には、成人していない子どもに対して、親に死が訪れることをどのように説明するのかが考えられるようになった。がん専門病院をはじめとする医療施設では、子どもの年齢に応じて、親に死期が迫っていることをごまかさず正しい言葉で説明をして、喪の儀式にも参加をすすめることを提唱している。がん看護専門看護師である小迫（2008）は、小学生の子どもをもつ壮年期夫婦が、父親ががんで長く生きることはできないことを、学校の担任とも連携しながら、いつどのように子に真実を告知するべきか話し合った過程が、親子関係を育むだけでなく、夫婦の成長をもたらす側面があるという実践の報告をしている。

　一般的に子どもは、特に小学生高学年になると、死は誰にでも訪れることを理解できる。先行研究でも、死とは、3～5歳児にとっては睡眠のような漸次的なものとして、5～9歳では死者と同一視し情緒的反応が見られ、9歳になると不可逆的な身体的機能の停止で普遍的な誰にでも訪れるものとして理解し、10歳で大人と同様の理解に近づくとしている（赤澤, 2001）。このように、発達段階によって子どもは死の概念を形成するという考えもある。一方、相良（2005）は、「子どもたちは、生活世界を通じて、背景に埋め込まれている種々の意味を掘り起こしながら生と死という現象を解釈し続ける」と指摘する。

　ロスの兄弟姉妹にとって、死別そのものは、子ども達がまだ死を大人のように感じ、理解していない年代に生じることが多い。しかし兄姉は、母親の妊娠中から、弟妹がやがて誕生することを理解している（Stainton, 1985）。また、これまで述べてきたように、両親である夫婦は年単位で喪った子どもの悲嘆過程をたどっていること、子どもの死の概念は成長する生活世界の文脈のなかで培

われることを鑑みると、ロスに伴う家族内相互作用は、夫婦サブシステムにのみ止めるべきではない。その夫婦なりに、悲嘆からの回復と成長の過程を亡くなった子どもの兄弟姉妹と共に過ごすことが前提であろう。

※本文中のケース像は、プライバシー保護のため、年齢・性別・臨床経過を変更している。

*1 あかちゃんの死の自助グループとして歴史があるのは、「SIDS家族の会」である。全国に支部があり、定期的なニュースレター刊行、ミーティングの開催、ビフレンダー(友達になる人)の養成など組織力もある。しかし流産・死産の体験者は、必ずしもこの会には馴染まず、自らの会を立ち上げている。また、近年はインターネット上での情報交換や掲示板、体験者のブログも多い。
*2 メモリアルベアは必ずしも死産の子どものためではなく、新生児期の思い出として、生まれたときの身長と体重でつくられるオーダーメイドテディベアの登録商標である。

引用文献
赤澤正人(2001)「子どもの死の概念について」『臨床死生学年報』6, pp. 130-137.
荒木勤(2012)『最新産科学 異常編』文光堂.
池内裕美(2006)「喪失対象との継続的関係――形見の心的機能の検討を通じて」『関西大学社会学部紀要』37 (2), pp. 53-68.
太田尚子(2006)「死産で子どもを亡くした母親たちの視点からみたケア・ニーズ」『日本助産学会誌』20 (1), pp. 16-25.
北村俊則・蓮井千恵子(2001)「新生児の突然死に伴って見られる悲哀反応――攻撃性の評価と意味」『精神科診断学』12 (3), pp. 337-345.
小迫冨美恵(2008)「壮年期の家族員ががんになる前後の家族構造・機能の変化」, 山崎あけみ・原礼子(編)『看護学テキストシリーズNiCE 家族看護学』(pp. 165-177) 南江堂.
戈木クレイグヒル滋子(1999)『闘いの軌跡――小児がんによる子どもの喪失と母親の成長』川島書店.
相良ローゼマイヤーみはる(2005)「日本の子どもたちの生と死の概念研究レビュー――生活世界(life world)に焦点をあてて」『小児看護』28 (6), pp. 782-787.
瀬藤乃理子・丸山総一朗(2005)「子どもを亡くした両親の悲嘆過程における怒りの感情の特性」『神戸親和女子大学大学院研究紀要』1, pp. 85-94.
竹内正人(2004)『赤ちゃんの死を前にして――流産・死産・新生児死亡への関わり方とこころのケア』中央法規.
仁志田博司(2005)「周産期に児を失った家族の心のケア」『母子保健情報』51, pp. 26-32.
日本精神神経学会(監修)(2014)『DSM-5 精神疾患の分類と診断の手引』医学書院.
母子衛生研究会(編)(2013)『母子保健の主なる統計 平成24年度刊行』母子保健事業団.
山崎あけみ(2011)「ペリネイタルロスを体験したカップルについての質的研究――生活を共にできなかった子どものいる家族の発達過程」『看護研究』44 (2), pp. 198-211.
山崎あけみ・中村奈央・西村英代(2009)「周産期の子どもの死と家族へのケア――褥婦に実践できる家族中心的アプローチのポイント」『臨床看護』35 (10), pp. 1463-1469.
渡辺久子(2000)「子どもを亡くした家族への援助」, 渡辺久子(編)『母子臨床と世代間伝達』(pp. 213-223)金剛出版.
Kavanaugh, B. (2002) Women, men and stillbirth. How do they cope? *The Practising Midwife*, 5 (8), pp. 18-20.
Kavanaugh, K. & Hershberger, P.(2005) Perinatal Loss in Low-income African American

Parents: The Lived Experience. *Journal of Obstetric, Gynecologic & Neonatal Nursing*, 34(5), pp. 595-605.

Kirkley-Best, E. & VanDevere, C. (1986) The hidden family grief: An overview of grief in the family following perinatal death. *International Journal of Family Psychiatry*, 7 (4), pp. 419-437.

May, K. A. (1982) Three Phases of Father Involvement in Pregnancy. *Nursing Research*, 31 (6), pp. 337-342.

O'Neill, B. (1998) A Father'r Grief: Dealing With Stillbirth. *Nursing Forum*, 33 (4), pp. 33-37.

Paykel E. S., Prusoff, B. A., & Uhlenhuth, E. H. (1971) Scaling of Life Events. *Archives of General Psychiatry,* 25, pp. 340-347.

Peppers, G. L. & Knapp, R. J. (1980) Husbands and wives: incongruent bonding. In G. L. Peppers & R. J. Knapp (Ed.) *Motherhood & Mourning: Perinatal Death.* (pp. 58-65). New York: Praeger Publishers.

Rando, T. (1986) *Parental Loss of a Child*. Champaign, IL: Research Press.

Rubin, R. (1984) *Maternal Identity and the Maternal Experience*. Springer.

Stainton, M. C. (1985) The Fetus: A Growing Member of the Family. *Family Relations*, 34 (3), pp. 321-326.

Worth, N. J. (1997) Becoming a Father to a Stillborn Child. *Clinical Nursing Research*, 6(1), pp. 71-89.

Yamazaki, A. (2010) Living With Stillborn Babies as Family Members: Japanese Women Who Experienced Intrauterine Fetal Death After 28 Weeks Gestation. *Health Care for Women International*, 31(10), pp. 921-937.

研究紹介 ①
仕事と家庭の多重役割
福丸由佳

1　多重役割とは

　私たちは日々、他者とかかわりながら生活する中で、父親・母親、夫・妻などのさまざまな役割を担っている。このような、複数の役割に従事することを多重役割という。仕事と家庭の多重役割に関しては、従来、有職女性を対象とした研究が主であった。しかし、長時間労働などの問題が指摘される中で、仕事と家庭の調和、すなわちワーク・ライフ・バランスの問題は、性別や年齢、家族類型を問わない普遍的なテーマとなっている（内閣府, 2014）。

　多重な役割の関係を捉える視点には、おもに4つのモデルが指摘されている。一人の人の中で、ある役割における状況や経験が別の役割における状況や経験にも影響するという「スピルオーバー」（流出）、一方の役割におけるマイナスの状況や経験が他方の役割におけるプラスの状況や経験によって埋め合わされるとする「補償」、役割は互いに葛藤しあうとする「コンフリクト」（対立）、独立して関係しないという「分離」である（詳細は福丸, 2003a）。ここでは、"スピルオーバー（流出）モデル"を用いて乳幼児を持つ父母に行った調査結果について紹介する。

2　乳幼児の父母を対象とした研究結果から

　図3-4-1は、乳幼児を持つ有職の父母を対象に、仕事と家庭の多重役割の関係をスピルオーバーの視点からたずねた結果である。これをみると、「仕事で疲れてしまい、親役割が思うように果たせない」といった、仕事役割の負担が家庭役割に否定的に影響すると感じる程度、すなわち"仕事役割から家庭役割へのネガティブ・スピルオーバー"に男女差はみられない。それに対して、家庭役割の負担が仕事役割にも影響するという"家庭役割から仕事役割へのネガティブ・スピルオーバー"の得点は、母親がもっとも高い。実際の育児や家事へのかかわりの度合いも母親が最も高い（福丸,

第3章　子どもの妊娠・出産と夫婦関係

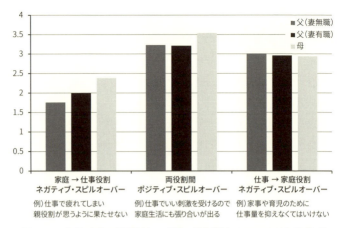

図3-4-1　仕事と家庭の多重役割——父母の比較（福丸, 2000, 2003bより作成）

2000）ことからも、共働きの場合も母親により家事や育児の負担がかかっており、その負担が仕事にも影響しているという意識を強く持っていることがわかる。

　一方、父親同士の比較からは、有職配偶者群の方が実際の子どもとのかかわりの得点が高く、かつ、"家庭役割から仕事役割へのネガティブ・スピルオーバー"は、母親ほどではないにせよ、妻が就業している方が高いという結果が示されている（福丸, 2003b）。このことから、父親同士の比較では、共働き世帯の父親の方が、母親に近い傾向が示されているといえるだろう。こうした状況は、「共働きだから家事が溜まってなかなか家でも休めず、その疲れが仕事に関係する」「夜はばたばたしてあっという間に寝る時間がくる。休日はまだいいが、平日の家事が職場でもこたえる」といった父親の声にも示されている（福丸, 2003a）。

　一方、多重役割を担うことは身体的・心理的負担などのマイナス面だけではない。双方の役割があることで互いが肯定的に影響しあうという"両役割間のポジティブ・スピルオーバー"も存在する。有職の母親の得点がもっとも高いことから、仕事と家事や育児をやりくりしつつも、それによるプラス面を感じる母親が少なくないことがわかる。また、精神的健康との関係では、父母ともに、両役割間のポジティブ・スピルオーバーが高い

こと、仕事から家庭へのネガティブ・スピルオーバーが低いことが、抑うつ度の低さと有意に関連していた。つまり、仕事役割と家庭役割の相互の状況が、子育て中の親のメンタルヘルスにも影響することが示されている（福丸, 2003a）。

3. 多重役割の両立——夫と妻という視点から

複数の役割を自分の中でバランスをとろうとすることに対しては、各役割に対する心理的な重要度（重みづけ）といった個人の要因、夫婦関係などの関係性の要因、職場環境などに代表される環境の要因などが関係していると考えられる。夫婦関係の視点から仕事と家庭の役割葛藤について検討した加藤（2010）によれば、仕事と家庭の両立において、役割を夫婦で調整したり期待される家庭役割に取り組んだりという前向きな対処が行われることは、精神的健康にも影響するという。また、夫婦の役割分担についての話し合いに納得しているほど、両立に対する母親の満足度も高い（内閣府, 2014）。

図3-4-2は、産後1年の時点で父母それぞれに、親役割に対する自分の意識や配偶者からの評価に対する意識について尋ねた結果である。これをみると、自分としてはある程度頑張っているつもりだが、妻からみると、父親として十分に役割を果たせていないのではないかという意識を、父親が

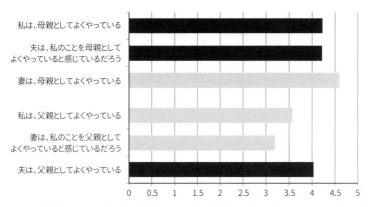

図3-4-2　親役割に対する自己評価、配偶者からの評価（　　は夫、■は妻）（福丸, 2013より作成）

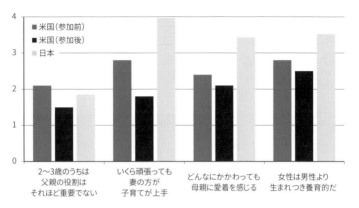

図3-4-3　子育てに対する父親の信念（福丸, 2013）

より強く抱いていることがわかる。しかし、グラフからも示されるように、実際の妻からの評価はそれほど低くはなく、両者の間にはずれが存在していることも予想される。

また、図3-4-3は子育てで生じがちな思い込みや信念について、子育て広場に子どもと来所した乳幼児をもつ父親と、同じく子育て中の米国人の父親に尋ねた結果の一部である。米国のデータは、米国内でおこなわれていた父親に向けたプログラムの参加者を対象としているため（父親の役割を考えたり、子どもの発達について学んだりする Fatherhood Program。詳細は福丸, 2011）、同じ条件とはいえないが、得点を比較すると日本の父親の方が「子育てはいくら頑張っても妻にはかなわない」、「子どもも母親になつくもの」という、いわゆる3歳児神話に通じる信念を強く抱いていることがうかがえる。

これらの結果から、多重役割の両立と夫婦の関係について考えると、今の自分の大変さや自分なりの工夫について、また夫婦間でお互いにどのような期待をし、実際にそれがどのように機能しているかといったことについて、相手の状況や思いを必ずしも共有できないままに、それぞれが頑張っている夫や妻の姿が垣間見えてきはしないだろうか。

専業主婦の母親の負担感の高さもわが国の特徴の一つといえるが、そうした子育ての大変さや、長時間労働に象徴される仕事役割の大変さについ

て、お互い言葉にし、耳を傾けようとすることは、自分の頑張りや今後可能なやりくりの工夫にあらためて気づくきっかけになると同時に、パートナーの大変さや頑張りに思いをはせることや、相手をより理解することにもつながるだろう。男性も女性も、仕事も子育ても……と、多くの役割を担うことが決して珍しくない忙しい現代社会だからこそ、お互いに関心をもちあい、コミュニケーションをとろうとすることがますます大切になってくるのではないだろうか。

引用文献
加藤容子(2010)『ワーク・ファミリー・コンフリクトの対処プロセス』ナカニシヤ出版.
内閣府男女共同参画局(2014)「ワーク・ライフ・バランスに関する個人・企業調査」.
福丸由佳(2000)「共働きの夫婦における多重役割と抑うつ度との関連」『家族心理学研究』14(2), pp.151-162.
福丸由佳(2003a)『乳幼児を持つ父母における仕事と家庭の多重役割』風間書房.
福丸由佳(2003b)「父親の仕事と家庭の多重役割と抑うつ度――妻の就業の有無による比較」『家族心理学研究』17(2), pp.97-110.
福丸由佳(2011)「子育て中の家族の絆を深める支援――米国における家族支援を通して」, 平木典子・中釜洋子・友田尋子(編)『親密な人間関係のための臨床心理学』金子書房, pp.45-47.
福丸由佳(2013)「日本の親研究のこれまでとこれから(子育て期における父親役割・母親役割研究についての国際比較」シンポジウム発表資料)」『国際家族心理学会第7回大会抄録集』, pp.40-41.

研究紹介 ②
男性にとっての育児参加
青木聡子

1　仕事との葛藤

　イクメンという言葉が一般に浸透し、男性も育児をすることが当たり前という認識が広まってきた。男性も育児をすることで、関連するスキルを獲得することはもちろん（例えば庭野, 2007）、親として内面も発達すること（例えば森下, 2006）、家族・家庭に対する貢献感が高まり、夫自身の精神的な健康度が高まることが報告されている（朴ほか, 2011）。

　一方で、父親の一日あたりの労働時間は優に8時間を超えるという厳しい現実もある（総務省統計局, 2012）。「父親も育児に参加するべき」と考えていても実際には世話をできない父親は、日常的・具体的な育児にかかわらないために、仕事をどれだけ調整すれば育児参加ができるのかイメージがつかめず、それがますます育児参加を難しくするという問題もある（大野・野本, 2009）。加えて、父親が職業人としての役割を果たしながらも積極的に育児にかかわるには、物理的な条件整備だけでなく、育児にかかわることに対する仕事関係者からの理解・支援が得られ、育児と仕事を両立しやすい環境であると感じられる必要がある（青木, 2009）。6歳未満の子どもがいる父親の家事関連時間は一日平均で1時間7分、うち育児は39分である（総務省統計局, 2012）。仕事だけでなく育児もする父親像に近づきたいのに近づけない現実は、仕事と育児との葛藤や、育児意欲の低下につながることが指摘されており（冬木, 2005）、幼児をもつ父親の育児ストレスの実態調査では、育児を十分にすることができていないという「仕事と育児の葛藤」を感じている者が約70％に上ることが報告されている（冬木, 2009）。だが、生計維持責任を担うことも父親の役割として認識している多くの父親たちにとって、仕事をセーブすることは、育児という非伝統的役割の獲得以上に難しい（小笠原, 2009）。父親の家事・育児時間は共働きか否かにかかわらず増加傾向にあるが（総務省統計局, 2012）、それらが従来通りの長時間労働から抜け出すことが難しい現状で、それが休養等の時間を削って捻

出されている可能性があることには注意が必要である。

2　母親とのマネジメントの共有

　育児には、世話をしたり、遊び相手をするといった子どもに直接かかわる実行だけでなく、育児の状況を確認したり、子どもが資源を利用できるよう手配する責任を果たすマネジメントも含まれる（例えばParke, 2002）。育児の実行には、保育所などの外部資源を利用することができるが、育児のマネジメントを家族外部の資源に委託することはできない。よって、父親と母親が共に育児を行う場合には、育児についての意思決定と育児の現状の確認を行う育児のマネジメントにおける連携・調整が重要となる（青木, 2009）。

　父親は、子どもとのかかわりについて母親から指摘されたり、母親と子どもがうまくいかないときには調整役を担ったりするなかで、家庭全体を見据えて子どもに対して母親とバランスのよいかかわりをするよう心掛けながら育児をしている（大島, 2011）。だが、母親のやり方を尊重する一方で、自由なやり方ならもっと家事・育児に力を発揮できるという思いもあり、「母とのやり方の違い」に葛藤する姿も報告されている（森永・難波・二宮, 2014）。このような場合にも、父親と母親が共に育児の現状について確認し合いながら、かかわり方を調整していくことにより、父親が活躍する機会が増えるだろう。

3　育児における活躍

　青木（2011）は、乳幼児をもつ夫婦がどのようなことを配偶者が育児のパートナーでよかったこととして捉えているのかを明らかにしている（表3-5-1）。ここでは、妻の回答から育児で活躍する夫の姿を捉えていく。

　まず、育児を分担できる相手がいるよさとして、②〈積極的に育児をしてくれること〉、④〈都合がつかないとき・一人で相手をするのが大変なときに子どもをみてもらえること〉、⑨〈夫が子どものことを引き受けてくれて、息抜きができること〉が挙げられた。妻は（分担量は高くなくても）自発的、あるいは、熱心に育児をしている夫の姿を肯定的にとらえるという

表3-5-1 育児をする上で配偶者が育児のパートナーでよかったこと

夫	妻
❶自分が仕事の間も育児をしてもらえること（26）	①育児について話し合ったり、相談したりできること（50）
❷育児をする上で不可欠の存在だと思えること（14）	②積極的に育児をしてくれること（45）
❸子どもの具合が悪いときに協力し合えること（13）	③自分にはできないかかわりをしてくれること（41）
❹子どもの成長や育児にまつわる出来事を共有できること（13）	④都合がつかないとき・一人で相手をするのが大変なときに子どもをみてもらえること（36）
❺子どもを叱ったときにフォローをしてくれること（9）	⑤子どもを叱ったときにフォローをしてくれること（28）
❻仕事から帰ったときに、妻や子どもが出迎えてくれること（7）	⑥子どもに好かれる・慕われる夫であること（24）
❼きちんとしつけをしてくれること（6）	⑦自分とは違う形でしつけをしてくれること（19）
❽子どもに好かれる妻であること（6）	⑧子どもの具合が悪いときに協力し合えること（14）
	⑨夫が子どものことを引き受けてくれて、息抜きができること（13）
	⑩子どもの成長や育児にまつわる出来事を共有できること（12）
	⑪家族を大切にしてくれる夫であること（10）
	⑫自分とは違ったかかわりをしてくれること（9）
	⑬トラブルに対応してくれること（5）

※青木（2011）より作成。（　）内の数字は記述数
※夫152名、妻225名の自由記述（複数回答）を分析対象とした（有効回答率38.00％）

（大和, 2008）。つまり、仕事をはじめ、夫の分担が少なくならざるを得ない理由が妻にとって納得できるものであり、制約のあるなかで最大限子どもにかかわろうとする姿勢が、育児に対する積極的な姿勢として評価されているのだと考えられる。

分担に加え、情緒的サポートとしての性質も併せもつものとしては、⑧〈子どもの具合が悪いときに協力し合えること〉がある。看病は家族に頼らざるを得ないことも多く、仕事の都合や体力の限界があるなかで、分担できるよさが報告されたこともうなずける。また、不安が尽きない状況でも、共に子どもの容態を見守る父親がいることで、精神的な支えとなっているのだろう。

子どもへのかかわり方も重要である。例えば、⑤〈子どもを叱ったときにフォローをしてくれること〉は、妻がどのような意図で叱っているのかを理解した上で夫が的確に対応していることをうかがわせる。加えて、③

〈自分にはできないかかわりをしてくれること〉、⑦〈自分とは違う形でしつけをしてくれること〉、⑫〈自分とは違ったかかわりをしてくれること〉といった、妻が苦手なことや、見落としがちなこと、あまり行わないことを夫が担っていることも示された。つまり、妻は子どもがより多様な育児を受けられることもまた、夫と共に育児をするよさとして認識しているのである。

さらに、①〈育児について話し合ったり、相談したりできること〉や、⑩〈子どもの成長や育児にまつわる出来事を共有できること〉、⑬〈トラブルに対応してくれること〉が重要であることも確認された。これは、喜びや楽しさだけでなく、苦労や難しさも含めて育児にまつわる出来事を共有する経験を積み重ねることで、育児に欠かせない存在として認識することにつながるためだと考えられる。

家族との関係については、⑥〈子どもに好かれる・慕われる夫であること〉、⑪〈家族を大切にしてくれる夫であること〉が示された。このような夫は、日頃から家族とのコミュニケーションがしっかりとれているのだと考えられる。

4. 最初の一歩に向けて

　時間や体力が限られるなか、父親たちは形式的な分担に留まることなく、時にマネジメントも担いながら育児に取り組んでいる。そのようななか、たとえ限定的ではあっても積極的に育児を分担すること、妻が苦手なことをはじめ妻とは違った育児を提供すること、育児について共に考え、いざというときに一緒に問題解決にあたることは、妻からの評価が高い。ワークライフバランスの実現は急には難しいかもしれないが、まずは、こうした活躍しやすいところから育児参加を始めるのもよいのではないか。

引用文献
青木聡子(2009)「幼児をもつ共働き夫婦の育児における協同とそれに関わる要因——育児の計画における連携・調整と育児行動の分担に着目して」『発達心理学研究』20(4), pp. 382-392.
青木聡子(2011)「乳幼児をもつ夫や妻にとって配偶者が育児のパートナーでよかったこと——自由記述への回答から」『学校教育学研究論集』24, pp. 101-110.
大島聖美(2011)「中年期父親の肯定的子育て歴の回想分析」『家族心理学研究』25(2), pp. 135-147.

大野祥子・野本（宮崎）玲菜（2009）「父親の育児参加──子どもの世話を「する父親」と「したいけれどしない父親」は何が異なるか」『生涯発達心理学研究』1, pp. 41-52.
小笠原祐子（2009）「性別役割分業意識の多元性と父親による仕事と育児の調整」『家計経済研究』81, pp. 34-42.
総務省統計局（2012）「平成23年社会生活基本調査」．
庭野晃子（2007）「父親が子どもの「世話役割」へ移行する過程──役割と意識との関係から」『家族社会学研究』18（2）, pp. 103-114.
朴志先・金潔・近藤理恵・桐野匡史・尹靖水・中嶋和夫（2011）「未就学児の父親における育児参加と心理的ウェルビーイングの関係」『日本保健科学学会誌』13（4）, pp. 160-169.
冬木春子（2005）「乳幼児をもつ父親の育児ストレスとその影響──父親と子どもの関係性に着目して」『家族関係学』24, pp. 21-33.
冬木春子（2009）「父親の育児ストレスと子育て支援──地方小都市の実態調査から見えてくるもの」『季刊家計経済研究』81, pp. 24-33.
森下葉子（2006）「父親になることによる発達とそれに関わる要因」『発達心理学研究』17（2）, pp. 182-192.
森永裕美子・難波峰子・二宮一枝（2014）「育児をとおして父らしくなる折り合いと自覚」『岡山県立大学保健福祉学部紀要』21, pp. 57-65.
大和礼子（2008）「母親は父親にどのような「育児」を期待しているか？」, 大和礼子・斧出節子・木脇奈智子（編）『男の育児・女の育児─家族社会学からのアプローチ』(pp. 115-135) 昭和堂．
Parke, R. D.（2002）Fathers and Families. In Bornstein, M. H.（Ed.）*Handbook of Parenting. 2nd Edition, Volume 3: Being and Becoming a Parent.*(pp. 27-73) Hillsdale, NJ: Lawrence Erlbaum Associates, Inc.

研究紹介 ③
新生児集中治療室における家族と夫婦
長濱輝代

　誕生の瞬間から我が子と離れて過ごさなければなければならない事態を想定している夫婦はほとんどいないであろう。しかし、新生児集中治療室（Neonatal Intensive Care Unit, 以下「NICU」）へ入院した新生児は、誕生後短ければ数日、長ければ数か月以上にわたる闘病生活を送ることになる。
　本稿はNICU入院児の母親を対象とした研究に基づく。周産期の危機への直面化が母親に及ぼす心理的影響について述べた上で、背景で語られた夫婦関係に着目し、周産期医療現場における夫婦研究の今日的課題について言及する。

1　NICUに入院するということ
　NICUは低出生体重児や早産児、呼吸の問題やその他疾患を抱えた新生児が入院する病棟である。両親は妊娠中あるいは出産時に新生児に生じた危機を知らされ、赤ちゃんは誕生後まもなくNICUに搬送される。
　我が子がNICUに入院するという、いわば予期せぬ出産を経験した夫婦は、待ち望んでいた出会いとはかけ離れた事態に直面する。このとき生じた夫婦間での認識のずれや葛藤から、それまで自明のこととして描いてきた我が子との関係、夫婦・家族像を問い直し、再構成する必要に迫られる。

2　母親の精神的健康度
　このような危機に直面した母親の精神的健康度はどのようなものであろうか。長濱と松島（2004a）はNICUに入院した新生児の母親95名を対象とし、マタニティブルーズ質問票と日本版エジンバラ産後うつ病質問票にて調査を行った。①出産後5日にマタニティブルーズ質問票を、その後②産後2週、③産後1か月、④産後3か月、⑤産後6か月の各時点でエジンバラ産後うつ病質問票を実施し、回答は、調査回答時点での入院形態（NICU入院群と退院群）別に分析した。カットオフポイント以上の得点群をマタニテ

表3-6-1 マタニティブルーズ質問票のスコアによるマタニティブルーズ高得点群

実施日	全体		調査回答時入院中の母親		調査回答時退院の母親	
	返却数(%)	高得点者数(%)	N	高得点者数(%)	N	高得点者数(%)
産後5日	70 (73.7)	22 (31.4)	66	22 (33.3)	4	0 (0)

表3-6-2 エジンバラ産後うつ病質問票のスコアによる産後うつ高得点群

実施日	全体		調査回答時入院中の母親		調査回答時退院の母親	
	返却数(%)	高得点者数(%)	N	高得点者数(%)	N	高得点者数(%)
産後2週	78 (82.1)	21 (26.9)	53	17 (32.1)	25	4 (16.0)
産後1か月	64 (67.3)	22 (34.4)	32	15 (46.9)	32	7 (21.8)
産後3か月	61 (64.2)	13 (21.3)	12	4 (33.3)	49	8 (16.3)
産後6か月	53 (55.8)	12 (22.6)	5	2 (40.0)	48	10 (20.8)

ィブルーズや産後うつの可能性の高い群（以下「高得点群」）として示す。

　回答は①産後5日70名、②産後2週78名、③産後1か月64名、④産後3か月61名、⑤産後6か月53名から得た。質問紙調査回答時点で児が入院中だったものは①66名、②53名、③32名、④12名、⑤5名。このうち高得点群は①22名（33.3%）、②17名（32.1%）、③15名（46.9%）、④4名（33.3%）、⑤2名（40%）であった。これは回答時点で児がすでに退院していた群の結果①0名、②4名（16%）、③7名（21.8%）、④8名（16.3%）、⑤10名（20.8%）に比べ、ほぼ2倍の割合となっていた（表3-6-1、表3-6-2参照）。

　一般的に、出産直後から一週間頃までみられるマタニティブルーズの出現率は10%〜30%、産後一定期間後から数か月に及ぶ産後うつ病は10%〜20%前後と報告されている。今回の調査では、質問紙調査回答時に児が退院していた母親においては高得点群の割合が10%〜20%程度で推移していたが、質問紙調査回答時に児が入院していた母親の場合は、32.1%〜46.9%と高い割合であることが分かった。我が子のNICU入院という心理的負担要因と、母親の精神的健康度との関連が示唆された。

3　アンケート・事例分析にみる夫婦の要因

　では、夫婦の要因はどのように関連しているのだろうか。
　長濱と松島（2004b, 2005）は、産後うつが疑われた母親の事例から心理・行動特性を抽出している。詳細については紙幅の都合で省略するが、ここでは、質問紙調査とともに行ったアンケート分析と面接過程の一部から、周

産期の医療現場で特徴的に語られる内容を取り上げる。

〈事例1〉
　Aちゃんは胎児の頃より心臓疾患と染色体異常を疑われており、両親には出生後NICUでの加療の可能性が説明されていた。出生後Aちゃんはすぐに NICU に入院し、検査結果から手術が必要な状態であることが判明した。しかし、「苦しまないようにしてあげたい。（専門家である）お医者さんが勧めるのだからお任せするしかない」と我が子のために早期の治療を願う父親に対し、「麻酔や手術など、危ないこと痛いことをせずに済む方法がほかにもあるのではないか」という、これまた我が子を思う母親の思いが意見の対立として表面化し、Aちゃんの手術計画は何度か延期されていた。さらに、同居している姑から「うちの家系にこの病気の人はいないのに」と言われたことをきっかけに、母親のアンケートには「最近は無理に自分を作っており、精神的にしんどい」、「Aがかわいいと思えない」、「主人、同居の姑にイライラする」、「一人になりたい」などと書かれるようになった。

　我が子のNICU入院当初、夫婦は混乱し児の状態を把握することで精一杯である。しかし入院が長期化し、治療方針の決定など重大な判断を絶え間なく迫られている夫婦においては、しばしば意見の相違をきっかけにしたネガティブな関係性の変化が認められる。「ちゃんと産んであげられなかった」という母親としての妻の罪悪感や不全感は、自身や他者への怒り、抑うつなどを惹起する可能性をはらんでおり、父親として現実的な判断を期待されることの多い夫は、決定者としての緊張を強いられる。これらの夫婦の立場の違いに加え、もともと存在した夫婦間の葛藤や緊張状態が、夫婦の関係性に影響を与えていると考えられる。

　一方、関係性の変化はネガティブなものに限らない。以下は筆者が臨床心理士として同席した夫婦面接の一事例である。

〈事例2〉
　Bちゃんの父親は、Bちゃんの病名や病状を妻に伏せ、病状説明時は必ず妻を退席させていた。その理由を「出産後の体調回復を優先し、長い話は自分だけで聞く」としていたが、実はBちゃんの前に生まれた子が同じ疾患で生後すぐに亡くなっており、妻の心理的負担を考慮した夫の配慮であった。母親も特に何も言わず、病状説明の部屋を出るとBちゃんのベッドサイドへ行き、しばしBちゃんとともに過ごしていた。しばらく経ったある日、母親が筆者に「実は私、Bの病気のことを知っているんです」と打ち明けてきた。夫が夜中にインターネットで調べている内容で分かったのだと言い、「私をかばってくれる夫の気持ちはありがたいが、私の分まで苦しんでいる姿を見るのが辛い」と涙を流した。その後、母親の希望で夫婦同席での面接を行った。母親は面接の場を得て初めて、Bちゃんの状態を知っていることを夫に話した。驚きを隠せない夫に、これまでの感謝の気持ちとともに今後はBちゃんのために一緒に悩みたいと伝えた。その後、夫婦はそろって病状説明に臨むようになった。

　NICUは児の生命を対象とする緊急事態の場であるが、児の身体的な危機にとどまらず、夫婦関係における心理的な危機も包含している。しかし、危機が内包する意味はネガティブなものだけではない。
　「危機」は、不安・危険としての「危」と、転機の「機」から成る。山本（1986）は「危機」を"運命との出会いの時期"とし、成長促進可能性を有する"分かれ目の時"であるとした。我が子のNICU入院という危機を夫婦の関係性の転換点とし、関係促進への可能性を秘めた出発点であると捉えることは、夫婦への支援を行う際に重要なポイントであると考えられる。

4　おわりに──「ある」ことと「なる」こと
　NICUでは夫婦の関係性に着目しつつも、語られるのはほとんどの場合、児の両親としての母親と父親である。これは、小児病棟での保護者（養育者）の役割の重要性から考えると不思議なことではない。赤ちゃんが誕生したとき、夫婦では「ある」が母親と父親には「なる」。つまり、新たな

家族に「なる」ことへの困難に関する支援と研究が、これまでの学問的関心の中心であったといえる。

しかし、夫婦で「ある」ことの在り様は質的に変化する。夫婦の質的変化──新たな夫婦に「なる」こと──は、新たな家族の生成にどのように関連しているのだろうか。NICU 入院という危機が夫婦にいかに体験され、どのような関係性が構築されていくのか。今後、夫婦という単位の発達に焦点を当てた丁寧な研究が必要であろう。

引用文献

長濱輝代・松島恭子(2004a)「NICU 入院児の母親の気分変調に関する縦断的研究──マタニティブルーズと産後うつ病の要因分析」『生活科学研究誌』3, pp. 165-173.

長濱輝代・松島恭子(2004b)「新生児集中治療室(NICU)入院児の母親がもつ気分変調に関する研究──心理特性の縦断的分析と事例検討」『小児保健研究』63 (6), pp. 640-646.

長濱輝代・松島恭子(2005)「新生児集中治療室(NICU)における臨床心理的援助のポイント──関係性の発達促進をめざして」『臨床心理学』6 (2), pp. 223-228.

山本和郎(1986)『コミュニティ心理学』東京大学出版会.

第4章
子どもの成長・巣立ちと夫婦関係

第4章　子どもの成長・巣立ちと夫婦関係

第1節
乳幼児期から児童期にかけての子どもの成長と夫婦関係
神谷哲司

1　子どもの誕生は夫婦になにをもたらすのか――子育て期の夫婦研究

　子どもの誕生は、単なる家族成員の増加を意味するものではない。夫と妻には、新たに父親・母親としての役割が付与され、子どもに対して親として振る舞うように期待されるとともに、日常生活の時間配分やお金の使い方や計画など、育児の分担や生活の仕方に関する基本的なルールとパターンを確立することが求められる（Carter & McGoldrick, 2004）。その過程において、夫妻は葛藤や不和を体験することになりやすく（Belsky & Kelly, 1994/1995）、子どもの誕生後には結婚や夫婦関係に対する満足感（以下「夫婦関係満足」）が低下することが示されている（倉持ほか、2007; 稲葉、2011）。さらに、それら夫婦間の関係調整は、母子関係や父子関係とも相互に関連しあいながら、子どもの発達にも影響を与えるとともに、また、その子どもの発達からも影響を受ける。このようにして、夫と妻はそれぞれ、親・夫婦として発達していくのである。

　子どもの誕生後、児童期までの子どもの成長と夫婦関係を扱った研究（以下「子育て期の夫婦研究」）を概観すると、(1)夫婦関係満足、(2)家事・育児分担と性役割観、(3)コミュニケーションや親密性など夫婦の関係性、(4)ワーク・ライフ・バランス、(5)夫婦関係と子育て意識や態度との関連、(6)夫婦関係が子どもの発達に及ぼす影響といった、6つの領域に整理できるように思われる。本節では、これらの領域について、主に夫婦関係満足に着目しながら、紙幅の都合上(1)から(3)の領域に関する研究の知見を概観した上で、子どもの誕生後夫婦が親の役割をどのように相互に調整していくのかを描き、最後にこの研究領域における今後の展望と課題を示すこととしたい。

2 夫婦関係満足の変化と規定要因

a. 夫婦関係満足の変化

　夫婦関係満足については、一般にどの年代においても女性よりも男性の方が高く、結婚初期の「子どもなし」の時期が男女とも最も高く、子どもが生まれることで低下し、子どもが小学校に入ってから高校を卒業するあたりまでにU字の底をつくことが示されている（稲葉, 2011）。また、妊娠期と生後4か月、1年、2年、3年と追跡的に検討した倉持ら（2007）では、妻の夫婦関係満足度は妊娠期と出産後のすべての時期、ならびに生後4か月と1年以降との間に差が見られ、1、2、3年の間では差は見られていない。また、夫でも、妊娠期と4か月の時期に比べ1年以降の満足度の方が低く、以降、結婚3年まであまり変化しない。さらに、子どもが乳児期においては、夫妻ともに生後0か月から6か月へと低下すること（田中, 2010）、妻では生後1か月から4か月で低下していること（永田・仲道・野口・平田, 2011）も示されている。これらのことは、妊娠期の葛藤的な夫婦関係が出産後の母親の心理的健康に影響すること（福丸, 2007）や、産後の夫の育児行動などもかかわりながら、子どもの誕生後かなり早期のうちにまず妻の満足度が低下し、それを追随する形で夫の満足度も低下していくことを示しているのではないかと推察される。

b. 夫婦関係満足の規定要因

　夫婦関係満足を規定する要因として、これまでの研究では、「結婚年数や年齢、夫の収入、妻の就業状況、性別役割分業意識、夫の家事・育児参加、夫の情緒的サポート」（李, 2008）、「夫婦の性役割態度、夫婦間コミュニケーション、夫婦の情緒的関係（情緒的サポート）、家事・育児分担、仕事」（熊野, 2008）、結婚5年以内の夫婦では、「結婚年数、子どもの有無、夫の家事・育児時間」（永井, 2011）などが指摘されている。これらの諸要因は、相互に複雑にからみあっていると考えられる。特に、夫婦関係満足は、一般に夫婦間相関が高く、配偶者の満足度の高さによっても規定されるものであることから（池田・伊藤・相良, 2005）、夫婦ペアでも検討していくことが望まれる。

3 家事・育児分担と性役割観

a. 父母の家事・育児分担の現状

　子育て世代女性の労働力率が最も低く、「男は仕事、女は家庭」とする性別役割分業が定着していた1970年代と比べると、父親の子育て参加は多少なりとも進んだと考えられる。例えば、1993年以降15年間の間に夫の家事や育児の遂行率はおおむね上昇していること（安藤, 2011）、2006年と2011年に2歳までの第一子を持つ夫婦を対象とした調査では、子どもの世話・遊び、家事いずれについても増加していること（高岡, 2013）などが示されている。しかし、一方で未就学児（6歳まで）の子どもを持つ父親では、1998年から2008年にかけて父親の育児時間は増加しておらず、むしろ減少している可能性も指摘されており（松田, 2011）、子どもの年齢や数によって、父親の分担度も変化することがうかがえる（神谷, 2010a）。また、増加していたとしても、国際的に見れば日本の男性の家事・育児時間は1時間余りであり、欧米諸国のおおむね3時間前後（最短でもフランスの2時間30分）に比してきわめて短く、女性は最も長い（総務省, 2011）。さらに、育児の遂行率の高さに比べて家事の参加はそれほど高くないこと（安藤, 2011）も指摘されており、分担について、全体的にはいまだ妻に比重を高くしていることが示されている。

b. 家事・育児分担の規定要因

　一般に、夫婦の家事・育児分担は、父親の労働時間の長さ、妻の就労状況、性役割観や態度、夫婦間の相対的資源（学歴や収入の差）、親との同居などによって説明されている（永井, 2009）。例えば、以下のような知見が明らかになっている。子育てに理解のない職場や、労働時間の長い職場に勤める父親は、仕事が家庭生活への妨げとなっていると認識しており、中でも性役割分業に否定的で育児に参加できていない父親は、より仕事を妨げとして認識している（久保, 2014）。妻の通勤・労働時間が長いほうが、夫の育児分担度が高い（久保, 2007）。夫婦ともに平等的な性役割観を持っていること、妻の収入が夫よりも低くないことは、夫の家事・育児への貢献度を高める（赤澤, 2004）。夫婦の収入のバランスが対等である夫婦は、そうでない夫婦よりも夫の帰宅時間が早く、家事・育

児の分担が多い（重川, 2004）。妻が夫に対して家事や育児をするように働きかける夫婦では、妻自身の学歴が高いか、妻と夫の学歴差について夫が高く妻自身が低い方向で大きい（中川, 2009）。夫の家事分担には、夫の職場風土や親との同居が関連している（高橋, 2010）などである。

c. 性役割観と夫婦関係満足

　夫婦双方が平等的な性役割観を持つカップルは、伝統的な性役割観を持つカップルよりも夫の育児分担度は高く、妻の満足度も高い（渡邉・樋貝, 2004）、夫婦間の性差観のズレは、妻の家事・育児分担についての不満とともに妻の夫婦関係満足を低下させる（堀口, 2002）など、家事・育児分担の背後にある性役割観もまた夫婦関係満足に関連していることが示されている。また、現実問題として、「男は仕事、女は家庭」という性別役割分業が解消されず、夫が稼得役割、妻が家庭内役割を担っている社会では、夫妻ともに自分が主担当として遂行している役割について配偶者から認められることが夫婦関係満足に関連するとの指摘や（赤澤, 2005）、夫婦関係の維持に困難を感じる妻は、家事や子育ての分担そのものの不満ではなく夫の家事や子育てにかかわる姿勢について不満を抱いていること（谷田・青木, 2007）などから、育児・家事分担の程度や性役割観だけではなく、その状況を夫婦相互がどのように認識しているのかが重要であることが見て取れる。

4　夫婦の関係性

　子どもの出生前後での夫婦の関係性を扱った研究でも、夫婦関係満足と同様、子どもの誕生後に夫婦の関係性は悪化することを示している。例えば、子どもの出生前、親になって2年後、3年後の3時点で夫婦関係の縦断的な変化を検討した小野寺（2005）では、夫婦の親密性は親になって2年後に男女とも顕著に低くなるが、その後変化していない。そして、親となる前後における親密性の低下には、夫では妻自身のイライラ度合いが強いことと夫の労働時間が長いこと、妻では夫の育児参加が少ないことや子どもが育てにくいことが影響していることが示されている。

また、岩藤（2005）は、第一子の妊娠中及び出産後6か月の2時点について、配偶者に対してどのように声をかけるか、それに応えるかという発話様式と応答様式の2側面に着目し、夫婦のコミュニケーションと夫婦親密感、育児ストレスとの関連を検討している。その結果、妻の親密感は妊娠期に比べて出産後6か月の方が低く、妊娠期における夫婦の応答様式が出産後の夫婦双方の親密感に影響していること、さらに夫では、「かんしゃくを起こす」などの子どもの気質が育児困難感を生起させ、困難感は妻への発話量や表出性（「夫・妻には普段から何でも話す」など）をも低下させ、表出性がさらに夫婦双方の親密感を低下させることを明らかにしている。
　一方で、自分の意図や感情を相手に正確に伝えるコミュニケーション・スキルが高い妻や、夫に対して理性的な主張をする妻では、夫からのサポートを引き出し、夫婦関係の質もそれほど悪化しないことから（石・桂田，2006；周・深田，2011）、コミュニケーションのありかたによって、夫婦関係の悪化を防いでいることも想定できよう。

5　子育て期における親役割の相互調整

　女性の社会進出による性別役割分業の瓦解に加え、近年では、年少の子どもを持つ母親の就労が増加することでM字型就労が解消され、共働き家庭が増加している（岩井，2011）。また、単なる仕事人間にとどまらない新たなライフスタイルを志向する父親も出現してきており（大野，2012）、親役割の相互調整も多様になっていると考えられる。中には、配偶者からの育児に関する役割期待を感じ取ることで、夫婦が育児の計画における連携や調整を行い育児行動の分担を衡平に行おうとすることや（青木，2009）、仕事と家庭の多重役割による葛藤状況に対して夫婦間の話し合いで対処しようとするなど（柴山，2007；加藤・金井，2007）、夫婦二人で子育てをする姿も見て取れる。しかし、先に見たように、家事・育児分担の比重が圧倒的に妻に偏っている現状では、すべての夫婦でそのような相互調整が果たされているわけではなく、育児期への移行によってむしろ夫婦間の役割観の差違は増大する（神谷・菊池，2004）。そうした中では、多重役割を妻が一人で方針を決定・実行したり（柴山，2007）、自分にとってのチャン

スや重要な仕事は引き受けながらほかの部分で他者のサポートを得るなどの効率化を図ったりする（小堀, 2010）など、妻が単独で周囲のリソースを活用しながら対処していることが多いと推察される。

　夫婦二人の育児が果たされることになるのか、あるいは母親が一手に担うことになるのかについては、先に述べたように夫の仕事時間や性役割観、夫婦の相対的資源などが関与するのであろうが、より精緻には、育児期に移行した直後の、子どもに対する夫婦間のコミュニケーション・パターンの構築／再構築がポイントとなろう。出産直後は、里帰り出産や授乳などから、子どもの養育は母親に比重を高くするが、そこで夫が妻に求められて、あるいは自発的に子育てにかかわれるかどうかが出産後の相互調整と性役割観の変化にかかわっている（神谷, 2006）。そこで夫が分担する流れが作られれば夫婦二人の協同的な育児のパターンが形成され（青木, 2009）、関係満足の低下を防御できる。しかし、仕事が忙しいなど、家族外からの影響を受けることによって、夫が十分に関与できなければ、妻は一人での対処を余儀なくされ夫に対する不満を募らせていく。あるいは夫に対する期待を下げたり、先延ばしにしたりすることで、葛藤や緊張を回避・対処するようになる（堀口, 2004）。もしくは、平等的な性役割観を有していた女性が、第一子出産後に子どもの存在に対する感情が大きく揺さぶられ、自発的に伝統的な性役割観に迎合していく事例（江上, 2014）に見られるように、母親自身が子どもとの関係の中で自身の役割観を再定義することもあるだろう。このように、第一子誕生後の生活リズムが不安定な中での妻の関係満足度の低下と夫の関与の有無によって、初期の夫婦間コミュニケーションのルールとパターンが構築されていくのであり、そこで、夫婦関係満足や親密性が急激に低下することは（小野寺, 2005; 倉持ほか, 2007）、多くの夫婦にとって避けづらいものなのかもしれない。

　いずれにせよ、この時期の親役割の相互調整とは、日常的な子どもとの生活における実際の育児分担、夫婦間のコミュニケーションが繰り広げられる中で、夫婦関係満足や夫婦双方の性役割観や親役割観が大きく揺らぐダイナミックな過程を辿り、その家族のルールとパターンを形成・再構築していくことであると考えられる（図4-1-1）。さらに、相互に役割観が調整されていない夫婦であっても、夫から妻への共感的なコミュニケーションによって夫婦関係満足を高め、

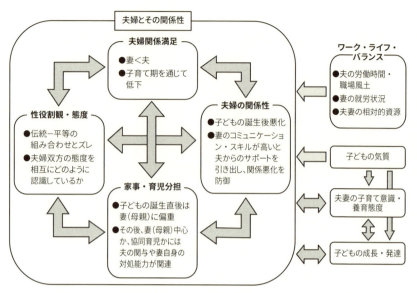

図4-1-1　子育て期における夫婦の親役割相互調整に関する変数とその関連

関係を維持する夫婦がいることも示されており（神谷, 2013）、この時期の親役割の相互調整については、調整されるかどうかだけが問題なのではなく、そうしたいわば「発達課題」に対して、夫婦双方で対処・調整を行おうとする姿勢そのものが重要であると言えるだろう。

なお、小学生の子どもを持つ夫婦の研究を見てみても、妻の育児分担における理想と現実のズレは夫婦関係満足に関連すること（相良・伊藤・池田, 2008）、特に妻が有職の場合、夫の仕事役割の増大は家庭役割の減少を招き、そのことが夫婦関係に負の影響を及ぼすが、妻では仕事役割の増大があっても家庭役割は減少しないこと（伊藤・相良・池田, 2006）などが明らかになっている。一般に、子どもが学童期に入ると、夫婦間の役割調整はそれほど大きな葛藤をもたらさないこともあり（福丸, 2000）、子どもが小学生になっても夫婦の関係調整の状況はさほど変わらないようである。

6　子育て期の夫婦研究の今後の展開と課題

　子育て期の家族を研究対象とする際、家族をシステムとして見ることの必要性は以前より指摘されてきており、父－母－子それぞれの関係を想定した研究は増えてきているようである。夫婦研究においても、近年、夫婦のストレス・コーピングに関して二者関係コーピング（dyadic coping）（Bodenmann, 1995）という概念が提唱されていたり、ワーク・ファミリー・コンフリクトの研究において、夫婦を分析単位とする研究が求められていたりするなど（Hammer, Allen & Grigsby, 1997）、夫婦関係の発達を検討する際に夫婦をペアで扱う必要性が指摘されている（黒澤・加藤, 2013）［→本章研究紹介②］。さらに、この時期の夫婦研究に子育てというテーマが欠かせないことから、夫婦がともにどのように子育てをしているかという観点、すなわち「コペアレンティング」も重要となろう［→本章研究紹介①］。

　現状として、子育てに関する研究における夫婦関係は、関係満足などの「夫婦関係」の指標が用いられることが多く、親役割の調整に関する研究（神谷・菊池, 2004、青木, 2009）なども「子どもに対する態度」そのものを扱っているわけではない。コペアレンティングとは、「子どもの世話と養育に責任を負うべき複数の養育者が共有する行為」（McHale & Lindahl, 2011）であり、その様態はサポーティブな場合もあれば阻害的な場合もあるものである（加藤・黒澤・神谷, 2014）。これらの研究は、従来の「子育てをする母親とサポートする父親」という図式から、（コペアレンティングは必ずしも夫婦に閉じられた概念ではないが、）子育て期の夫婦研究においては、家族システムの中の「夫婦二人の子育て」を明確に位置づける必要性を示しているものと言えよう。

　さらに、特に子育て期に限ったわけではないが、夫婦研究をさらに深化させ、夫婦の姿を明らかにしていくためには、これまで心理学研究ではあまり扱われてこなかった「お金」と「性」の問題にも目を向ける必要があると考えられる。

　夫婦にとって「お金」とは、収入の高低が結婚満足度と関連するもののみならず、結婚の初期から夫婦にとって中心的な話題であるとともに（Marshall & Skogrand, 2004）、どのように分配し、使うかという点においても、夫婦に満足や緊張をもたらすものであり（Pahl, 1983; 木村, 2004）、心理的なディストレス

や離婚の予測因にもなっている（Benjamin & Irving, 2001; Dew, 2007）。また、現代では家計の個計化が進んでおり、結婚後も夫婦の財布は別々であることが多く、出産後に共通の財布を持つようになることで、子育て期に家計に関する課題に直面することになる（神谷, 2010）。実際、子どもの誕生によって、家計管理タイプは大きく変化し、消費額や消費に対する満足度も変化することが明らかとなっている（坂本, 2009）。このように、お金に関する意識や分担の問題が夫婦関係に及ぼす影響は十分想定されるところであり、特に、子育て世代の経済的困窮が社会問題化している昨今、注目すべきテーマであると考えられる。

また、「性」に関しても、子どもの誕生後夫婦間の性交渉は減少すること（森木・松倉, 2009）、パートナーとの現在の性的関係において、夫では性に関するコミュニケーションがあること、妻は性的関心や欲求が夫と一致していることが、パートナーとの将来の性的関係を良好なものと予測すること（玉熊・益田, 2008）、日常的に配偶者に対して頭をなでる、抱きしめるといったノンバーバル行動は妻よりも夫の方が多く、また夫婦双方の関係満足にも関連していることなど（神谷, 2011）が明らかとなっており、夫婦の関係性を探求する際に欠くことのできない側面であると言えよう。臨床的にも、カップル・セラピーにおいて、不倫は相談内容としてよく取り上げられる問題であり（柏木・平木, 2009）、特に中年期において婚外交渉の問題が生じやすいこと（布柴, 2014）を見ても、子どもの誕生後にセックスレスとなり、夫婦関係満足が低下し、関係の再調整が求められる子育て期における性の問題に着目する必要があると言えるだろう。

最後に、調査の対象者(サンプル)について述べておきたい。乳幼児期から児童期の子どもをもつ夫婦を対象とした研究では、概して(1)妊娠期からの追跡調査によって生後数年間を縦断的に検討したもの、(2)保育所・幼稚園などを通して未就学児全体を対象としたもの、(3)未就学児の特定の時期や年齢に着目したもの、(4)小学生を対象としたもの、(5)パネル調査など年齢にかかわらず子どものいる家族を一括して分析したもの、などに大別されるように見受けられ、特に子どもの出生順序や子どもの人数を考慮した研究は少ない。しかし、夫婦・家族の発達は、第一子の誕生後、子どもの年齢や子どもの人数、きょうだいの年齢差によってもさまざまな経路を辿ることが予想され、今後、そうした視点を組み入れた長期的な縦断的研究が取り組まれる必要があろう。

引用文献

青木聡子(2009)「幼児をもつ共働き夫婦の育児における協同とそれにかかわる要因——育児の計画における連携・調整と育児行動の分担に着目して」『発達心理学研究』20(4), pp. 382-392.
赤澤淳子(2004)「夫婦における性別役割分業への貢献度と関係満足度に影響する要因の検討」『家政學研究』51(1), pp. 6-15.
赤澤淳子(2005)「夫婦の関係満足度および生活充実感における規定因の検討」『社会心理学研究』21(2), pp. 147-159.
安藤喜代美(2011)「家族機能の変化と夫婦の役割分担——『白書』からの検証」『名城大学人文紀要』46(3), pp. 1-18.
池田政子・伊藤裕子・相良順子(2005)「夫婦関係満足度にみるジェンダー差の分析——関係は, なぜ維持されるか」『家族心理学研究』19(2), pp. 116-127.
伊藤裕子・相良順子・池田政子(2006)「多重役割に従事する子育て期夫婦の関係満足度と心理的健康——妻の就業形態による比較」『聖徳大学研究紀要(第一分冊, 人文学部)』17, pp. 33-40.
稲葉昭英(2011)「NFRJ98/03/08から見た日本の家族の現状と変化」『家族社会学研究』23(1), pp. 43-52.
岩井紀子(2011)「JGSS-2000～2010からみた家族の現状と変化」『家族社会学研究』23(1), pp. 30-42.
岩藤裕美(2005)「親への移行期における夫婦間コミュニケーションの変化——夫婦親密性及び育児ストレスとの関連から」『家庭教育研究所紀要』27, pp. 91-101.
江上園子(2014)「養育者としての意識と性役割観との融和・相克——母親の語りに見られる"揺らぐ"姿」『愛媛大学教育学部紀要』61, pp. 21-29.
大野祥子(2012)「育児期男性にとっての家庭関与の意味——男性の生活スタイルの多様化に注目して」『発達心理学研究』23(3), pp. 287-297.
小野寺敦子(2005)「親になることにともなう夫婦関係の変化」『発達心理学研究』16(1), pp. 15-25.
柏木惠子・平木典子(2009)『家族の心はいま』東京大学出版会.
加藤道代・黒澤泰・神谷哲司(2014)「コペアレンティング:子育て研究におけるもうひとつの枠組み」『東北大学大学院教育学研究科研究年報』63(1), pp. 83-102.
加藤容子・金井篤子(2007)「共働き夫婦におけるワーク・ファミリー・コンフリクト——「クロスオーバー効果」と「対処行動の媒介・緩衝効果」の吟味」『産業・組織心理学研究』20(2), pp. 15-25.
神谷哲司(2006)「育児期家族への移行にともなう夫婦の親役割観の変化についての個性記述的検討——3事例の縦断的量的データと回想的面接調査による質的データから」『鳥取大学地域学部紀要地域学論集』2(3), pp. 367-388.
神谷哲司(2010a)「家庭支援の原理その2——家族も変わる 家族発達の理解のために」, 松村和子・澤江幸則・神谷哲司(編著)『保育の場で出会う家庭支援論——家族の発達に目を向けて』建帛社, pp. 28-47.
神谷哲司(2010b)「育児期夫婦における家計の収入管理に関する夫婦間相互調整」『東北大学大学院教育学研究科研究年報』58(2), pp. 135-151.
神谷哲司(2011)「育児期夫婦のあいさつ行動と夫婦関係および生活意識との関連」『家族心理学研究』25(1), pp. 13-29.
神谷哲司(2013)「育児期夫婦のペア・データによる家庭内役割観タイプの検討——役割観の異同の類型化と夫婦の関係性の視点から」『発達心理学研究』24(3), pp. 238-249.
神谷哲司・菊池武剋(2004)「育児期家族への移行にともなう夫婦の親役割観の変化」『家族心理学研究』18(1), pp. 29-42.
木村清美(2004)「家計内の経済関係と夫婦関係満足度」『家計経済研究』64, pp. 26-34.
久保桂子(2007)「フルタイム就業夫婦の育児分担を規定する要因——仕事との時間的葛藤を生じる育児を中心に」『家族社会学研究』19(2), pp. 20-31.

久保桂子 (2014)「共働き夫婦の夫の家庭生活への関与を妨げる仕事の状況」『千葉大学教育学部研究紀要』62, pp. 271-276.
熊野道子 (2008)「家族とジェンダー」, 青野篤子・赤澤淳子・松並知子 (編)『ジェンダーの心理学ハンドブック』(pp. 131-148) ナカニシヤ出版.
倉持清美・田村毅・久保恭子・及川裕子 (2007)「子どもの発達的変化にともなう夫婦の意識の変容」『日本家政学会誌』58 (7), pp. 389-396.
黒澤泰・加藤道代 (2013)「夫婦間ストレス場面における関係焦点型コーピング尺度作成の試み」『発達心理学研究』24 (1), pp. 66-76.
小堀彩子 (2010)「子どもを持つ共働き夫婦におけるワーク・ファミリー・コンフリクト調整過程」『心理学研究』81 (3), pp. 193-200.
坂本和靖 (2009)「家族形成による家計管理・家計行動の変化について」『家計経済研究』84, pp. 17-35.
相良順子・伊藤裕子・池田政子 (2008)「夫婦の結婚満足度と家事・育児分担における理想と現実のずれ」『家族心理学研究』22 (2), pp. 119-128.
重川純子 (2004)「夫妻の収入バランスが夫妻関係に及ぼす影響」『家計経済研究』64, pp. 35-44.
柴山真琴 (2007)「共働き夫婦における子どもの送迎分担過程の質的研究」『発達心理学研究』18 (2), pp. 120-131.
周玉慧・深田博己 (2011)「夫婦間サポート獲得方略の使用類型がサポート受け取りと結婚の質に及ぼす影響」『心理学研究』82 (3), pp. 231-239.
石暁玲・桂田恵美子 (2006)「夫婦間コミュニケーションの視点からの育児不安の検討――乳幼児をもつ母親を対象とした実証的研究」『母性衛生』47 (1), pp. 222-229.
総務省 (2011)「平成23年社会生活基本調査」.
高岡純子 (2013)「家族のかかわり」, ベネッセ次世代育成研究所 (編)『第2回 妊娠出産子育て基本調査報告書』ベネッセコーポレーション. 〈http://berd. benesse. jp/jisedai/research/detail1.php?id=3316〉.
高橋桂子 (2010)「子どものいる正社員夫婦にみる夫の家事分担――職場風土の観点から」『生活社会科学研究』17, pp. 23-39.
田中恵子 (2010)「0か月における夫婦間の相互ケアの分析」『人間文化研究科年報』26, pp. 157-168.
玉熊和子・益田早苗 (2008)「妊娠期および産後育児期の夫婦間の性的関係に関する研究」『日本性科学会雑誌』26 (1), pp. 46-55.
永井暁子 (2009)「夫の家事参加」, 藤見純子・西野理子 (編)『現代日本人の家族―― NFRJからみたその姿』(pp. 115-121) 有斐閣.
永井暁子 (2011)「結婚生活の経過による妻の夫婦関係満足度の変化」『社会福祉』52, pp. 123-131.
中川まり (2009)「共働き夫婦における妻の働きかけと夫の育児・家事参加」『人間文化創成科学論叢』12, pp. 305-313.
永田真理子・仲道由紀・野口ゆかり・平田伸子 (2011)「産後1ヵ月時・4ヵ月時点の母親の育児ストレスコーピング方略：育児生活肯定的感情に焦点をあてて」『母性衛生』51 (4), pp. 609-615.
布柴靖枝 (2014)「中年期の危機 婚外交渉を中心に」, 柏木惠子・平木典子 (編著)『日本の夫婦』(pp. 39-57) 金子書房.
福丸由佳 (2000)「乳幼児を持つ親の多重役割と抑うつ度との関連――父親を中心としたインタヴューによる調査結果から」『人間文化論叢』3, pp. 133-143.
福丸由佳 (2007)「家族関係の発達と子育て支援」, 酒井朗・青木紀久代・菅原ますみ (編著)『子どもの発達危機の理解と支援――漂流する子ども』(pp. 21-38) 金子書房.
堀口美智子 (2002)「第1子誕生前後における夫婦関係満足度――妻と夫の差異に注目して」『家族関係学』21, pp. 139-151.
堀口美智子 (2004)「夫婦の家庭内役割分担における妻の葛藤と対処プロセス――乳児をもつ妻へのイ

ンタビューからの考察」『家族関係学』23, pp. 81-90.
松田茂樹（2011）「NFRJからみた父親の育児参加の変容」, 福田亘孝・西野理子（編）『第3回家族についての全国調査（NFRJ08）第2次報告書　3『家族形成と育児』』（pp. 95-104）.〈http://nfrj.org/pdf/nfrj08_201103_7.pdf〉.
森木美恵・松倉力也（2009）「セックスレス夫婦の背景──社会・文化的要因に注目して」『日本性機能学会雑誌』24（2）, pp. 204-205.
谷田征子・青木紀久代（2007）「乳幼児をもつ妻からみた夫婦間の相互性──夫婦間の相互性のタイプと不公平感との関連」『心理臨床学研究』25（4）, pp. 408-418.
李基平（2008）「夫の家事参加と妻の夫婦関係満足度──妻の夫への家事参加期待とその充足度に注目して」『家族社会学研究』20（1）, pp. 70-80.
渡邉タミ子・樋貝繁香（2004）「育児に対する夫婦の役割分担観とその役割満足度に関する研究」『山梨大学看護学会誌』2（2）, pp. 37-44.
Belsky, J., & Kelly, J. (1994) *The Transition to Parenthood.* New York: Delacorte Press.（安次嶺佳子（訳）（1995）『子どもをもつと夫婦に何が起こるか』草思社.）
Benjamin, M., & Irving, H. (2001) Money and mediation: Patterns of conflict in family mediation of financial matters. *Conflict Resolution Quarterly,* 18(4), pp. 349–361.
Bodenmann, G. (1995) A systemic-transactional conceptualization of stress and coping in couples. *Swiss Journal of Psychology*, 54, pp. 34-49.
Carter, B., & McGoldrick, M. (2004) Overview: The expanded family life cycle individual, family, and social perspectives. In Carter, B. & McGoldrick, M. (Eds.) *The Expanded Family Life Cycle: Individual, Family, and Social Perspectives(3rd Ed.)* (pp. 1-26). Boston: Allyn and Bacon.
Dew, J. (2007) Two Sides of the Same Coin? The Differing Roles of Assets and Consumer Debt in Marriage. *Journal of Family and Economic Issues*, 28(1), pp. 89–104.
Hammer, L. B., Allen, E., & Grigsby, T. D. (1997) Work–Family Conflict in Dual-Earner Couples: Within-Individual and Crossover Effects of Work and Family. *Journal of Vocational Behavior,* 50(2), pp. 185-203.
Marshall, J. P., & Skogrand, L. (2004) Newlywed debt: The anti-dowry. *The Forum for Family and Consumer Issues*, 9〈http://ncsu.edu/ffci/publications/2004/v9-n1-2004-march/fa-1-newlywed.php〉(December 1, 2013)
McHale, J. P., & Lindahl, K. M. (2011) *Coparenting: A Conceptual and Clinical Examination of Family Systems.* Washington DC: American Psychological Association.
Pahl, J. (1983) The allocation of money and the structuring of inequality within marriage. *The Sociological Review*, 31(2), pp. 237-262.

第2節 子どもの青年期への移行、巣立ちと夫婦関係
菅原ますみ

1 はじめに

　夫婦関係の子どもの発達への影響性については1980年代頃から研究が活性化してきたが［→本章研究紹介③］、子どもの年齢要因が夫婦関係の質や持続期間にどのような影響性を持っているかについてもまた、家族社会学を中心にこれまでに多くの検討がなされてきた（Aldous, 1978; Menaghan, 1983; Belsky, 1990; Twenge, et al., 2003; Hirschberger, et al., 2009など）。子どもの年齢要因が夫婦関係に及ぼす影響性の研究のなかでとくに注目されてきたのは、第一子の誕生期と青年期への移行期、そして子どもが成長して末子が離家した後の"空の巣（empty nest）"期の3つの時期である（Belsky, 1990）。児童期までの時期についてはすでに第3章および本章第1節で詳説されてきたが、本節では子どもの青年期への移行期と空の巣期の2つの時期について見ていく。

　子どもの要因と夫婦関係との間には、図4-2-1のように養育を媒介とした相互影響的な関係性が存在する。三者は密接に関連しており、子どもや親自身の発達やさまざまなライフイベントの変化に影響を受ける。これまでの海外の長

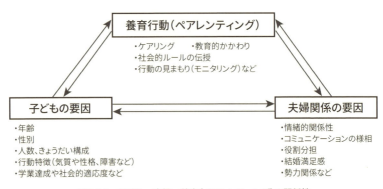

図4-2-1　子ども・夫婦・養育（ペアレンティング）の関係性

期にわたる縦断的な研究では、子どもの出現は夫婦に喜びと同時に新たな役割の付加とそれに伴うストレスをもたらし、年月とともに夫婦関係の質を低下させ、青年期頃がもっとも困難な時期になることが繰り返し示されてきた (Belsky, 1990; Twenge, et al., 2003; Hirschberger, et al., 2009)。本節では、筆者らが実施した家族の追跡調査を含めいくつかの経年変化を扱ったデータをもとに、この時期の夫婦関係の変化の様相について検討していく。

2　子どもの青年期への移行と夫婦関係

a. 青年期の子どもの発達的特徴

　青年期は前期（小学校高学年〜中学生期）・中期（高校生期）・後期（18〜22歳頃まで）の3期に分けて考えられている。児童期から青年期の移行期は思春期と呼ばれるが、この時期には急激に身体サイズが大きくなる発育のスパートと性的な成熟の開始、また抽象的・論理的思考力の発達という3つの大きな変化がおとずれる。思春期の開始には大きな性差と個人差があり、一般的には女子のほうが早く、小学校高学年には移行が始まる。男子はやや遅れて移行が始まるが、両性とも青年前期にあたる中学生の時期には心身の発達が急速度で進行する。おとなに向かう喜びと戸惑い、自分について客観的なまなざしでみつめ理解することが可能になったがゆえの自尊心の高揚や自信喪失など、自己に関するそれまでになかった複雑な気持ちを体験するようになる。

　親に対しても、これまでと同様に愛着や依存を基盤としながらも、自立を求めて反発を感じることも多くなり、日々の生活のなかでの子どもの自己決定をめぐる親子葛藤もたびたび起こるようになる。総じて子どもはさまざまな側面でアンビバレンツ（両価感情）を感じることが多くなり、心理的な安定がゆらぐリスク期に入る。両親間の関係性についても、親としてだけではなく、一組の夫婦としての両者の愛情の持ち方やコミュニケーションのあり方、勢力関係、役割分担についてもだんだんとよく見えるようになってくる。子どもの夫婦関係に対する評価や理解が児童期に比較して著しく進み、それに伴う心理的な影響も大きくなっていく時期であると考えられる。児童期後半から思春期・青年期の子どもの夫婦関係の認知に関する理論や測定方法の詳細は、本章の研究紹

介③を参照されたい。

　青年期には中学や高校、大学に進学するための入試や就職、恋愛や早ければ結婚する子どもも出現し、子どもの成長をめぐるライフイベントが多く生起する。こうした子どもの成長や子どもに関連するライフイベントを夫婦でどのように取り組み、乗り越えていくかは、夫婦関係に大きく影響する。多くの親は中年期にさしかかり、職場や地域で責任ある立場につき、また母親は更年期にも入る。祖父母の介護が始まれば子育てと二重のケア役割を担うことになり（ダブルケア、相馬・山下, 2013）、夫婦それぞれさらに役割が増し、ストレスを感じることも多くなる。

　以上のように、青年期に移行したティーン・エイジの子どものいる家族はメンバーのそれぞれが大きなリスクを抱えることになり、この時期をどのように乗り越えるかが夫婦関係にも大きく影響し、また夫婦関係がどのようなものであるかによって乗り越え方にも違いが出てくると考えられよう。1990年代に入って日本の離婚件数は増加傾向にあり、欧米諸国に追いつくまでになったが（厚生労働省, 2014a: 1963年には人口1,000に対して0.73だった日本の離婚率は、2012年には2.05に上昇し、フランスは2.08、イギリスは2.07、オランダは1.87、ドイツは2.29、アメリカは2.81と、先進諸国並みの割合となっている）、男女とも40歳以上の中高年での増加が著しく、40歳代が離婚全体の約2割を占め、50歳代以上も男性21%・女性13.3%と伸長傾向が続いている（厚労省, 2014a）。離婚に至るケースにおいて、青年期の子どもの問題がどのような関連性を持っているのか、また青年期の子どもにとって親の離婚が成長や発達にどう影響するのか詳細なプロセスやメカニズムの解明はいまだ遅れており、研究の活性化が急がれる。

b. 夫婦の結婚満足度の推移

　メナハン（Menaghan, 1983）は、アメリカのシカゴに居住する22歳から49歳までの1,106名を対象に1972年と1976年の2時点でパネル式のインタビュー調査を実施し、4年の間に家庭にいる第一子と末子に関して、誕生・就学・思春期開始（ティーン・エイジ）・離家という4つのイベントのどれかを経験した夫婦とイベントを経験しなかった夫婦について、配偶者との関係性の平等性と相手への愛情について得点比較をおこなった。子ども人数や家庭収入、教育歴等の

属性変数を統制した分析の結果、4年間で第一子があらたに10代になった夫婦では平等性の評価（両者間での相手に対する要求や主張、振る舞い方の平等性に関する主観的評価）が有意に低下し、愛情関係についても若干の低下傾向が認められたことが報告されている。

同じくアメリカのカリフォルニアでおこなわれた2つの縦断研究（1979年に開始されたコーホート1：66名は妊娠後期から第一子が5歳半まで、1990年に開始されたコーホート2：96名は第一子が4歳半から14歳半まで追跡）のデータを用いた潜在成長曲線分析の結果から、ヒルシュバーガーら（Hirschberger, et al., 2009）は、夫婦ともにMAT（Marital Adjustment Test: Lock & Wallace, 1959）で測定された結婚満足度は、妊娠期から子どもが14歳になるまで男女とも低下し続けることが明らかにされている。これまでにも、アメリカでは多くの横断的研究から夫婦の結婚満足度は子どもの加齢とともに青年期まで低下し続けることが示されてきたが、サンプル数は多くないものの同一夫婦を長期にわたって追跡したヒルシュバーガーらの研究は、これまでの結論を強力に支持するものであるといえよう。

日本家族社会学会による1998年・2003年・2008年の3回にわたる全国家族調査（National Family Research of Japan: NFRJ）のデータを分析した稲葉（2011）によれば、どの年度も女性の結婚満足度のほうが低く、末子年齢が7〜12歳および13〜18歳の青年期で最低となっている。

首都圏在住の約200世帯を対象とした長期縦断研究（菅原, 2010）の結果からも、対象児童の年齢が14歳時点の結婚満足度が最低であることが示されている。同一世帯について対象児が10歳（1996年）・14歳（2000年）・18歳（2004年）・22歳（2008年）の4時点で繰り返し測定をおこなったところ（1.ひどく不幸〜7.完全に幸福の7件法）、図4-2-2のようにNFRJと同様に男性よりも女性のほうが低く（すべての時点で男女間で有意差が認められている）、子ども14歳時点が若干ではあるが最低の得点を示している。

配偶者に対する愛情を尋ねる尺度（マリタル・ラブ尺度, 菅原, 2006："相手といると相手を愛していることを実感する"・"相手は魅力的な異性だと思う"などの10項目で構成されている）の得点の縦断的変化も同様なプロフィールを示しており（図4-2-3）、アメリカと同様に日本の夫婦においても、子どもの誕生後に夫婦関係にネガティブな変化が始まり、青年期に達する頃にそれはピークとなり、低下はより母

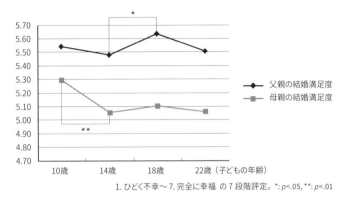

図4-2-2　首都圏子育て世帯の夫婦の結婚満足度の平均値の12年間の縦断的変化
（N=217世帯、菅原, 2010）

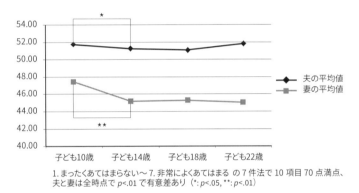

図4-2-3　首都圏子育て世帯の配偶者に対する愛情度の平均値の12年間の縦断的変化
（N=217世帯、菅原, 2010）

親に顕著であると結論づけることができるのではないだろうか。

c. 青年期における夫婦関係満足度低下に関する説明理論

なぜ、子どもの誕生から青年期に向かって夫婦関係の質が低下していくのだろうか。ベルスキー（Belsky, 1990）は、低下のメカニズムに関する次のような4つの仮説を提案している。第1の仮説は"育児による夫婦一緒の時間と関係維持の機会（time together and relationship opportunities）の剥奪"であり、育児のために配偶者と過ごす時間が奪われ、夫婦間の相互作用が減退するために両者の結

第2節　子どもの青年期への移行、巣立ちと夫婦関係

婚満足度が低下すると説明する。子育て世帯の結婚満足度に関するメタ分析をおこなっているトゥエンジら（Twenge, et.al., 2003）は、同様な説明理論を"自由の制限モデル"（restriction of freedom model）と呼び、高齢出産が多くなってきている近年の親たちのほうが、出産までの時間が自由になる時期が長かったゆえに、子育てによる時間制限をより辛く感じるだろうと推測している。トリヴァースの進化心理学的な親子間葛藤理論（Trivers, 2002）からも同様な説明が可能であり、親は子どもを早く離乳させて子に対する資源投資を節約し次の子どもの誕生に備えようとするが、子どもは親からより多くの投資を引き出そうとし、親子間には親の資源をめぐる競争的な葛藤が存在する。どちらかの、あるいは両方の親が子どもの資源引き出し戦略に巻き込まれて多くの時間を特定の子の育児に投下してしまうと、夫婦関係維持に必要な時間が不足する、と説明することもできよう。この説明理論については、乳幼児期の子どもを持つ夫婦についてはいくつかの検証研究がすでにあり（e.g., Belsky, Spanier, & Rovine, 1983）、妊娠後期から出産9か月までの夫婦相互作用の観察から、子どもの誕生後に夫婦間での肯定的な情緒表現が減少し、否定的な相互作用や葛藤が増加することが報告されている。子どもが青年期に至ると、進学のための受験勉強のマネージメントや塾通い・習い事の付き添い、また教育費確保のためのパートを中心とする母親の職業復帰もいっそう増加し、乳幼児期以上に時間が制約され、夫婦間相互作用が減少し結婚満足度がさらに低下していく可能性も考えられる。

　第2の仮説は、"子育てに関する意見の不一致（child-rearing disagreements）による満足度の低下"があげられている。青年期には進学や就職、早ければ結婚問題も生じ、夫婦間で意見を調整すべき場面が多く出現する。子どもの心理的自立に伴って親子葛藤が深まることもあり、子どもの言動の自由をどの程度承認するかにも夫婦間で意見の相違が起こりやすい。もともと価値観が異なる夫婦の場合はそうした場面で意見の不一致がより鮮明に目立つことにもなり、相手に対する愛情や結婚満足度の低下につながると考えられる。実際にブロックら（Block, Block & Morrison, 1981）は、就学前期に子育てに対する態度や価値観がより大きく異なっていた夫婦は、子どもが青年期に至る10年後に離婚する割合が有意に高かったことを報告している。

　第3の仮説は、"家庭内労働の分担（division of labor）の調整困難"によって

163

結婚満足度が低下するとするもので、トゥエンジら（2003）も同様な内容について役割葛藤モデル（role conflict model）と呼んでいる。子どもの出現とともに、"家庭内のケア労働は女性の仕事"という伝統的な信念に基づく家事・育児の分担化が顕著となり、そのことがとくに妻たちのストレスになり、妻側の結婚満足度のより大きな低下につながる、と説明する。満足度の低下に性差が見られ、妻のほうがより顕著に低下していく現象は日本のデータでも繰り返し示されてきており（図4-2-2、図4-2-3参照）、先に紹介した稲葉（2011）のNFRJの報告でも、1985年以降現在まで母親の正規雇用率は2割以下とほとんど増加しておらず、非正規雇用を含めても半数以上が専業主婦であるという基本構造は不変であり、そのことと連動して日本の父親の家事・育児参加も実質の伸び率は小さく、我が国の性役割分業は相変わらず固定化したままであると指摘されている。男女で稼得役割と家事・育児役割をより平等に担えるような社会システムの変化が進展するまで、役割葛藤に基づく夫婦関係満足度の低下を止めることは難しいのではないかと予想される。全国の約5,000名の2歳以下の初産の子どもひとりを持つ親を対象とした調査でも（ベネッセ次世代育成研究所,2007）、専業主婦家庭だけでなく、共働き家庭であっても家事・育児の負担度は圧倒的に母親に多く偏っていることが報告されている。児童期、青年期と子どもの成長に伴って、炊事や洗濯といった子育てまわりの家事も質量ともに増大し、PTA活動や子どもを介した地域活動や親同士の付き合い、子どもの塾・おけいこ事のマネージメント等、子育ての内容も複雑化する。こうした子育てまわりの役目を妻が一手に引き受けているような場合、就労を継続していたりあらたに就労を開始したりする妻にとっては過重な負担となり、夫に対する不満はより一層大きなものになることが予想されよう。

　またベルスキーは第4の仮説として、子どもの存在そのものが親のウェルビィーング全般を低下させその一環として結婚満足度も低下する可能性を示唆している。こうした親の生活全般の質（Quality of Life: QOL）の低下に関連して、トゥエンジら（2003）はさらに具体的に、子どもにかかる費用の増大が結婚満足度の低下につながるとする経済的コストモデル（financial cost model）と、子育てによって夫婦生活が制限されるために不満が拡大するという性的不満足モデル（sexual dissatisfaction model）の2つを提唱している。青年期ではそれまでの習い

事に加え受験を目指した学習塾や予備校等の教育費が増え、成長とともに食費や衣料費、お小遣いなどの出費もかさんでいくことで経済的なコストはますます高くなり、家計への圧迫を感じる親も増えてくる。夫婦生活についても、子どもの成長とともに制約が大きくなることが予想され、こうした側面においても夫婦関係満足度を低下させる要素が存在することが示唆されている。

　以上、ベルスキー（1990）とトゥエンジら（2003）に準拠して青年期に至るまでの夫婦関係満足度の低下に関する説明理論を見てきたが、ティーン・エイジの子どもが世帯にいることによって、さまざまな側面で夫婦関係がネガティブな影響を受けやすいことが予想されている。日本の子育て世帯についてもこうした低下のメカニズムが存在しているのか、今後の検証が必要であろう。

3　"空の巣"期の夫婦関係
a. 成人期への移行期の子どもの発達の特徴と親の夫婦関係

　青年期から成人期への移行期は子どもの自立が達成されていく時期であり、ハヴィガースト（Havighurst, 1972）はこの時期に達成すべき発達課題として、両親やほかの大人からの心理的自立や経済的自立の達成、市民的自立に必要な道徳や法律、政治等に関する知識獲得や実行行動を発達させることが重要な課題となるとしている。親元を巣立つためには就業による経済的自立は前提的な条件の一つであり、正規雇用等によって自立可能な年収を得ることが最終的な目標となる。心理的自立については、自分のことは自分で決定でき（自己決定）、またその決定に対する責任を負うことが可能となる（自己責任）。幼少期からの親との愛着関係を土台とし、思春期・青年期の親や権威に対する葛藤（反抗期）を経て達成されていく。心理的自立が達成されると、親子関係も適度な距離を保ったうえでの成熟した関係性に移行し、親にとって子育ての終わりを実感することができるようになるとともに、人生の同志としてお互いに支え合うことが可能になる。

　このほかにも、生活面での自立も重要であり、衣食住に関する基本的な生活技術を獲得し、ひとり暮らしが可能になることのみならず、結婚によって形成される新たな家庭の運営や、自分の子どもや老親のケアも主体的にできるよう

になる。子どもが生活自立を達成し、同居する親と家事や介護の分担が可能になれば、親の時間的・労力的負担が軽減して夫婦ふたりの活動を活性化させることも可能になり、夫婦関係の質の向上につながることが予想される。

しかし、こうした生活自立を成人するまでに達成するには、幼い頃からのお手伝いなどによって継続的に家事・育児のトレーニングがなされていることが必要であり、性差や個人差が大きい。また少子化が進む現在の日本では幼い弟妹のケアを通した育児経験は稀になり、とくに専業主婦家庭では母親のケアが行き届くため、全般的に生活自立が十分に達成されることがないまま青年期を過ごすことが多くなる（土居・菊地, 2008）。

中学生の学校外での過ごし方の平均時間を尋ねた国立教育政策研究所の調査（2004）では、中学2年生が家の仕事（手伝い）をする時間は平均0.6時間と、国際平均値の1.3時間より0.7時間少ないという結果も報告されている。したがって、子どもが成人期に達しても子どもとの家事分担による親の負担軽減を見込みにくいことに加え、両性ともに子ども自身の結婚後の家庭運営力の低さにつながり、とくに不慣れな子育てをめぐる夫婦間葛藤のストレスを深める一因にもなると考えられる。

b. "空の巣"期の結婚満足度

末子が高校を卒業し大学への進学や就職で家を離れていくと、養育という意味での子育ては終わりを告げる。末子が離家した後の子育て世帯を"空の巣（empty nest）"と呼び、青年期に底を見た夫婦関係満足度も子どもの離家によって再び上昇することが、いくつかの海外でおこなわれた短期縦断的な研究から示されてきた（e.g., Umberson, et al., 2005; White & Edwards, 1990）。稲葉（2011）の日本の横断データでも、男女とも子どもがティーン・エイジにある時に結婚満足度は最低値を示し、その後成人期に向かって若干上昇している。図4-2-2に示した菅原（2010）の12年間の縦断研究の結果からも、母親の変化ははっきりしないものの、父親については子どもが14歳時から18歳時へと有意な上昇が確認されている。

日本の夫婦関係に関する追跡的なデータの蓄積が待たれるが、幼少期の低下に比して空の巣期の上昇はわずかであって、もとの水準には達しない可能性が

示唆される。日本の未婚の若者（18〜34歳）の親との同居率は男性で70%前後・女性で75%前後と、1980年代から2010年まで横ばいで推移しており（国立社会保障・人口問題研究所, 2012）、青年期・成人早期の間に"空の巣"となる家庭は少数派であり、そのことが子どもの青年期以降の夫婦関係満足度の上昇を抑制していることが考えられる。

カリフォルニアの中年の女性を18年間追跡したゴルチョフらの研究では（Gorchoff, John & Helson, 2008）、1937年から1939年の間に誕生した123名の大学卒の女性を43歳時（1981年）・52歳時（1989年）・61歳時（1998年〜1999年）に追跡調査を実施し、3時点で結婚していた72名を対象として、結婚満足度の変化に関する潜在成長曲線分析をおこなった。その結果、43歳から61歳へと加齢に伴う得点の上昇が確認され、また子どもが家にいた状態から離家し"空の巣"に変化することによって、結婚満足度が上昇することを確認している（図4-2-4）。図4-2-4左側のaでは、43歳時点に子どもが家にいたが52歳時点では"空の巣"になっていた空の巣移行群の上昇と、43歳・52歳の2時点とも子どもがいた"子ども同居"群の下降を確認している。右側のbでは、同様に43歳時点で子どもがいたが61歳時点では"空の巣"になっていた群の上昇と、2時点とも空の巣だった群（"空の巣継続"）の高得点維持が確認されている。

また、この研究では、結婚満足度の上昇が空の巣状態に移行したことによってパートナーと過ごす楽しい時間が増えたことを媒介して説明されることを示しており、子どもの離家が結婚生活の質を向上させることを示唆する結果を得

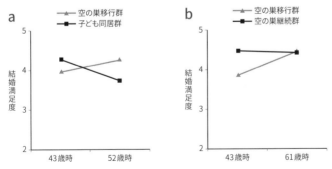

図4-2-4　"空の巣"状態への移行と結婚満足との関連（Gorchoff, John & Helson, 2008）
縦軸は結婚満足度の平均値を表す（1. まったく満足していない〜5. 非常に満足している の5件法）

ている。前述のメナハン（1983）のシカゴ在住の男女を対象とした2時点のパネル調査でも、末子の離家によって配偶者間の平等性が上昇することを確認しており、子どもが家を出て夫婦ふたりに戻ることによって夫婦の行動パターンや関係性に変化が訪れ、結婚に対する満足度が上昇するというストーリーを想定することができよう。

　以上の諸研究から、アメリカのデータでは平均値としては子どもの巣立ちが夫婦関係の質を向上させる可能性が示唆されているが、一方で、配偶者への愛情枯渇や生活への不満感が高くても子どものために離婚をせずに婚姻を続け、そのまま空の巣期を迎えるカップルも存在し、子どもの離家がさらに不満足感を高め婚姻崩壊に至る可能性についても指摘されている（Heidemann, Suhomlinova & O'Rand, 1998）。結婚満足度の経年変化にはさまざまなパターンがあることが予想され（Birsitt, et al., 2012）、長期的な縦断データを用いて複数のトラジェクトリ（軌跡）を抽出していくことが必要であろう。

　また、前述のように子どもの自立には多側面（生活面・経済面・心理面・市民生活面）があり、子どもの離家の有無と自立の程度とは独立に扱う必要があると考えられる。親と同居していたとしても、各側面で自立し成熟した成人同士の関係性を両親と築いている場合には"空の巣"家庭と同様な夫婦関係の質の向上がもたらされるかもしれない。一方で、離家していたとしても、経済面や子育て等で継続的に、あるいはよりいっそう子が親に依存するようになれば、親自身の老化や年金生活の開始等の状況変化もあって、夫婦関係の質が悪化する場合もあり得るだろう。成人後の子どもとの多様な関係性を考慮した検討が求められよう。

c. 思春期から成人期の子どもを持つ夫婦の共同活動の変化

　これまで見てきたように、子どもがティーン・エイジから成人期に向かう15年ほどの間に夫婦関係の質が改善していく可能性が海外の追跡研究から示唆されてきているが、その原因として「青年期における夫婦関係満足度低下に関する説明理論」（本節2のc.）で述べたベルスキーの結婚満足度低下の4つの仮説のうち、子どもの成長に伴って"育児による夫婦一緒の時間と関係維持の機会の剥奪"が緩和され、夫婦間の相互作用が増加することに由来する可能性が考え

第2節　子どもの青年期への移行、巣立ちと夫婦関係

られる。　首都圏在住の約200世帯を対象とした長期縦断研究（菅原, 2010）では、夫婦の共同活動（悩み事の相談、趣味の共有、夫婦生活、子育ての話し合い、家計の話し合い、夫婦だけの外出の6項目）について、子どもが10歳（1996年）・14歳（2000年）・18歳（2004年）・22歳（2008年）の4時点で繰り返し測定をおこなったが、12年間の活動頻度の評定平均値の推移は夫婦でほぼ同様な評定結果を示している（図4-2-5）。

活動ごとに見ていくと、"子育ての話し合い"は一貫して自身の"悩み事の相談"よりは多い頻度で成人期（22歳）まで推移しているものの、夫は10歳から22歳へと緩やかに低下し、妻も18歳から22歳へと低下が観測されている。"家

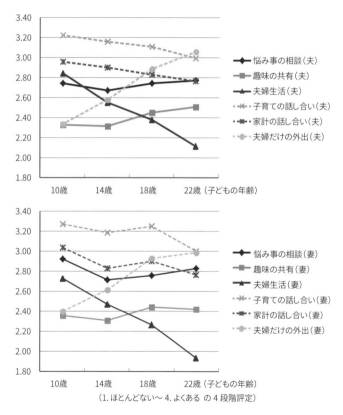

図4-2-5　首都圏子育て世帯の夫婦の共同活動頻度の平均値の縦断的推移
（上段は夫、下段は妻。N=217, 菅原, 2010）

計の話し合い"も緩やかに低下しており、子育てをめぐる心配事や経済的な負担からは少しずつ解放されていく様子がうかがわれる。かわって大幅に上昇していくのが"夫婦だけの外出"であり、思春期以降の時期では物理的な面での子育ての手間が減少し、夫婦ふたりだけの共同活動の復活が可能になり始めると考えられる。中高年期（40代〜70代）の夫婦914名を対象とした伊藤ら（2013）の研究でも、年代が上がるにしたがって夫の家事分担や夫婦の共同活動（買い物・外食・旅行・趣味／活動）が増加し、それが夫婦関係満足度に対して肯定的な関連を持つことが明らかにされている。

　親の加齢に伴い、あるいは同居する子どもの成長に伴って夫婦生活が大きく低下していく傾向も同時に観測された。先の伊藤らの研究（2013）でも、男女ともに年代とともに別室就寝が増え、70代では5割程度に達し、またそのことが両者の夫婦関係満足度に否定的な関連を持つことが報告されている。しかし興味深いことに、女性側の幸福感に対しては別室就寝の肯定的な効果も同時に検出されており、ポスト子育て期の夫婦関係のあり方の複雑さの一端を示す結果であるといえよう。中学生を持つ夫婦の別室就寝がすでに31.6％であったという報告もあり（長津, 2001）、思春期以降の子どもが両親の夫婦関係をどのように感じ表現しているのか、それを両親がどのように受け止め自らの言動を調整しているのか、今後さらに詳細な研究が必要であろう。

d. 青年期の子どもを持つ親の夫婦コミュニケーション

　夫婦関係の重要な側面のひとつである夫婦間コミュニケーションは、この時期にどのような変化を遂げるのであろうか。小学生の子どもを持つ子育て期の夫婦337組と、おもに大学生・短大生の子どもを持つ中年期の夫婦456組の夫婦間コミュニケーションについて、相手に対するさまざまなテーマに関する自己開示（うれしかったこと／楽しかったこと、将来のこと、子どものこと、自分の親の悩み、自分の（仕事上の）処遇、職場の人間関係）の頻度の側面から比較検討した伊藤らの研究（2013）では、子どもや自分の親といった家族に関するテーマや職場での出来事に関する自己開示の頻度は小学生の親のほうが多く、将来のことやうれしい・楽しいことに関する開示には両時期で差がなかったことが示されている。一方で、会話時間は中年期のほうが多いことも明らかにされ、子育て

真っ最中の時期に重要だった子どもや仕事のことではなく、中年期には自分自身の情緒的体験や日常のこと、将来のことへとテーマが移り、より自分自身のことに特化した内容でのコミュニケーションが主力になるような変化が起こっていると予想される。

　また、中年期の夫婦では相手に自己開示することと同時に相手から自己開示されることによっても関係満足度が高まることが示されており、この結果について伊藤ら（2013）は、"中年期には、親役割を果たし終え、子どもという媒介要因がなくなっても、夫婦が個人としてコミュニケートできることがことさら重要になってこよう"（伊藤・池田・相良, 2013, p.93）と述べている。

　男女そろって平均寿命が上昇し続けている日本では（2013年では男性80.21歳・女性86.61歳：厚生労働省, 2014b）、子育てが終了した後にも長い年月を夫婦で過ごしていくことになる。子どもの誕生に始まる夫婦の子育てをめぐる共同活動やコミュニケーションの歴史が、子どもが巣立った後の夫婦関係にどのような長期的な影響を及ぼすのか、子育て期を通した縦断的な研究の蓄積が待たれよう。

　また冒頭に示した図4-2-1のなかで、子どもの要因（発達段階、行動特徴、学業達成や社会適応の程度等）が及ぼす夫婦関係への影響に関する研究もいまだ少なく、子どもが成長し家族メンバーとして対等な役割分担やコミュニケーションが可能となる青年期・成人期以降では、とくに重要な研究課題となると思われる。同居する孫やひ孫の子育てへの夫婦での参加や老々介護の問題など、超高齢社会に生きるシニア夫婦に特有の新たな課題も多くあり、今後の研究の活性化が望まれる。

引用文献

伊藤裕子・池田政子・相良良子（2013）『夫婦関係と心理的健康――子育て期から高齢期まで』ナカニシヤ出版.
稲葉昭英(2011)「NFRJ98/03/08から見た日本の家族の現状と変化」『家族社会学研究』23(1), pp. 43-52.
厚生労働省(2014a)「平成25年簡易生命表」.
厚生労働省(2014b)「平成26年我が国の人口動態（平成24年までの動向）」厚生労働省大臣官房統計情報部.
国立教育政策研究所(2004)「国際数学・理科教育動向調査の2003年調査」.
国立社会保障・人口問題研究所(2012)「第14回出生動向基本調査　結婚と出産に関する全国調査　独身者調査」.
菅原ますみ(2006)「夫婦間の愛情尺度」, 氏原寛・岡堂哲雄・亀口憲治・西村洲衞男・馬場禮子・松

島恭子（編）『心理査定実践ハンドブック』(pp. 571-574)創元社.
菅原ますみ（2010）「夫婦関係の縦断的変化と家族のメンタルヘルスとの関連」，日本発達心理学会第21回大会発表．
相馬直子・山下順子（2013）「ダブルケア（子育てと介護の同時進行）から考える　新たな家族政策──世代間連帯とジェンダー平等に向けて」『調査季報』171, pp. 14-17.
土居佐智子・菊地るみ子（2008）「家事労働の参加実態と家庭科教育の課題──高知県内における中学1年生の調査から」『高知大学教育実践研究』22, 59-66.
長津美代子（2001）「家族の個別化・凝集性と中学生の自尊感情」『日本家政学会誌』52, pp. 1069-1082.
ベネッセ次世代育成研究所（編）（2007）『第1回　妊娠出産子育て基本調査報告書』ベネッセコーポレーション．
Aldous, J. (1978) *Family Careers: developmental change in families*. New York: John Wiley.
Belsky, J. (1990) Children and Marriage. In Fincham, F. D. & Bradbury, T. N. (eds.) *The psychology of Marriage: Basic Issues & Applications* (pp. 172-200) New York: Guilford Press.
Belsky, J., Spanier, G. B., & Rovine, M. (1983) Stability and change in marriage across the transition to parenthood. *Journal of Marriage and the Family*, 45, pp. 553-556.
Block, J. H., Block, J., & Morrison, J. (1981) Parental agreement-disagreement on child-rearing orientations and gender-related personality correlates in children. *Child Development*, 52, pp. 965-974.
Birsitt, K. S., Hope, S., Brown, E., & Orbuch, T. (2012) Developmental trajectories of marital happiness over 16 years. *Research in Human Development*, 9, pp. 126-144.
Gorchoff, S. M., John, O. P., & Helson, R. (2008) Contextualizing change in marital satisfaction during middle age: An 18-year longitudinal study. *Psychological Science,* 19, pp. 1194-1200.
Havighurst, R. J. (1972) *Developmental tasks and education*. New York: McKay.
Heidemann, B., Suhomlinova, O., & O ' Rand, A. M. （1998） Economic independence, economic status, and empty nest in midlife marital disruption. *Journal of Marriage and the Family*, 60 , pp. 219-231.
Hirschberger, G., Srivastava, S., Marsh, P., Cowan, C. P., & Cowan, P. A. （2009） Attachment, marital satisfaction, and divorce during the girst fifteen years of parenthood. *Personal Relationships*, 16, pp. 401-420.
Lock, H. J., & Wallace, K. M. (1959) Short Marital Adjustment and Prediction Test: Their reliability and validity. *Marriage and Family Living*, 22, pp. 251-255.
Menaghan, E. （1983） Marital stress and family transitions: A panel analysis. *Journal of Marriage and the Family,* 45, pp. 371-386.
Trivers, R. L. （2002） *Natural Selection and Social Theory: Selected Papers of Robert Trivers*. New York: Oxford University Press.
Twenge, J. M., Campbell, W. K., & Foster, C. A. （2003） Parenthood and marital satisfaction: A meta-analytic review. *Journal of Marriage and the Family*, 65, pp. 574-583.
Umberson, D., Williams, K., Powers, D. A., Chen, M. D., & Campbell, A. M. (2005)As good as it gets? : A life course perspective on marital quality. *Social Forces*, 84, pp. 493-511.
White, L., & Edwards, J. N. （1990） Emptying the nest and parental well-being: An analysis of national panel data. *American Sociological Review*, 55, pp. 235-242.

第3節 子どもの発達障害と夫婦関係
小野寺敦子

1 はじめに

　新しい命を授かって親になることは夫婦にとって大きな喜びである。「生まれてくる子どものことを考えると嬉しくてたまらない」、「自分と血のつながった子どもが生まれるのが嬉しい」といった親になる喜びを、妻の妊娠中に多くの夫婦がともに抱いていることを小野寺（1998）は明らかにしている。しかし、その生まれてきた子どもに何らかの障害があることがわかったとき、その喜びは落胆や悲しみ、そして戸惑いや不安に変わる。

　障害といっても、生まれつき肢体に何らかの障害がある子どももいれば、発達の過程において健常児とは異なる発達の障害が徐々に明らかになってくる子どももいる。例えば自閉症スペクトラム障害（autism spectrum disorder: ASD）・注意欠陥／多動性障害（attention deficit hyperactivity disorder: AD/HD）・学習障害（learning disability: LD）といった発達障害は後者の場合である。そして後者の子どもたちは、近年、日本では増加傾向にある。

　その増加を示す数値の一つとして、平成24年度に、公立小・中学校の中で通級指導教室（普段は通常学級で一般の児童と同じ授業を受け、週に何時間か別の教室で障害に応じた教育を受けること）を設置している学校が初めて1割を超えたことがあげられる。そして、通級指導で指導を受けている発達障害の児童・生徒は、平成22年度60,637人、23年度65,360人、24年度71,519人と、年々増加している。したがってこの数値からも、発達障害と考えられる子どもをもつ親が増加していることになる。そこで本稿では、こうした発達障害の子どもをもつ親たちはどのような問題を抱えているのか、また夫婦関係は定型発達をしている子どもの親たちと比べてどのような特徴があるのかについて検討していくことにする。なお、自閉症スペクトラム障害（ASD）は、以前は広汎性発達障害（pervasive developmental disorder: PDD）と表現されていたが、2013年のDSM-5（アメリカ精

神医学会による診断基準）の改訂をふまえて、新たに用いられるようになった概念である。そのため本節においては、引用する論文の表記に従いASDとPDDを使い分けていくことにする。

2　発達障害児をもつ親のストレス

　発達障害児を育てる親は、どのような心理的状況にあるのだろうか。子どもの障害を親はどのように受け入れていくのかという問題については、ボイド（Boyd, 1951）が提唱した段階説、オルシャフスキー（Olshansky, 1962）による慢性的悲哀説、そして中田（1995）の螺旋形モデルによって説明されてきた。段階説では、精神遅滞のある子どもの親は①自己憐憫、②子どもへの思い込み、③客観視・決心・受容の3段階を経て、我が子の障害を受け入れようと変化していくことを提起している。慢性的悲哀説は、障害児の親の苦悩や絶望と関連して表れる悲しみは自然な反応であり、それは慢性的に絶えることなく続くという考え方である。それらに対し、中田が提起する螺旋型モデルでは障害の程度の相違に着目し、子どもの障害を受け入れる過程では障害を肯定する気持ちと否定する気持ちを相互にいだき、落胆と適応を繰り返していく、つまり螺旋を描くようにして、徐々に子どもの障害を受け入れようとしていることを提起している。

　山根（2011）は、発達障害という診断を受けたときにどのような感情を母親が抱いているかを検討し、「不安・ショック」「安堵感」「自責・後悔の念」といった3因子を見出している。そして、子どもの障害をなんとか受け入れたとしても、障害児の母親は定型発達児をもつ母親よりも育児ストレスが高いことを指摘している。健常な子どもと違って発達に問題を抱えている子どもの場合、その世話や養育にかかわる母親は大変である。障害の種別によって母親のストレスがどのように異なるかの詳細な研究は少ないが、そうした中にあって、自閉症スペクトラム障害（ASD）の子どもをもつ母親の育児ストレスと心理的負担感について、坂口・別府（2007）および渡部・岩永・鷲田（2002）が検討している。

　坂口・別府（2007）は、就学前の自閉症児をもつ母親230名と、それ以外の障害児をもつ母親（115名）のストレスについて比較研究を行っている。まず、自

閉症チェックシートを使って障害の程度を測定している（例：こちらには理解できないようなこだわりがある・子どもは自分から友達を作ったりかかわろうとしない・言葉を使ってのコミュニケーションがむずかしい）。次に、50項目からなる親のストレス尺度を因子分析し、①「サポート不足」因子（「周りにいる人は理解のある人ばかりだ（逆転項目）」、「母親としての私を評価してもらえている（逆転項目）」など）、②「問題行動」因子（「子どもの機嫌が悪かったり、かんしゃくを起こした時、落ち着かせるのが難しい」、「私には理由のわからないかんしゃくを子どもが起こす」など）、③「愛着困難」因子（「子どもは私を見つけると嬉しそうにする（逆転項目）」、「子どもと遊ぼうとしたり関わろうとしても子どもからの反応がない」など）、④「否定的感情」因子（「私は子どもを拒否しているのではと思う」、「子どもをかわいいと思えないことがある」など）の4因子を明らかにしている。

　また、坂口・別府（2007）は、上記因子について自閉症群の母親と非自閉症群の母親とで比較を行っている。その結果、自閉症群の方が②「問題行動」因子と③「愛着困難」因子の尺度得点が非自閉症群よりも有意に高く、抑うつ・不安得点、不機嫌・怒り得点、および無気力得点も自閉症群の母親の方が有意に平均値が高いことを明らかにしている。このことから、自閉症児をもつ母親たちは、子どもの問題行動や子どもとうまく愛着が築けないことにストレスを抱え、抑うつ傾向や無気力感も強いことがわかる。

　渡部ら（2002）は、広汎性発達障害児をもつ母親の育児ストレスや疲労感を、脳性麻痺に代表される運動障害児をもった母親と比較している。その結果、広汎性発達障害児をもつ母親は、運動障害をもつ子どもの母親よりも育児ストレスや疲労感が強いことを明らかにしている。例えば、「自分一人で子どもを育てているように思う」、「育児につまずくと自分を責める」などの育児における母親の孤立感を示す項目に対して、PDD児をもつ母親は高い得点を示していた。その理由として著者らは、PDDは運動発達障害児に比べて発見・診断が遅れ、専門機関とのかかわりも遅れるために、母親の孤立感が強くなるのではないかと説明していた。

　このように、発達障害児をもつ母親は、子どもの障害を受け入れる過程および子育ての過程においてストレスが高いことがわかる。そして、子育てのストレスから、抑うつ症状を呈するほどにメンタルヘルスを阻害される場合がある

と芳賀（2009）は報告している。芳賀は、知的遅れを伴わない発達障害児の父母の、神経症とうつ状況についての調査を実施している。対象は知的遅れを伴わない発達障害児の実父母33組66名と、軽症てんかん治療児をもつ実父母23組46名であった。発達障害児の内訳は、注意欠陥／多動性障害15名、広汎性発達障害10名とアスペルガー障害5名、学習障害3名その他となっている。うつ症状の程度はSDS (Self-rating Depression Scale)、不安の程度はSTAI (State-Trait Anxiety Inventory)、神経症の評価はCMI (Cornell Medical Index) が使用され測定された。その結果、SDSのcut-off pointを53点とし、それ以上を治療域に相当するとしたところ、発達障害群の母親33名中8名（24%）がそこに該当した。また、不安STAI Ⅱ（特性不安）では、発達障害群の母親16名（48%）、父親7名（21%）がcut-off pointよりも高い数値を示していた。以上の結果から芳賀は、発達障害群の母親はうつ傾向および特性不安がともに高いと指摘している。

また、竹内（2000）は療育機関に通う発達障害児（子どもの障害は精神遅滞89名、自閉症74名、ダウン症14名、学習障害5名、その他）をもつ178名の母親のメンタルヘルスについて言及している。研究では、東大式自記健康調査票を用いて健康状態を調べている。その結果、障害児をもつ母親は一般女性に比べて「抑うつ」や「生活不規則性」（食欲不振・不規則な食事・寝不足などの項目よりなる）の傾向が強かった。さらに、夫の支援が「少しある」(37名) あるいは「全くない」(6名) と回答していた母親群では、「とてもある」(67名) と回答していた群に比べ、「抑うつ」傾向が高いことが示されていた。そうしたメンタルヘルスを悪化させる要因として、「良好でない夫婦関係」を竹内は指摘している。

3　発達障害児をもつ夫婦の結婚満足感

ケルシュら（Kersh, et al., 2006）は、ごく一般的な親が子育てをするのに重要な要因として、①親の精神的健康、②育児ストレス、③子育ての効力感の3点をあげている。そして、発達障害児をもつ夫婦67組に対して、これら3点を研究の視点に取り入れた研究を行っている。その結果、発達障害児をもつ親の結婚への満足度は、定型発達児の親よりも低いことを明らかにしている。ところが、障害児をもつ親の中で、夫婦関係への満足度が高い親は子育てのストレス

第3節　子どもの発達障害と夫婦関係

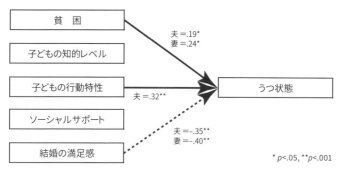

図4-3-1　夫／妻のうつ状態を基準変数とした重回帰分析
（Kersh, Hedvat, Hauser-Cram & Warfield, 2006）

が低くうつ傾向も低いことが認められ、さらに子育ての効力感も高かった。そして、その傾向は父親ではなく、母親の場合に顕著であった。夫の結婚への満足度は子どもの行動特性（例：じっとしていない）とはかかわっていなかったが、母親の場合は子どもの行動特性により結婚への満足度が左右されていた。また、図4-3-1に示すように、母親の抑うつに影響を及ぼす要因としては、「貧困」と「結婚の満足度」（負の関連性）が、父親の場合はこの2要因に加えて「子どもの行動特性」が関連していた。すなわち、夫婦ともに結婚の満足度が高い場合は抑うつ傾向は低いが、夫の場合は子どもが発達障害特有の行動を示すと抑うつ傾向が強まる可能性を示唆している。ところが妻の場合、夫婦関係の満足感が子育ての自己効力感を高めるという関連性が認められたが、夫の場合、夫婦関係の満足感ではなくソーシャルサポートが子育ての効力感を高めていた。

ハーレイら（Harley, et al., 2011）は、自閉症児をもつ夫婦の結婚満足感について研究を行っている。そして夫の場合、子どもとの関係性が良好である場合に結婚の満足感が高まっていることが示されている（図4-3-2）。

さらに、ハーレイら（Harley, et al., 2012）は、自閉症の子どもとその母親に対して7年間にわたり追跡調査を実施した。当初406組の母子が本調査には参加していたが、7年後のアンケート調査では131人の母子が調査対象となっていた。2000年の段階では、自閉症の子どもの平均年齢が20.2歳、母親の平均年齢は49.4歳であった。

本研究で特に注目されるのは、7年間にわたって母親の結婚満足度を追跡調査

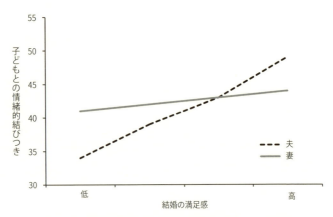

図4-3-2　夫婦の結婚満足感と子どもとの情緒的結びつきとの関連
（Harley, Barker, Seltzer, Greenberg & Floyd, 2011）

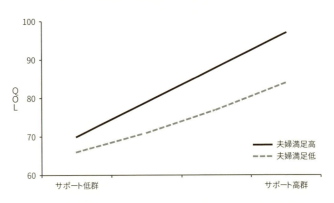

図4-3-3　妻の夫婦関係満足度とソーシャルサポート量がQOLに及ぼす影響（牧山, 2011）

している点である。一般家庭においても妻の結婚への満足度は徐々に下がると予想されたが、本研究の母親においてもその低下は認められた。ところが母親が自閉症の子どもと強い情緒的な結びつきを感じている場合、および家庭の収入が高い場合、母親の結婚への満足度は7年後であっても低下していない傾向が示された。そして7年後の夫婦関係への満足度を低下させる要因として、子どもの成長に伴って顕著になってくる自閉症児に特有の行動問題が関連していた。このことから、自閉症児をもつ母親の結婚の満足度は子どもとの関係性が良好であった場合、7年が経過しても変化していないが、その間に子どもの行

動面でいろいろな問題が顕著になってくると低下していくことが明らかになった。自閉症児は定型発達の子どもに比べて、学校問題や対人関係でのトラブルなどの問題が親のストレスを高める要因となるが、本研究の結果でもそうした子どもの問題が親の結婚満足度に影響を与えているといえよう。

　発達障害児をもつ夫婦間の結婚満足度に焦点をあてた研究は、海外でようやく行われ始めたところであり、日本ではほとんど行われていないのが現状である。そうした中で、牧山（2011）が夫婦関係の満足度を変数にいれて障害児をもつ母親のQOLについて行った研究は貴重である。対象者は障害児をもつ母親67名（平均年齢36.76歳）と定型発達児の母親92名（平均年齢34.02歳）であった。その結果、夫婦関係への満足感が低くてもソーシャルサポートが高ければ妻のQOLは高いという傾向が認められた（図4-3-3）。このことは、障害児をもつ妻は夫からの心理的サポートが不足していても、周囲からのソーシャルサポート（例：「気持ちが通じ合う人がいる」、「疾患について相談したり情報交換できる人がいる」といった情緒的サポート、および「家事をしたり手伝ってくれる人がいる」、「病気で寝込んだとき、身の回りの世話をしてくれる人がいる」といった実質的サポート）を受けている場合、夫への不満は高くならない可能性を示唆しているといえよう。妻にとって、子どもの障害について相談できる相手や励ましてくれる相手は、とても重要なサポート源であるといえる。

4　障害をもつ子どもの親の離婚率は高い

　ハーレイら（Harley, et al., 2010）は、391名の自閉症スペクトラム障害児（ASD）をもつ親と、障害をもたない子どもの親に対して離婚の危機に関する調査を実施している。その結果、ASD児をもつ親はそうでない親よりも離婚をする割合が高かったことを明らかにしている（ASD児の親23.5% vs 定型発達児の親13.8%）。そして、ASD児の親の離婚は子どもの年齢を問わず高い傾向がみられたが、一方の定型発達群では子どもが幼児期をすぎると親の離婚率が低下してくる傾向がみられた。このことから、ASD児をもつ親たちは結婚生活がうまくいかずに離婚する率が高いと同時に、離婚の危機に直面する時期にも着目することが必要であるといえよう。

ウィムスら（Wymbs, et al., 2008）は、注意欠陥／多動性障害（AD/HD）の子どもをもつ夫婦の離婚リスクが高いことを指摘している。調査では、AD/HD児の母親282名と非AD/HD児の母親206名を比較している。その結果、子どもが8歳になった時点で離婚経験を持っている母親は、AD/HD児の母親では22.7%であったのに対し、非AD/HD児の母親の場合は12.6%であった。この結果から、AD/HD児の母親の離婚率はかなり高いと指摘している。

一般的に、離婚する夫婦の場合、子どもが小さな時期が多い。これは、育児に対する相互の考え方の相違や、無理解といったことが大きな要因となっている。しかし、発達障害児をもつ親の離婚は、定型発達児の親の離婚率より高く、その率は子どもの年齢にかかわらず高いまま推移しているといえよう。

5　結婚満足度が低下する理由

上記において、発達障害児をもつ親の夫婦関係について検討した。その結果、発達障害児をもつ夫婦関係の満足度は低く、その一方で妻の子育てストレスは高く離婚率も高いという状況が浮き彫りにされた。これはどのような要因が影響しているためなのだろうか。

小野寺（2005）は、定型発達児の親の夫婦関係を、妊娠期から親になって3年間にわたり縦断的に研究している。その結果、夫婦間の親密性は親になって低下していくこと、妻は夫に対し頑固になっていくこと、そして夫は妻に対して我慢することが多くなることを明らかにしている。そして、妻が夫への親密性を低下させる要因として夫の少ない育児参加量が、夫が妻への親密性を低下させる要因として妻が育児にイライラしていることがあげられていた。つまり、障害のない定型発達児の親であっても、子どもが誕生するとさまざまな要因によってその関係性は変化していくわけである。発達に障害がある子どもの親であれば、その変化が大きくなる可能性が高い。

では、障害児をもつ妻は、夫をどのようにとらえているのだろうか。小島・田中（2007）は、妻（98名）が夫の育児をどのように評価しているかを報告している。夫が実際に障害児の子どもとかかわる25項目を設定しその因子分析を行った結果、「精神的育児関与」（例：妻（あなた自身）が子どもの問題で落ち込んでい

ると夫は励ます)、「家庭内での活動」(例:夫は家事を手伝う)、「家庭外での活動」(例:夫は子どもの学校の先生に、子どものことを相談する)の3因子を抽出している。また、妻の育児感情では「不安・負担感」、「前向きな捉え方」、「孤独感」、「母親としての自己評価」の4因子が抽出されている。夫の育児行為と妻の育児感情との関連性を検討した結果、夫からの「精神的育児関与」と「前向きな捉え方」との間に正の有意な相関関係が認められていた。夫が子どもの育て方について妻と話しあったり、励ましてくれていると妻が感じられている場合に、妻は前向きに育児に取り組めていることが明らかにされている。

また、岡野・武井・寺崎(2012)はPDD児をもつ妻が夫に求める理想のサポートと実際に行っているサポートとの比較、妻が実際に夫から受けているサポート、夫が妻に実際に行っているサポートとの比較を実施している(表4-3-1)。研究では学童期のPDD児をもつ夫婦40組に対して質問紙を配布したが、回収できたのは夫16人、妻23人という少ない人数であった。夫婦ともに「子育ての不安」を育児ストレスとしてあげていたが、妻は夫に対して自分へのサポートだけではなく、もっと子どもに働きかけをしてほしいと期待していた。しかし、夫は妻のこの期待を認識できていない傾向があり、両者の認識のズレが問題ではないかと提起されている。

田中(1996)は、障害児を育てる母親のストレスと家族機能について報告している。特別支援学校に通学する子どもをもつ夫婦180組(360人)と、定型発

表4-3-1 夫婦が相手に求める理想と現実のサポート(岡野ら,2012の結果を改変)

	理想のサポート	現実のサポート
夫からの意見	妻だけの問題ではなく自分も一緒に考え、解決していければと思う	夫婦で話し合いメンタル面でサポートをする
	妻の意見を聞く・妻と会話をする	ときどきだが話を聞き意見交換をしている
	自分の意見を妻に伝える	一緒に解決方法を考える
	妻の相談にのり話をよく聞く	妻と一緒になって考え、前向きな答えを出していく
	子育てに積極的に参加する	
妻からの意見	冷静に子どもの話を聞いてやってほしい・その上で子どもの問題行動の原因や理由を考えてほしい	子どもの問題行動で私が困ったとき、私の愚痴を聞いてくれる(聞くだけ)
	私と一緒に子どものことについてしっかり話し合ってほしい	一方的に私が話をするのを聞いてくれるのみ
	子どもの話をきいたり遊んでくれたりしてほしい	とりあえず話だけは聞いてくれる

達児をもつ夫婦210組（420名）が比較群として設定されている。その結果、障害児をもつ妻は、定型発達児をもつ妻よりも「充実した家族の連帯感」が有意に低く、「夫婦関係への不満」（例：夫婦でゆっくり時間がもてなくて物足りない、この子のことで悩んでいても夫はあまり気を配ってくれないので不満である、夫があまりこの子のことを話題にしたがらないのが不満である）得点が高かった。とくに、高いストレスを感じていた妻は、家族の連帯感が希薄であるととらえる傾向があった。しかし、妻のストレスが高い家庭の夫と低い家庭の夫では、「充実した家族の連帯感」に有意な違いは見られなかった。これは、障害児をもつ妻は夫に不満をもっているにもかかわらず、夫は妻の気持ちを理解できていない可能性を示唆している。

以上のことから、発達障害児をもつ夫婦の結婚満足度が低くなる要因として、夫婦が相手に期待するサポート内容のズレ、および夫からの精神的サポート量が関係していることが推察される。

6　今後の課題

2000年代に入ると、育児をする妻をサポートする脇役としての父親ではなく、父親自身に焦点をあてた研究が行われてきた（例：小野寺, 2003, 2005）。ところが、発達障害児をもつ親の研究を概観してみると、依然として夫はあくまでも妻の育児をサポートする立場であるという認識で研究は進められている。発達障害児をもつ父親である夫に焦点をあてた研究は、ほとんど行なわれていないのが現在の状況である。夫自身も、仕事と家庭への責任を感じると同時に、子どもの障害について悩み・不安を感じているはずである。しかし、彼らの意見はほとんど明らかにされていない。

定型発達児に比べ発達障害児を育てる親のストレスは高く、夫婦間で障害児への理解にズレがあることが、本稿の論考より明らかにされた。こうした認識のズレを解消していくには、夫を妻のサポーターとして位置づけるのではなく、夫自身のストレスや不安に焦点をあてた心理学的研究が、今後実施される必要があろう。そうした、もう一方の親である父親や夫婦関係に焦点をあてた研究成果が発達障害の領域でも蓄積していくことによって、発達障害児のよりよい

発達や支援を促していくことも可能になってくるはずである。

　また、近年、子どもに適切な行動を獲得させ問題行動を減らすことを目標にした親のペアレント・トレーニングが注目されるようになってきている（例：大隈・免田・伊藤，2002）。そうしたトレーニングへの参加はどうしても母親が中心であるが、今後は父親自身も積極的にトレーニングに参加していく必要があるだろう。そうすることで、夫婦間でしばしば見られる、我が子の障害に対する認識のズレを解消していけるのではないだろうか。

引用文献
大隈紘子・免田賢・伊藤啓介(2002)「治療と指導　ペアレント・トレーニング」『小児科診療』65(6)，pp. 955-959.
岡野維新・武井祐子・寺崎正治(2012)「広汎性発達障害児をもつ母親の育児ストレッサーと父親の母親に対するサポート」『川崎医療福祉学会誌』21, pp. 218-224.
小野寺敦子(1998)「父親になる意識の形成過程」『発達心理学研究』9, pp. 121-130.
小野寺敦子(2003)「親になることにともなう自己概念の変化」『発達心理学研究』14, pp. 180-190.
小野寺敦子(2005)「親になることにともなう夫婦関係の変化」『発達心理学研究』16, pp. 15-25.
小島未生・田中真理(2007)「障害児の父親の育児行為に対する母親の認識と育児感情に関する調査研究」『特殊教育学研究』44(5), pp. 291-299.
坂口美幸・別府哲(2007)「就学前の自閉症児をもつ母親のストレッサーの構造」『特殊教育学研究』45(3), pp. 127-136.
竹内紀子(2000)療育機関に通う発達障害児を持つ母親のメンタルヘルス」『小児保健研究』59(1), pp. 89-95.
田中正博(1996)「障害児を育てる母親のストレスと家族機能」『特殊教育学研究』34(3), pp. 23-32.
中田洋二郎(1995)「親の障害認識と受容に関する考察──受容の段階説と慢性的悲哀」『早稲田心理学年報』27, pp. 83-92.
芳賀彰子(2009)「知的遅れを伴わない発達障害児の養育環境とその管理──父母における心身の健康状態と心理社会的治療介入の必要性」『子どもの心とからだ』18(2), pp. 266-275.
牧山布美(2011)「しょうがい児を育てる母親のQOLに影響する要因──定型発達児の母親との比較」『川崎医療福祉学会誌』21(1), pp. 53-63.
山根隆宏(2011)「高機能広汎発達障害児をもつ母親の診断告知時の感情体験と関連要因」『特殊教育学研究』48(5), pp. 351-360.
渡部奈緒・岩永竜一郎・鷲田孝保(2002)「発達障害幼児の母親の育児ストレスおよび疲労感──運動発達障害児と対人・知的障害児の比較」『小児保健研究』61(4), pp. 553-560.
Boyd. D(1951)The three stages in the growth of parent of a mentally retarded child. *American Journal of Mental Deficiency*, 55, pp. 608-611.
Harley, S. L, Barker, E. T., Floyd, F., Greenberg, J., & Orsmond, G. (2010) The relative risk and divorce in families of children with an autism spectrum disorder. *Journal of Family Psychology*, 24(4), pp. 449-457.
Harley, S. L., Barker, E. T., Seltzer, M., Greenberg, J. & Floyd, F. (2011) Marital satisfaction and parenting experiences of mothers and fathers of adolescents and adults with autism. *American Journal on Intellectual and Developmental Disabilities*, 116(1), pp. 81-95.

Harley, S. L., Barker, E. T., Barker, J. K., Seltzer, M. M. & Greenberg, J. S. (2012) Marital satisfaction and life circumstances of grown children with autism across 7 years. *Journal of family psychology*, 26, (5) , pp. 688-697.

Kersh, J., Hedvat, T. T, Hauser-Cram. P & Warfield, M. E. (2006) The contribution of marital quality to the well-being of parents of children with developmental disabilities. *Journal of intellectual disability research*, 50 (12) , pp. 883-893.

Olshansky. S. (1962) Chronic sorrow: A response to having a mentally defective child. *Social casework*, 43, pp. 190-193.

Wymbs, B. T., Pelham, W. E., Molina, B. S. G., Gnagy, E. M., Wilson, T. K. & Greenhouse, J. B. (2008) Rate and predictors of divorce among parents of youths with AD/HD. *Journal of Consulting and Clinical Psychology*, 76 (5) , pp. 735-744.

研究紹介 ①
コペアレンティング
加藤道代

1 子育てにおける母親のゲートキーピング

　子育てに困難を抱く母親への支援や相談に携わる中で、このまま母親を"支援"しているだけでよいのかと考えてしまうことがある。むろん、思うとおりにならない子育てに自信を失ったりいらだったりしていた母親が、支援の場で落ち着き、子育て仲間を見つけ、子どもとの時間を楽しめるようになることには大きな意味がある。それが母親を通じて家庭に伝えられ、夫婦で共有されれば、さらに望ましい。

　しかし、支援の場で得られた子育てスキルの向上や母子関係の強化によって、父親の子育てに対する母親の目が厳しくなることもある。さらに、母親が子育て領域の鍵を握り"門番"となるような、いわゆる母親のゲートキーピング行動が高まると、父親の関与は逆に遠ざけられ、結果として母親の負荷が高まる可能性もあるだろう。母親は、良くも悪くも、父親の子育て関与に関する調整者となりやすいのである。

2 コペアレンティングとは何か

　それでは、夫婦は"ともに"子育てを行うために、どのような調整を行っているのか。ここでは、「コペアレンティング」(coparenting) という枠組みから考えてみたい。コペアレンティングは、「両親が親としての役割をどのように一緒に行うかということ」(Feinberg, 2003)、さらに広くは「その子どもの世話と養育に責任を負うべき複数の養育者が共有する行為」(McHale & Lindahl, 2011) を表す概念とされ、その研究の流れには2つの源を見出すことができる。

　ひとつは、ミニューチン (Minuchin, 1974) の構造派家族療法の流れである。家族は複数の異なるサブシステムからなっており、相互に関連し合いながら家族全体としての機能に影響している。このため、コペアレンティングにおける協力や葛藤は、夫婦関係における協力や葛藤と分けて考える

ことが必要である（Schoppe-Sullivan, Mangelsdorf, Frosch & McHale, 2004）。も うひとつは、1970年代以降の米国における離婚数の急増を背景とした、元 夫婦による子どもの養育に関する議論である。元夫婦であった父親と母親 が、離婚後も共同養育関係を継続する場合、どうすれば子どもの発達への 深刻な影響を防げるのかという問題から、"夫－妻"関係が解消しても維持 し得る"父親－母親"関係の機能を示すことが求められた。

　ここからわかるように、家族形態や養育状況が多様化する中、共同養育 者（coparents）の概念は必ずしも生物学的な父親と母親の関係に限定され てはいない。婚姻の有無、恋愛関係の有無や性別にかかわらず、子どもが 養育者の実子か否かも問わないとされている（Van Egeren & Hawkins, 2004）。 これに対して1990年代半ばになると、ふたり親家庭における父親・母親・ 子どもの三者関係理解にもコペアレンティング概念が"導入"され始め、そ れ以降の米国では、一般夫婦におけるコペアレンティング研究が急速に増 加している。

3　ふたり親家庭のコペアレンティング──夫婦ペアレンティング調整尺度

　わが国においても、ふたり親家庭の父親および母親を対象に、父親の子 育て関与に対する母親の調整行動尺度（夫婦ペアレンティング調整尺度）の日 本版が作成され、乳幼児期の子どもから青年期の子どもをもつ親まで、広 範囲の子育て期の親に使用可能となった（加藤・黒澤・神谷、2014）。父親の 子育て関与に対する母親からの支持・尊重・激励を中心とした"促進"9項 目（例：「夫（あなた）に相手をしてもらっていることで、子どもがとても喜んでい ると夫（あなた）に伝える」、「子どもの相手をしてくれてありがとうと夫（あなた） に伝える」）と、拒否・非難を中心とした"批判"7項目（例：「子どもに対す る夫（あなた）のかかわりで気に入らない行動を他の人に話す」、「夫（あなた）が やっていることを取り上げて、（妻が）自分のやり方でやる」）の2つの下位尺度か らなる（例文中（　）は父親版）。父親の子育て関与に対する母親からの"促 進"と"批判"の程度について、母親自身による回答と、父親回答（父親か らみた母親の行動）の両面から測定することができる。

　最もイメージしやすいコペアレンティング行動は、カップルがともに子

どもにかかわる場面での直接的な相互作用であろう。しかし、コペアレンティングには、家族システムの関係メンバーが存在する場面での目にみえる相互作用だけではなく、不在場面での行動や間接的な作用も含まれる。加藤ほか（2014）の尺度項目においても、「夫（あなた）と子どもが一緒に過ごせるように手配や準備をする」促進行動や、「"お父さん、おかしいよね"と子どもに向かって言うことで、間接的に夫（あなた）に伝える」批判行動など、結果としてパートナーのペアレンティングを支えたりくじけさせるような行為を広くとらえている。

では、母親から父親への"促進"および"批判"行動は、父母の育児協働感、夫婦関係満足感、父親の関与行動（父親回答では父親自身の関与、母親回答では母親の知覚する父親の関与）とどう関連しているのだろうか。

父母いずれの回答においても、父親の子育てを"促進"するような母親による支持的なコペアレンティングが高いほど、各々のとらえる父親の育児関与、育児協働感、夫婦関係満足は有意に高い（$r=.35〜.67$）。また、父母いずれの回答においても、母親から父親への"批判"が高いほど、子育ての協働感や夫婦関係満足は有意に低い（$r=-.30〜-.41$）。しかしその一方、母親から父親への"批判"と父親の関与行動の関連は、有意ではあるもののその値は極めて低かった（母親では$r=-.10$、父親では$r=-.14$）。したがって、母親が父親の子育てを批判するようであっても、父親がその影響を父子関係には持ち込まない可能性や、父親の関与が少なくても母親がそのことを批判しない、あるいはできない可能性も考えておく必要があるかもしれない。

4　乳幼児から青年期における夫婦ペアレンティング調整

次に、母親から父親への調整行動は、子どもの発達段階によってどのような違いがあるのかを概観してみたい（図4-4-1、図4-4-2）。

母親回答によれば、末子が乳幼児期（0〜5歳）や児童期（6〜11歳）の母親の"促進"は、青年期前期（12〜17歳）や青年期後期（18〜21歳）に比べて有意に高かった。また、乳幼児期の"批判"も青年期後期に比べて高い。縦断調査ではないため、解釈には限界があるが、幼い子どもをもつほど母親から父親への促進は高く、子ども年齢の上昇にともない次第に低下して

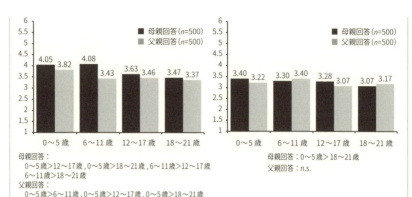

図4-4-1　母親から父親への促進行動　　図4-4-2　母親から父親への批判行動

いる。この背景には、(a)子どもに対する日常的養育ケアの程度が減少し、父親の関与が低下したとしても母親が積極的に調整をする必要がなくなる、(b)子どもに対する父親の関与の仕方が熟達し、母親が積極的に調整する必要がなくなる、(c)子どもの発達や父親の熟達にかかわらず、夫婦間の相互交渉自体が低下するなどが考えられるかもしれない。

　一方、父親回答によれば、児童期における母親からの"促進"は、青年期前期、青年期後期とともに乳幼児期よりも低く、"批判"には時期による有意な差がみられなかった。加えて、乳幼児期や児童期において父親が認識する"促進"は、その時期の母親の認識よりも有意に低かった。こうした結果は、母親と父親の認識におけるズレの反映と見ることができるかもしれない。ただし、この調査は夫婦ペアデータによるものではないため、母親と父親の認識のズレの詳細に関しては、今後の研究でさらに精査していく必要がある。

　従来、日本の子育て研究は、夫婦の相互作用を"父親から母親へのサポート"という文脈でとらえることが多かった。それにより、父親自身のもつ子育て関与への動機が実際より低く見積もられたり、母親から父親の子育てに対するサポートの効果が見逃されていたかもしれない。今後はさらに、母親の子育てに対する父親からの"促進"や"批判"も含めて夫婦ペアレンティング調整をとらえることにより、子育てと子どもをめぐる養育

環境についての理解をいっそう進めていくことが期待される。

参考文献

加藤道代・黒澤泰・神谷哲司（2014）「夫婦ペアレンティング調整尺度作成と子育て時期による変化の横断的検討」『心理学研究』84, pp. 566-575.

Feinberg, M. E. (2003) The internal structure and ecological context of coparenting: A framework for research and intervention. *Parenting: Science and Practice*, 3, pp. 95-131.

McHale, J. P., & Lindahl, K. M. (2011) *Coparenting: A conceptual and clinical examination of family systems*. Washington DC: American Psychological Association.

Minuchin, S. (1974) *Families and Family Therapy*. Cambridge, MA: Harvard University Press.

Schoppe-Sullivan, S. J., Mangelsdorf, Frosch & McHale, J. P. (2004) Associations between coparenting and marital behavior from infancy to the preschool years. *Journal of Family Psychology*, 18, pp. 194-207.

Van Egeren, L. A., & Hawkins, D. P. (2004) Coming to terms with coparenting: Implications of definition and measurement. *Journal of Adult Development*, 11, pp. 165-178.

研究紹介②
夫婦による関係焦点型コーピング
黒澤泰

1　ストレスとコーピング

　夫婦間には、生活習慣の違いや子どもの育児方針の違いなど、多くのストレス場面が存在し、夫婦は共に生活を送る中で、これらの困難に対処していく。一般に、個人が抱える困難に対する対処はコーピング（coping）と呼ばれ、健康心理学や臨床心理学などさまざまな領域で知見が蓄積されている。代表的な分類としては、問題に対する積極的な対処としての問題焦点型コーピング、自身の情動をやりくりする情動焦点型コーピングの2種類が挙げられており（Lazarus & Folkman, 1984/1991）、これらを2次元に附置したものが頻繁に用いられている。

　夫婦のような親密な関係に焦点を当てたとき、ストレス場面が個人内で完結せず、相互に影響しうることが示されている。例えば、不妊の治療を受けている夫婦を対象にした研究では、妊娠についてのネガティブな報告をされた後では当事者である妻の抑うつ度が上昇するだけではなく、その配偶者である夫の抑うつ度も上昇する傾向にあることが報告されている（Berghuis & Stanton, 2002）。このような、夫婦の一方にとってのストレス場面が他方に影響する相互影響的なストレス状態を考慮すると、解消することが難しい夫婦関係をやりくりしながら維持しようとする夫婦双方の対処努力に注目する必要がある。

2　関係焦点型コーピングの定義と方略

　ストレッサーが家族やほかの社会単位に影響するとき、効果的なコーピングはストレスフルな時期でも関係性を維持する働きを含むという側面（O'Brien et al., 2009）は、関係焦点型コーピング（relationship-focused coping）と呼ばれている。この関係焦点型コーピングに関する先行研究は、心筋梗塞後の患者とその配偶者（Coyne & Smith, 1991, 1994）、がん患者とその配偶者（Hagedoorn et al., 2000）など、疾病等の深刻なストレス場面を抱えた夫

婦を対象にしていた。

　関係焦点型コーピングの研究においては、大きく3つの下位概念が説明されている。1つ目は、積極的関係維持（active engagement）である。これは、『配偶者を話し合いに参加させること、配偶者の気持ちについて尋ねること、その他の建設的な問題解決』と定義されている（Coyne & Smith, 1991）。2つ目は、我慢・譲歩的関係維持（protective buffering）である。これは、『自身の懸念を隠すこと、心配を否定すること、（意見の）不一致を避けるために配偶者へ譲ることなど』から構成されている（Coyne & Smith, 1991）。3つ目が、黒澤・加藤（2013）で付け加えられた、『相手と距離をおいたり、一時的に離れたりすること』から構成される回避的関係維持である。

3　関係焦点型コーピングの本人効果と配偶者効果

　関係焦点型コーピングは、そのコーピングを行う本人への効果（本人効果）と、その配偶者に与える効果（配偶者効果）の2側面から検証されている。まず、コインとスミス（Coyne & Smith, 1991）では、患者の妻の積極的関係維持と妻の我慢・譲歩的関係維持は、行う妻自身の苦悩と関連しており、サルスら（Suls et al., 1997）では、患者の行う我慢・譲歩的関係維持の頻度は、患者の苦悩の高さと関連していた。

　次に、配偶者効果についての知見を示す。がん患者とその配偶者を対象にしたヘイグドゥーンら（Hagedoorn et al., 2000）では、配偶者が行う積極的関係維持の頻度と、患者の結婚満足度は正の相関を示していた。また、配偶者の行う我慢・譲歩的関係維持の頻度は、患者の結婚満足度と負の相関を示していた。コインとスミス（Coyne & Smith, 1991, 1994）では、妻の我慢・譲歩的関係維持は、患者の配偶者である妻自身の苦悩との関連を示していたものの、患者である夫の自己効力感の高さとつながっていることを示した。これらの結果をまとめ、我慢・譲歩的関係維持は、本人効果としてそれを行う妻自身の苦悩につながるものの、配偶者効果として夫である患者の自己効力感を支えるというトレードオフを起こすのではないかと述べられている（Coyne & Smith, 1994）。

　日本人の夫婦を対象にした黒澤・加藤（2014）では、積極的関係維持は

行う本人の結婚満足度の高さや精神的健康の良好さにつながる適応的な方略であること、回避的関係維持は行う本人の結婚満足度の低さにつながる不適応的な方略であること、一方、先行研究とは異なり、我慢・譲歩的関係維持は、本人効果として精神的健康度や結婚満足度との有意な関連を認めなかったことを報告している。

配偶者効果としては、妻が行う積極的関係維持は、夫の精神的健康の良好さや結婚満足度の高さとつながりうる適応的な効果を示した一方、夫の行う関係焦点型コーピングは、妻への効果を示さなかった（黒澤・加藤, 2014）。この点に関しては、ソーシャルサポートの視点、つまり、妻には多様なソーシャルサポート供給源があるのに対し、夫にとってのソーシャルサポート供給源は配偶者に限られる傾向があるという視点から考察されている（黒澤・加藤, 2014）。

4　まとめ

夫婦関係のように簡単に解消できない関係においては、関係を切ることや相手の意向を無視して対処することのように、自身が抱える困難へのコーピングとして積極的な対処行動をとることが難しいときがある。そういったときに、関係焦点型コーピングは、夫婦の良好な関係を目指す際の一つの切り口になり得る（西田, 2014）。なぜならば、関係焦点型コーピングは、既存のコーピング研究が注目してきたような困難自体への対処ではなく、困難によって影響を受ける関係性の危機への対処だからである。

最後に、今後の課題を述べる。既存の関係焦点型コーピングは、疾病を抱える夫婦や子育て期の夫婦を対象にしている場合が多い。したがって、今後は、さまざまなライフステージ（子どもがいない夫婦、老親を介護している夫婦）における関係焦点型コーピングの効果に関する研究が必要である。

引用文献
黒澤泰・加藤道代 (2013)「夫婦間ストレス場面における関係焦点型コーピング尺度作成の試み」『発達心理学研究』24 (1), pp. 66-76.
黒澤泰・加藤道代 (2014)「子育て期夫婦における関係焦点型コーピングの本人効果と配偶者効果の検証」『東北大学大学院教育学研究科年報』62 (2), pp. 103-117.
西田裕紀子 (2014)「成人期・老年期における発達研究の動向」『教育心理学年報』53 (0), pp. 25-36.

ラザルス, R. S.、フォルクマン, S.(著)本明寛・春木豊・織田正美(監訳) (1991)『ストレスの心理学——認知的評価と対処の研究』実務教育出版. (Lazarus, R. S., & Folkman, S. (1984) *Stress, appraisal, and coping*. New York: Springer Publishing Company.)

Berghuis, J. P., & Stanton, A. L. (2002) Adjustment to a dyadic stressor: A longitudinal study of coping and depressive symptoms in infertile couples over an insemination attempt. *Journal of Consulting and Clinical Psychology*, 70 (2), pp. 433-438.

Coyne, J. C., & Smith, D. A. F. (1991) Couples coping with a myocardial infarction: A contextual perspective on wives' distress. *Journal of Personality and Social Psychology*, 61 (3), pp. 404-412.

Coyne, J. C., & Smith, D. A. F. (1994) Couples coping with a myocardial infarction: Contextual perspective on patient self-efficacy. *Journal of Family Psychology*, 8 (1), pp. 43-54.

Hagedoorn, M., Kuijer, R. G., Buunk, B. P., DeJong, G., Wobbes, T., & Sanderman, R. (2000) Marital satisfaction in patients with cancer: Does support from intimate partners benefit those who need it most? *Health Psychology*, 19 (3), pp. 274-282.

O'Brien, T. B., DeLongis, A., Pomaki, G., Puterman, E., & Zwicker, A. (2009) Couples coping with stress: The role of empathic responding. *European Psychologist*, 14, pp. 18-28.

Suls, J., Green, P., Rose, G., Lounsbury, P., & Gordon, E. (1997) Hiding worries from one's spouse: Associations between coping via protective buffering and distress in male post-myocardial infarction patients and their wives. *Journal of Behavioral Medicine*, 20 (4), pp. 333-349.

研究紹介 ③
子どもへの発達的影響
川島亜紀子

1　夫婦関係の問題と子どもの精神的健康との関連

　夫婦関係の問題が子どもの精神的健康に影響する可能性については、臨床心理学的考察では知られてきたことであったが、先駆けて実証的に検討したのは、ポーターとオリアリーである。ポーターらは、夫婦関係の質、夫婦の顕在的葛藤と子どもの問題行動との関連について検討するため、両親の夫婦間葛藤の実態について調査するオリアリー・ポーター尺度（O'Leary–Porter Scale）を開発した（Porter & O'Leary, 1980）。臨床心理学的援助を受けに来た子どもたち64名に対して調査が行われ、夫婦関係の全般的な質ではなく、夫婦間葛藤が子どもの統制不全型問題行動（externalizing behavior）に関連すること、また、それが男子において見られることを示した。

　その後30年以上にわたり研究が蓄積され、関心は「両親の夫婦関係の問題と子どもの精神的健康との間に関連はあるのか」という問いから、「両親の夫婦関係の問題は、どのように子どもの精神的健康に関連するのか」という関連メカニズムの検討へと移行している。両親の夫婦関係問題と子どもの精神的健康との関連メカニズムとしては、ディヴィーズとカミングス（Davies & Cummings, 1994）の情緒安定性仮説（emotional security hypothesis）と、グリッチとフィンチャム（Grych & Fincham, 1990）の認知-状況的枠組み（cognitive-contextual framework）の2つが挙げられる。

　情緒安定性仮説は、愛着理論の流れを汲み、両親の夫婦間葛藤が子どもと家族の情緒安定性を脅かすことにより、子どもの精神的健康に否定的影響を及ぼすとしている（Davies & Cummings, 1994）。両親の夫婦間葛藤時の子どもの情緒的安定性は、泣く、いらいらするなどの「情動反応」、暴力や物を破壊するなどの「統制不全行動」、その場を離れる「回避行動」、親の葛藤に口を出す「介入行動」の4種類によって把握される（Davies, Forman, Rasi, & Stevens, 2002）。

　一方、認知-状況的枠組みでは、両親の夫婦間葛藤に対して、子どもが脅

威と認識したり、自分のせいであると自己非難したりすることによって子どもの精神的健康に否定的影響を及ぼすとしている。グリッチらは、この枠組みに基づき、両親の夫婦間葛藤の、激しさ、頻度、内容、安定性、解決可能性、脅威、コーピング効力感、自己非難、三角関係化、の9下位尺度からなる、子どもによる自記入式尺度を作成した（Grych, Seid, & Fincham, 1992）。

2　わが国における研究

上記両モデルに基づき、川島・眞榮城ら（2008）は、青年期の子どもを対象に、両親の夫婦間葛藤と子どもの抑うつ傾向との関連について検討している（図4-6-1）。

有意水準以上のパスを考慮に入れると、青年においては、両親の夫婦間葛藤によって自らや家族が脅かされるという認識（脅威）よりも、自分のせいで両親が不和の状態にあると認識する自己非難が抑うつを予測する上で重要であること、また、同性の親への愛着が抑うつを低減させる方向で関連する保護因子となる可能性を示している。

さらに、両親の評定による夫婦間葛藤の深刻さ指標（夫婦間葛藤帰属、日本語版 Relationship Attribution Measure（Fincham & Bradbury, 1992; 川島・伊藤ら, 2008））を用いて、父・母・子の三者データを用いた分析も行い（図

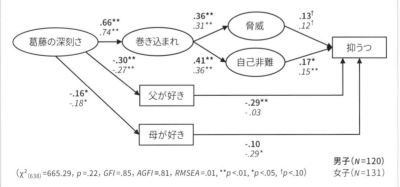

図4-6-1　両親間葛藤認知、両親への情緒的つながり、抑うつに関する男女別多母集団同時解析結果
（川島・眞榮城ら, 2008を一部改訂して使用）

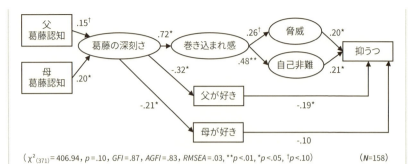

($\chi^2_{(371)}$ = 406.94, p = .10, GFI = .87, AGFI = .83, RMSEA = .03, **p < .01, *p < .05, †p < .10) (N=158)

図4-6-2　両親の夫婦間葛藤認知、両親への情緒的つながり、抑うつに関する三者データモデル
（川島・伊藤ら, 2008）

4-6-2)、両親の夫婦間葛藤認知が、子どもによる両親間葛藤認知を媒介として抑うつへとつながることを示している。これは、両親の夫婦間葛藤が深刻で改善が難しい状況であっても、子どもの認知を修正することで子どもの精神的健康への否定的影響を緩和するような介入ができる可能性を示しており、臨床心理学的介入においても有用な結果といえよう。

　しかし、当該研究は横断的であり、本項のタイトルである「発達的影響」を考える上では不十分である。おそらく、多くの読者が知りたいと考えているのは、「幼少期に深刻な夫婦間葛藤に曝されることは、その後の不適応につながるのか」ということであろう。これに関連する仮説として、両親の夫婦間葛藤が頻繁に生じるほど子どもがそれに慣れることはなく、むしろ葛藤が多いほど子どもの反応性が高まるという敏感化仮説（sensitization hypothesis）がある（Goeke-Morey, Papp, & Cummings, 2013）。既述した情緒安定性仮説、認知－状況的枠組みのいずれも敏感化仮説を理論的に支持しており、また最近では、発達的な影響を検討するような縦断的な調査や（e.g. Goeke-Morey et al., 2013）、生理的指標を用いたエルシークらの一連の研究（e.g. El-Sheikh, 1997）によっても、実証的な裏付けが蓄積されつつある。

3　今後の展望

　このように、今後は、「両親の夫婦関係の問題は、どのように子どもの精神的健康に関連するのか」という課題からさらに発展させ、「どのよう

な両親の、どのような夫婦関係の問題が、どのような子どもに対して、発達的影響を及ぼすのか」という、要因と影響の個人差まで踏み込んだ研究が求められよう。そのためにも、単一の横断的調査だけではなく、より長期にわたる縦断的調査や、行動観察、生理学的指標を含めた包括的な研究が必要である。

*1 ここでいう顕在的葛藤 (overt conflict) とは、子どもが夫婦間葛藤の生じている場にいるということを指す。

引用文献

川島亜紀子・伊藤教子・菅原ますみ・酒井厚・菅原健介・北村俊則 (2008)「青年期の子どもを持つ夫婦による夫婦間葛藤に対する原因帰属と対処行動」『心理学研究』79 (4), pp. 365-371.

川島亜紀子・眞榮城和美・菅原ますみ・酒井厚・伊藤教子 (2008)「両親の夫婦間葛藤に対する青年期の子どもの認知と抑うつとの関連」『教育心理学研究』56 (3), pp. 353-363.

Davies, P. T., & Cummings, E. M. (1994) Marital conflict and child adjustment: An emotional security hypothesis. *Psychological Bulletin*, 116 (3), pp. 387-411.

Davies, P. T., Forman, E. M., Rasi, J. a., & Stevens, K. I. (2002) Assessing Children's Emotional Security in the Interparental Relationship: The Security in the Interparental Subsystem Scales. *Child Development*, 73 (2), pp. 544-562.

El-Sheikh, M. (1997) Children's responses to adult-adult and mother-child arguments: The role of parental marital conflict and distress. *Journal of Family Psychology*, 11 (2), pp. 165-175.

Fincham, F. D., & Bradbury, T. N. (1992) Assessing attributions in marriage: The Relationship Attribution Measure. *Journal of Personality and Social Psychology*, 62 (3), pp. 457-468.

Goeke-Morey, M. C., Papp, L. M., & Cummings, E. M. (2013) Changes in marital conflict and youths' responses across childhood and adolescence: a test of sensitization. *Development and Psychopathology*, 25 (1), pp. 241-51.

Grych, J. H., & Fincham, F. D. (1990) Marital conflict and children's adjustment: A cognitive-contextual framework. *Psychological Bulletin*, 108 (2), pp. 267-290.

Grych, J. H., Seid, M., & Fincham, F. D. (1992) Assessing marital conflict from the child's perspective: the children's perception of interparental conflict scale. *Child Development*, 63 (3), pp. 558-572.

Porter, B., & O' Leary, K. D. (1980) Marital discord and childhood behavior problems. *Journal of Abnormal Child Psychology*, 8 (3), pp. 287-295.

第5章
人生半ばの夫婦関係

第5章 人生半ばの夫婦関係

第1節 家族の個人化と夫婦関係
永久ひさ子

1 夫婦関係をめぐる時代的変化

a. 結婚に期待する価値の変化

　結婚は社会経済的状況と密接に関連する。晩婚化が進む今日、その主な理由は男女とも「結婚の必要性を感じない」「適当な人とめぐり会わない」である（国立社会保障・人口問題研究所, 2011）。生きるために必要だった結婚が道具的価値を失い、情緒的価値が高くなったのである。結婚のプロセスは、家族や周囲の大人が選んだ相手との見合いによる結婚から、1970年代後半以降、自分で相手を選び、恋愛を経て結婚に至る恋愛結婚が主流になった。この変化は、結婚のプロセスの変化というだけではなく、結婚とは何か、夫婦とはどのようなものかという、家族そのものの変化ともいえる。

　主な産業が農業などの時代には、経済的基盤も生活もすべて家族が担っていた。家族は労働力であり、家族が役割を分担することで生活が成り立っていた。結婚は、男女とも生きていくために必須、最重要の価値があったのである。また、家制度が意識の上で残っていた時代には、姓や墓の継承者である子どもを持つことも、結婚の重要な価値だった。そのため当時の結婚は、本人だけでなく親や親戚、地域などにとっても重要な関心事で、本人の意志とは関係なく、男女とも適齢期に結婚するのが当然・普通のことだった。恋愛結婚はあったにせよ、個人的な恋愛感情よりも、家同士が釣り合う相手と適齢期に結婚する方がはるかに重要だったのである。

　しかし産業の変化で、家族が労働力として必要ではなくなると、結婚は本人の問題になった。本人が相手や時期を選べるようになると、愛情を感じる相手との恋愛結婚が増加し、結婚の目的が変化したのである。結婚の目的が生活の手段から愛情に変化すると、夫婦の関係性にも変化が生じる。女性が家事・子育て役割を担い男性が稼ぎ手役割を担うという性別役割による関係性から、人

格的かかわりや愛情という情緒的価値の実現を求める夫婦へと変化した。そのため今日では、夫婦それぞれが性別役割を遂行しても、人格的かかわりや愛情に満足できなければ夫婦間の葛藤が生じるようになった。

b. 社会経済的変化と夫婦の個別領域の拡大

　結婚・夫婦の道具的価値が低下した要因として、家電製品や調理済食品などによる家事の省力化・簡略化と女性の社会進出という社会経済的変化が挙げられる。

　家電製品の普及以前には、家事は主婦にとって多くの時間をとられる仕事、経験やスキルを要する仕事だった。しかし、家電製品や調理済み食品や外食、クリーニングなどが普及すると、家事は誰にでも簡単に短時間でできる仕事に変わった。その結果、女性には余剰時間が生じることになったが、もう一つ重要な問題も生じた。それは、やりがいのある仕事が家庭内になくなったという、女性の新たな心理的問題である。

　家事が女性の経験やスキルを要する仕事だった時代、家事の出来映えは周囲からの評価に値する仕事であり、誇りだった。しかし、家事が簡略化・省力化されたために、評価に値する仕事を家庭外に求める必要が出てきたのである。一方、家電製品を普及させた産業の変化は、女性が働きやすい仕事を拡大する変化でもあり、女性の労働力を必要とした（経済企画庁, 1999）。女性の高学歴化ともあいまって、女性の社会進出は専門職などやりがいのある仕事へと広がり、女性も経済力と社会的地位を、自分の力で獲得できるようになった。家事の簡略化は、男性にとっても家事のために結婚する必要性を失わせた。このように、女性の社会進出と家事の簡略化は、男女双方にとっての結婚の道具的価値を失わせ、結婚・夫婦の変化を引き起こしたといえる。

　女性の就業が困難だった時代には、妻は家庭以外に役割を持たず、お互いの役割遂行は自分の生活を左右するため、夫婦は運命共同体で物心の一体感が強くなる。しかし女性の就業は、この物心の一体感にも変化をもたらす。女性の就業がまだ困難だった1960年頃に成人した世代と、女性の社会進出が本格化した1980年代前半に成人した2世代間で、夫婦の心理的一体感、物質的一体感と、夫婦であっても個別の時間や世界を持ちたいとする個別化の希求を比較した調

査では、個別化の希求は両世代で極めて高いものの、夫婦の物心一体感は若い世代で顕著に低下していた（柏木・永久, 1999）。高学歴化・有職化がさらに進んだ1980年代後半に成人した世代では、とりわけ高学歴・有職の場合に経済的一体感が低下することが示された（永久・柏木, 2000）。女性が家庭役割のほかに社会的役割を持つと、夫婦はそれぞれの目標と社会的役割を持つようになり、時として、それが衝突することもある。このような経験は、夫婦の物心の一体感を弱め、夫婦であっても独立の個人であるとする家族の個人化が進むと考えられる。

夫婦でも独立の個人と個人であるという意識は、余暇活動の中でも生まれる。長命化と少子化で、子育てや職業生活終了後に夫婦で向き合う時間が延長する。一方で、サービス産業の隆盛は、個人の趣味嗜好に合わせた趣味・学習・旅行・スポーツなど知的・情緒的満足のためのサービスも生み出す（山崎, 1984）。これらは、とりわけ人生後半の子育てや職業生活というアイデンティティの基盤縮小後の充実感を支える活動として重要性を増している。しかし、趣味嗜好に合う活動が夫婦で同じとは限らない。個人の選好に合わせた活動の充実を志向するほど、夫婦が個別の時間・活動・仲間を持つ個人領域を拡大することになる。

これら個別領域の拡大は、夫婦関係に何をもたらすのだろうか。その一つは、個別行動における個人目標と、家族が期待する役割遂行という家族目標との葛藤と調整であろう。

もう一つは、個としての生き方を充実させることと、夫婦の親密性をどう両立していくかという問題である。本稿では、家族の個人化が、夫婦の親密性をどう変化させるかについて考えていく。

2　家族の個人化

a. 社会経済的・文化的変動と個人の心理的発達・家族の変化

社会経済的・文化的変動は、個人の心理的発達や家族のありようの変化を引き起こす。柏木（1999）は、仕事内容の変化・家電などによる家事の省力化・人口革命（長命化と少子化）が性別役割による自己実現の重要性を縮小させ、社会的役割による個人としての自己実現の重要性を増大させるとし、そのプロセ

第1節　家族の個人化と夫婦関係

スを以下のように説明している。

　長命化と少子化は、女性が子育てだけで人生を充実させることを困難にし、妻・母以外の個人としての生き方の重要性を高めることになる。一方で、家事の省力化による女性の余暇時間の増加は、女性が活躍できる仕事の拡大とあいまって女性の社会進出を進め、女性の経済力・社会的地位獲得を可能にした。男性側でも、長命化で退職後の人生が長期化し、職業人以外の個人としての生き方の重要性が高まるだけでなく、女性の就業で稼ぎ手役割としての機能が縮小し、家庭役割・地域生活が拡大する。つまり男女双方において、伝統的性役割以外の生き方、個人としての自己実現の重要性が増すのである。

　さらに少子・長命化は、親である期間を相対的に短縮するため、子ども中心の夫婦から、夫婦の伴侶性に基づく夫婦関係へと変化する。このように、社会経済的・文化的変動によって、男女ともに性別役割が自尊心の根として機能しなくなるため、性別役割によらない夫婦の関係性や個としての生き方の重要性が高まる。しかし、社会経済的・文化的変動と個人・家族の変動は連動しつつもタイムラグがある。妻の就労が家事の分担の問題を引き起こすように、ある部分の変化は別の部分の安定を揺るがし、新たな形を作り上げるには時間を要する。そのため、変化の過渡期には、親子・夫婦間の問題など、家族についてのさまざまな問題が生じるというものである。

b. 家族の個人化

　女性の就業が限られた時代には、女性にとって妻・母役割以外に重要な役割はなく、妻・母役割は、何より優先されるべき重要な役割だった。しかし、女性の社会進出が進むと、仕事上の役割遂行など個人としての目標の重要度が高くなり、夫婦や親という家族としての目標との間で葛藤を生じるようになる。とりわけ高学歴女性のフルタイム就業では、仕事内容も収入も夫婦間で対等であることから、夫婦の役割分担のありようは夫婦の価値観に左右されるようになる。例えば、非伝統的ジェンダー観の夫の場合、家事・子育ての分担の仕方は夫婦の話し合いで選択可能であるが、伝統的ジェンダー観の夫だと、妻は家事・子育てと仕事の両方の責任を担わざるを得ず、不満が生じることになる。

　このように、夫婦それぞれが個人的価値の実現を志向し、家族のあり方が規

範による拘束を受けず個人の選択によるようになる変化は、「家族の個人化」と呼ばれる。山田（2004）によれば、家族の個人化には質的に異なる2つのレベルがある。第一は家族の枠組み内の個人化で、役割分担や家族の行動が伝統的価値規範に縛られず自由選択になるなどの、家族のあり方についての選択肢の拡大である。第二は家族の本質的個人化で、結婚するかしないか、子どもを持つか持たないかなど、家族そのものが選択対象となるレベルの個人化である。本稿では、夫婦という枠組み内での個別行動の拡大を検討することから、前者の個人化に焦点を当てる。

3　家族の個人化と夫婦葛藤
a. 家族の個人化と夫婦葛藤

家族の個人化には、規範に縛られず自由に家族の役割や関係を選択できるという側面と、その結果、家族間の葛藤が増えるという側面がある。夫婦それぞれが個人的価値を実現しようとするため、家族間の利害・価値観の衝突につながる可能性が高くなるのである。その際、家族の枠組み維持のためにはどちらかが妥協せざるを得ず、妥協する側には犠牲という感覚が生じることになる（山田, 2004）。例えば、夫婦それぞれが個人的価値の実現を優先すれば、夫婦間で家庭役割や関係性への不満が生じる。妻の個人化が進み個別行動が増えれば、夫は伝統的な夫婦を望んでもそれが実現されず不満を高めるかもしれない。つまり家族の個人化は、規範に縛られずに選べるという積極的側面だけでなく、それがほかの家族メンバーにもたらす影響も考える必要がある。

夫婦や家族の中での個人化には、積極的に個人化を志向する場合と、個人化を志向しないにもかかわらず個人化させられる消極的個人化がある。長津（2007）は、個人価値志向（志向するかしないか）と実際の生活における個別化（個別化か非個別化か）という2軸の組み合わせから4類型に分類し、夫婦が、積極的に個人化・個別化を志向する「個人価値志向・個別化型」と消極的個人化型である「個人価値非志向・個別化型」の組み合わせの場合、あるいは夫婦が共に「個人価値志向・個別化型」の場合に夫婦間葛藤が生じやすいとしている。例えば、仕事に自己実現を求め家庭役割にコミットしようとせず、休日も仕事仲間とゴル

フに行く夫と、家族がなるべく多くの時間を共にする家族が理想にもかかわらず、一人で家事・子育てをせざるを得ず孤独感を感じている妻のケースなどは個人化させられる側の不満が高まる。また夫婦共に仕事に自己実現を求め、個別の時間を多く持とうとすると、家事・子育ての分担や夫婦が共に過ごす時間をめぐって、夫婦双方の不満が高くなる。

　このように個人的価値実現を夫婦の一方あるいは双方が望む場合、または、夫婦の一方が伝統的役割を相手に望みその相手が脱伝統的価値観を持つ場合、役割分担をめぐる夫婦間の利害の対立から葛藤が生じやすい。伝統的性役割家族規範が強い時代には、相手に期待する役割はほぼ遂行されるため葛藤が生じない。また、個人の欲求が実現されない不満があっても、その役割を強いる伝統的価値規範のためと解釈され、夫婦間葛藤にはつながらない。しかし役割分担が選択可能になると、不満は夫婦の親密性の問題と解釈されるようになるため、夫婦間葛藤につながりやすくなる。

b. 夫の家事参加と夫婦関係

　家事は、単なる労働ではなく、家族への愛情に基づく利他的行動としての意味を持つ（山田, 1997）。家族に愛情があれば家族に何かしたくなるはずで、家事はその愛情証明としての意味を持つのである。従来は、妻にのみ期待された家事であるが、性別役割規範が緩めば、家事は夫にも期待される。すなわち、妻も夫に、物理的負担軽減のための家事参加だけでなく、愛情証明としての家事参加を期待するようになるのである。

　例えば、夫の家事参加は、参加度そのもの以上に、それがどれほど妻の期待を充足しているかという期待充足度が妻の夫婦関係満足度を左右する、との報告がある（李, 2008）。夫の家事に物理的負担軽減のみを求めるのなら、夫の家事量と妻の満足度が比例するはずである。しかし実際には、分担が妻の期待と一致することの方が重要だった。つまり夫の家事には、物理的負担の軽減だけでなく、妻の期待を実現しようとする夫の思いやりや愛情の証明としての意味がある。夫の家事参加は、このように二重の意味で、妻の結婚満足度を左右する要因となっている。

c. 夫婦の個人化のズレと夫婦関係

　夫婦の関係満足度は、それぞれの時間や経済、エネルギーなど個人的資源のインプットとアウトカムのバランスから説明する衡平性理論によって説明できる。衡平性理論では、インプットとアウトカムの差から利得を測定し、過少利得の関係では不満や怒りが生じ、バランスが衡平な場合に満足度が高く関係が継続する（諸井, 1990）。先述の、仕事が多忙で家庭役割にコミットしない夫と家で夫のために家事をする妻の例を、衡平性理論から考えてみよう。妻は愛情証明として家事や夫の情緒的ケアを行い、夫婦の親密性に多くのエネルギーや時間をインプットしているが、夫による親密性へのインプットは経済的インプットのみである。そのため、妻は過少利得となり関係への不満が生じる。

　しかし周囲を見回すと、夫が家事をしなくても、円満な関係の夫婦は少なくない。その理由は、夫にどれほど家事参加を期待するかにはジェンダー観がかかわるためである。妻の個人化レベルが低く性別分業規範が強ければ、家事を夫に期待しないため、家事について過少利得でも不満にはつながらない。しかし、個人化が進むと性別分業規範が弱まるため、夫への家事期待が高まり、過少利得は不満につながる。例えば、妻の夫婦関係満足度は、夫婦共に伝統的性役割観である場合と夫婦共に平等的性役割観である場合にはほとんど違いがみられないが、妻のみ平等型で夫が伝統的である乖離型では妻の満足度は格段に低くなる（ライフデザイン研究所, 1999）。

　個人より家族の役割を優先する文化が残る日本では、女性の個人化は、とりわけジェンダー不平等という不満を高める。夫や周囲の家族は、妻は家事・育児を優先すべきとの伝統的家族範を持つために、個人化する妻が個人的価値を実現しようとしても、妻の家事分担は変わらないため、不満が高まるのである。そのため個人化する妻の場合、夫婦間の過少利得や妻の個別化の制限は、家事育児の物理的負担感に加え、夫との価値観のズレや愛情の薄さという親密性の問題につながりやすくなる。

4 家族の個人化と夫婦の親密性

a. 家族の個人化と夫婦の親密性

　一方で、家族の個人化・個別化が必ずしも夫婦の親密性の不安定化を意味しないことは複数の研究が指摘している。磯田（2000）は、夫婦が個別行動を取ろうとする際、相手の不興を買うことを恐れ、バランスを取るために相手の機嫌をとるような行動（日曜・休日には家にいる、夫／妻が外出するときは気持ちよく送り出す、など）をすることを例に挙げている。これらの行動は、個別化が夫婦の親密性を不安定にするとの懸念があるがゆえに、共同性を失わない努力をしながら個別化志向との両立をはかっていこうとしていることの表れであるとし、このような努力を統合努力と呼んでいる。この統合努力には、共同性を確保するために、相互の個別性を確保することで、お互いを縛り合うようなことを避けバランスをはかることも含まれている。また野々村（2007）は、家族それぞれの選好がクローズアップする段階の家族では、互いに交渉・駆け引き・共感・配慮が行われつつ合意形成が行われるとしている。例えば、休暇の過ごし方について、夫／妻が個別に自分だけの時間を使いたいと考える場合、家族からの共感が得られなければ、自分の時間は持てても居心地のいい家族という選好は実現されない。そのため、配偶者に自分の選好を説明し共感を得る努力や、自分が自由な時間を持つ代償に配偶者の個別行動にも理解・共感を示す交渉などの努力を通して、家族の合意形成をすることになる。これらからは、個別性確保のための努力によって、家族間のコミュニケーションは活発になり、配慮や共感を経験する機会が増え、結果的に家族の親密性が発達する可能性が示唆される。

　このような努力は、配偶者の人格を尊重するからこそ行われると考えることもできる。高齢期の夫婦関係を、人格レベルでかかわる「人格的関係性型」、性別役割でかかわる「表面的関係性型」、関係に失望し否定的意味づけをしている「拡散的関係性型」など6つのステイタスに分類し、それが配偶者の個人的活動に対する姿勢とどのように関連するかをみた研究では、「人格的関係性型」「表面的関係性型」が高い理解を示したのに対し、「拡散的関係性型」は理解が低く不快感を高く示していた（宇都宮, 2014）。

第5章 人生半ばの夫婦関係

　これらの知見は、家族の個人化と夫婦の親密性が両立し得ることをうかがわせる。伝統的家族規範が弱まると、夫婦が平等な関係になるため、夫婦相互の選好ができる限り実現されるような意識的努力の必要性が高まるのである。個人化以前の規範が強い家族では、夫婦の絆や一体感は自明であり努力の必要がなかったのに対し、家族の個人化は、夫婦の絆や夫婦相互の選好の実現を、意識的努力によって築き、維持するものへと変化させたといえる。

b. 家族の個人化と結婚の価値

　結婚相手や時期が自由に選択できるようになると、いいことも悪いことも含め結婚によって何が生じると期待するか、すなわち結婚に期待するプラス・マイナスの価値が結婚意欲や相手の選択を左右するようになる。20代後半から30代の未婚男女1,800名を対象に行った結婚価値と結婚意欲の調査では（図5-1-1）、支え合う人がいる「安心感」と「自己成長」の価値が結婚意欲を強めていた。一方、「資源配分の制約」すなわち結婚すると個人領域へのお金や時間などの自己資源の配分が制約される懸念は、結婚意欲を弱めていた（永久・寺島, 2014）。つまり、個人化が進む世代の結婚では、親密性とともに、個としての自分を持ち続けられることも重要な価値であるといえる。

　親密な関係とは、お互いの本当の姿を知ることであり、そのためには本当の

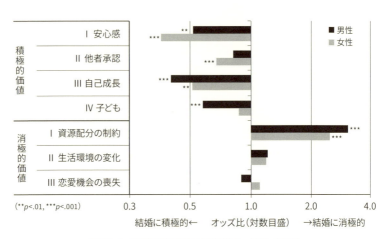

図5-1-1　結婚価値と意欲の関連（永久・寺島, 2014）

自分を知る必要がある。異性間の親密性やロマンティック・ラブは、「私とは何か」という問いと密接な関係にあるのである (Dion & Dion, 2004)。

「私」の定義は、個人主義的文化においては、周囲と独立になされるのに対し、集団主義的文化では、人間関係の文脈や役割によって変化する。したがって、本当の自分とは何かという問いは、個人主義的文化では容易であっても、集団主義的文化では困難な問いである。そのため、夫婦の親密性は個人主義的文化でより強くみられ、集団主義的文化では、会社の人間関係や、夫婦以外の家族や子ども、母親仲間への依存など、夫婦の親密性とは異なる幅広い依存関係がみられる (Dionら, 2004)。つまり個人化が進むほど、夫婦の親密性にとって、性別役割よりも、お互いの本当の姿を知ろうとする人格的かかわりが重要になるのである。

c. 役割による親密性と人格的かかわりによる親密性

集団主義的文化といわれる日本では、本来の自己という概念が曖昧で、相手から期待される役割によって自己定義がなされる。その場合、性役割遂行は夫婦の関係性にとって重要になる。70歳代・50歳代・20歳代の女性を対象に、結婚を決める際の家事・育児の分担についての考えを分類したところ、70歳代は「家事・育児は女性の役割」と規範を強調していた。50歳代・20歳代でも、出産退職予定の場合には、「家事・育児は自分が引き受ける」と主体的に選択するケースがみられた。一方、出産後も仕事を継続予定の場合は、「家事・育児は夫婦で協力・分担する」とし、性別役割に否定的であった (永久, 2013)。若い世代でも仕事を持たず性別役割で自己定義する場合には、性別役割の遂行によって夫婦関係が強まると考えるのであろう。しかし、社会的役割によって自己定義する場合には、性別役割は本来の自己ではない。そのため、夫婦の協同や共行動による人格的かかわりによって親密性を高めようとするのである。個人化が進み個人主義的文化に近づくと、役割によらない本来の自己を分かち合うことによる親密性を求めるようになるといえる。

d. 夫婦間での個人化レベルのズレと夫婦関係

夫婦間での個人化レベルのズレは、相手への期待と現実のギャップにつなが

り、夫婦間葛藤を引き起こす可能性がある。個人化は、「自分らしく生きたいという個人価値の実現」である。そのため「私とは何か」について自分に問うだけでなく、配偶者にも同様の問いを持ち、人格的かかわりを期待する。夫婦間で個人化レベルが異なると、例えば人格的かかわりを期待する妻と役割を期待する夫というように、期待と現実が一致せず、関係性への不満につながることになる。

高齢期夫婦の配偶者の存在の意味づけから夫婦の関係性を6つのステイタスに分類し、配偶者への関与の違いをみた研究でも（宇都宮, 2010）、関係満足度において夫婦間での期待と現実の一致が重要であることが示されている。配偶者に積極的に関与しているのは、人格的次元から肯定的に意味づけている「人格的関係性型」であった。このタイプは、お互いが本当の自分を分かち合うという親密性を達成しているものと思われる。対照的に、配偶者と理解し合えることに失望している「拡散的関係性型」は、存在を否定的に意味づけ積極的関与を行っていない。しかし一方で、性別分業に基づく機能的側面から意味づけている「表面的関係性型」も、積極的関与を行い関係性に満足していた。つまり、役割による関係性であっても、それが双方の期待と一致していれば、満足度は低下しないが、一方のみが人格的かかわりを期待する場合に、関係満足度が低下するものと考えられる。

個人化が進む夫婦関係における相手への期待は、役割や規範による夫婦関係とは異なり、夫婦によってさまざまである。夫婦の良好な関係性を築くためには、お互いの期待を知る努力を続けることが重要になる。

5　家族の個人化と夫婦のコミュニケーション

役割による夫婦関係と、人格的かかわりの夫婦関係では、コミュニケーションの目的や内容に違いが生じる。役割による夫婦関係では、役割期待・遂行に関する伝達が多いのに対し、人格的かかわりの夫婦関係では、お互いの個人としての経験や考え、感情を分かち合うことに関心があるため、個人領域についての話題がより多くなると考えられる。個人領域についての話題は、その人の「私とは何か」とかかわる。個人領域の話題は、夫婦双方にとってより親密なコ

ミュニケーションとして経験されるであろう。

　例えば、妻における夫婦関係満足度高低群間で、配偶者の性別役割側面と性的パートナーや理解者という個人的側面の重要度を比較した研究では、夫婦ともに、性別役割側面より個人的側面の重要度に大きな違いがみられ、とりわけその傾向は妻の場合に顕著だった（池田・伊藤・相良, 2005）。また、中年期夫婦のコミュニケーションと夫婦関係満足度の関連を夫婦ペアデータで分析した結果からは、夫婦ともに配偶者の自己開示、すなわち個人領域にかかわるコミュニケーションが夫婦関係満足度を高めると報告されている（伊藤・相良・池田, 2007）。つまり、役割による夫婦に比べ、人格的かかわりの夫婦の場合に夫婦関係満足度が高く、また個人領域に関するコミュニケーションが夫婦関係満足度を高めるといえる。

　しかし、個人領域にかかわる自己開示の期待は、夫婦間で個人化のレベルにズレがある場合、実現されない可能性が高い。例えば難波（1999）は、つっこんだ話をしようとする妻に対して、夫は深い話し合いを避ける傾向があり、それが妻の不満につながると報告している。また、平山・柏木（2001）は、中年期夫婦のコミュニケーションの特徴として、妻から夫へは自己開示を中心とする「依存的接近」や「共感」が多く、「無視・回避」や命令口調の「威圧」は夫から妻への方が多いとのズレを報告している。これらは、妻側からは人格的かかわりを求めるのに対し、夫側は個人としての妻への関心が薄く、情報伝達を目的にコミュニケーションが行われるためと推察される。

　このように、家族の個人化レベルの夫婦間のズレは、夫婦の関係性についての考え方やコミュニケーションにもズレをもたらす。それは結果として、個人領域の自己開示と人格的かかわりを求める側の結婚満足度を低下させると考えられる。社会経済的・文化的変動が、家族・個人の心理発達の変化を引き起こす過渡期には、結婚や家族のさまざまな問題が生じる（柏木, 1999）という指摘のように、夫婦間の個人化の違いが、相互の期待のズレを生み、それが問題を引き起こすのである。

　以上のように、家族の枠内での個人化、すなわち個別行動の拡大には、それを支持する夫婦の良好な関係性と、そのための意識的な努力を必要とする。個別化志向と夫婦の愛情は関係しない（伊藤・相良, 2013）との報告は、個人化・個

別化が、良好な関係性を維持する努力を伴うか否かで全く意味合いが異なることを示唆している。愛情のある夫婦関係における個人化・個別化では、統合努力として理解や共感のためのコミュニケーションが活発になり、個人領域での経験を夫婦で共有しようとするであろう。その共有は、夫婦相互の個人的側面への関心を強めるなど、それぞれの個人領域に夫婦共通の関心領域としての意味を付与することにもなる。

つまり、お互いを尊重する関係における個人化は、夫婦関係をより実り多いものにすると考えられる。また、夫婦双方が性別役割によらない個人レベルの関係性に価値を認め、お互いの個人価値の実現と親密性の両立を共に模索するプロセスそのものが、夫婦としての親密性を発達させるのではないだろうか。

引用文献
池田政子・伊藤裕子・相良順子（2005）「夫婦関係満足度にみるジェンダー差の分析――関係は, なぜ維持されるか」『家族心理学研究』19（2）, pp. 116-127.
磯田朋子（2000）「私事化・個別化の中での夫婦関係」, 善積京子（編）『結婚とパートナー関係――問い直される夫婦』（pp. 147-167）ミネルヴァ書房.
伊藤裕子・相良順子（2013）「夫婦の愛情と個別化志向からみた夫婦関係――中高年期夫婦を対象に」『文京学院大学人間学部研究紀要』14, pp. 1-13.
伊藤裕子・相良順子・池田政子（2007）「夫婦のコミュニケーションが関係満足度に及ぼす影響――自己開示を中心に」『文京学院大学人間学部研究紀要』9, pp. 1-15.
宇都宮博（2010）「夫婦関係の発達・変容：結婚生活の継続と配偶者との関係性の発達」, 岡本祐子（編）『成人発達臨床心理学ハンドブック――個と関係性からライフサイクルを見る』（pp. 187-195）ナカニシヤ出版.
宇都宮博（2014）「高齢期の夫婦関係と幸福感」, 柏木惠子・平木典子（編著）『日本の夫婦――パートナーとやっていく幸せと葛藤』（pp. 59-78）金子書房.
柏木惠子（1999）「社会変動と家族の変容・発達」, 東洋・柏木惠子（編）『社会と家族の心理学（流動する社会と家族 Ⅰ）』（pp. 9-15）ミネルヴァ書房.
柏木惠子・永久ひさ子（1999）「女性における子どもの価値：今, なぜ子を産むか」『教育心理学研究』47（2）, pp. 170-179.
経済企画庁（1999）「平成9年度国民生活白書――働く女性 新しい社会システムを求めて」.
国立社会保障・人口問題研究所（2011）「第14回出生動向基本調査――結婚と出産に関する全国調査 独身者調査の結果概要」.
長津美代子（2007）『中年期における夫婦関係の研究――個人化・個別化・統合の視点から』日本評論社.
永久ひさ子（2013）「既婚女性における結婚の価値」『文京学院大学人間学部研究紀要』14, pp. 71-86.
永久ひさ子・柏木惠子（2000）「母親の個人化と子どもの価値――女性の高学歴化, 有職化の視点から」『家族心理学研究』14（2）, pp. 139-150.
永久ひさ子・寺島拓幸（2014）「晩婚化・未婚化と結婚価値――結婚活動を動機づけるのはいかなる価値か」『日本心理学会第78回大会論文集』.
難波淳子（1999）「中年期の日本人夫婦のコミュニケーションの特徴についての一考察――事例の分析を通して」『岡山大学大学院文化科学研究科紀要』8, pp. 69-85.

野々村久也(2007)『現代家族のパラダイム革新――直系制家族・夫婦制家族から合意制家族へ』東京大学出版会.
平山順子・柏木惠子(2001)「中年期夫婦のコミュニケーション態度――夫と妻は異なるのか?」『発達心理学研究』12(3), pp. 216-227.
諸井克英(1990)「夫婦における衡平性の認知と性役割感」『家族心理学研究』8(1), pp. 109-120.
山崎正和(1984)『柔らかい個人主義の誕生』中央公論社.
山田昌宏(1997)「感情による社会的コントロール――感情という権力」, 岡原正幸・山田昌宏・安川一・石川准(著)『感情の社会学――エモーション・コンシャスな時代』(pp. 69-90)世界思想社.
山田昌宏(2004)「家族の個人化」『社会学評論』54(4), pp. 341-354.
李基平(2008)「夫の家事参加と妻の夫婦関係満足度――妻の夫への家事参加期待とその充足度に注目して」『家族社会学研究』20, pp. 70-80.
ライフデザイン研究所(1999)『高齢男性の夫婦関係――妻の目から見た夫の自立性』.
Dion, K. K., & Dion, K. L.(2004)「ジェンダーと人間関係」, アンガー, R. K.(編著)森永康子・青野篤子・福富護(監訳)日本心理学会ジェンダー研究会(訳)『女性とジェンダーの心理学ハンドブック』(pp. 306-323)北大路書房.(Unger, Rhoda Kesler.(Ed.)(2001) *Handbook of the Psychology of Women and Gender.* New York: John Wiley & Sons, inc.)

第2節
中年期の危機と夫婦関係
岡本祐子

1　人生半ばの峠を越える――中年期の危機

　中年期は、これまで長い間、心身の健康、生活の享受、自立性、身分の保障などの観点から、安定した人生の最盛期ととらえられてきた。しかし、1970年代半ばより、「中年期危機」、「ミッドライフ・クライシス」という言葉に示されるように、不安定な要素の多い人生の転換期として理解されるようになった。そして21世紀を迎えた今日、その危機の中身は、さらに深刻化・多様化しているようである。我が国においても、中年期のうつや自殺者の増加が社会問題になり、中年の企業人のストレスや不適応、家族について見れば熟年離婚の増加、老親の介護者のストレスなど、中年世代に対する心理臨床的援助の必要な問題は増大し、多様化している。

a. 中年期に体験される心の世界

　中年の危機は、古くて新しい、きわめて重要なテーマを包含している。中でも中年期の峠を越えることの発達的な意味を考える上で、ユング（Jung, 1933）はきわめて重要であろう。ユングは、中年期を「人生の正午」と位置づけ、自分と世界に対する見方に決定的な変化が起こると述べた。

　ユング自身の中年期体験もまた、きわめて壮絶なものであった。ユングは38歳でフロイトと決別した後、数年もの間、内的にも外的にも方向喪失の一時期を過ごした。その内的世界は、恐ろしい夢や幻覚に襲われ、精神病者の心の世界にも似たものであった。ユングは、チューリッヒ大学講師の職を捨て、ボーリンゲンの湖畔に自ら石の家を建てて、一人で生活した。フロイトとの決別、妻との確執、女性とのトラブル、内的な混乱という30代後半から40代にかけての危機を、ユングは絵を描いたり石に彫刻したりといった子どものような遊びをして、鬱積した心のエネルギーが再び流れ始めるのを待った。後世に残るユ

ングの創造的な仕事の多くが、この「38歳の転換点」を越えた後になし遂げられたことから考えると、中年期の入口は、心のさらなる深化・成熟にとって重要な岐路であることがわかる。

レヴィンソン（Levinson, 1978）は、中年期に体験される葛藤を、若さと老い、男性性と女性性、破壊と創造、愛着と分離という4つの両極性として示している。中年期の危機とは、このような両極的なものに折り合いをつけ、自分の内部に統合していくことにほかならない。

現代の我が国においても、中年期のもつ「人生の峠」としての意味や特質、つまり人生前半期には、獲得的、上昇的変化であったものが、中年期には喪失や下降の変化へ転じるという特質は、本質的には変わらない。

図5-2-1は、中年の人々が体験しやすい自己内外の変化と臨床的問題をまとめたものである。中年期は、生物学的、心理的、社会的、いずれの次元でも大きな変化が体験される。その重要な部分が、喪失や下降・衰退といったネガティブな変化であることから、中年期の変化やそこから生じる臨床的問題は、個々

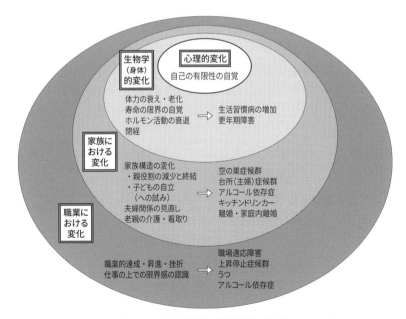

図5-2-1　中年期危機の構造（岡本, 2002）

人の存在全体が揺り動かされる「構造的危機」ととらえることができるであろう。身体的には体力の衰えや老化の自覚、家族ライフサイクルから見ると、子どもの親離れ、自立、夫婦関係の見直し、職業人としては職業上の限界感の認識など、大きな変化が体験される。その中核となる心理は、「自己の有限性の自覚」である。

このような自己内外の変化によって、人々は、自分の生き方、あり方を問い直す。それは、今までの自分、アイデンティティではもはや生きていけないというアイデンティティそのものの問い直しであり、危機である。図5-2-1に示したようなさまざまな変化を契機に揺らいだアイデンティティは、その変化や揺らぎを否認したり逃げたりせずに主体的にとらえ、これからの生き方を主体的に模索するなら、人生後半期へ向けて、より納得できる自分の生き方が見えてくる。そのプロセスを岡本 (1997) は、「中年期のアイデンティティ再体制化のプロセス」と呼んでいる。

ここで、「危機」(crisis) ということばの意味について述べておきたい。今日、「危機」あるいは「クライシス」という言葉は、どうすることもできない破局的な意味合いで用いられることが多い。しかし、本来「危機」とは、あれかこれかの分かれ目、決定的転換の時期という意味である。心の発達において見れば、心がさらに成長・発達していくか、逆に後戻り・退行していくかの岐路ということを示している。その意味で見れば、古今東西を問わず、中年期に私たちが体験するさまざまな変化は、まさにこの発達の分かれ目を示唆しているといってもよいであろう。

b. 中年期の心の変容の臨床的理解
1) 次世代への関心・関与と「自己陶酔」

このような中年期の心理的体験を、もう少し掘り下げて考えてみたい。エリクソン (Erikson, 1950) は、中年期の心理社会的課題は「世代継承性」(Generativity) であると述べている。健康な中年の人々は、子どもを生み育て、ものや思想を創造し、次世代へ深い関心をもって世話や指導をすることによって、次の世代をはぐくみ育てていく。このような行為は、中年期以前の人生の中で獲得された自己に対する自信、社会からの正当な評価と受容、他者との親しい関係性や

相互の信頼感などの資質に支えられたものである。しかしながら、中年期に達するまでにこのような資質を獲得できなかった人々は、偽りの親しさを強迫的に求めたり、自分のことばかりに強迫的に熱中するなど、自分自身のことにしか関心をもつことができない。このことをエリクソンは、「自己陶酔」と呼んで、中年期の心理社会的危機のネガティブな局面として述べている。

　アイデンティティの危機という視点から見ると、中年期の危機は、これまでの自分（＝アイデンティティ）ではもはやっていけないという気づきの体験である。もう自分は若くはない。人生の中で元気で働ける時間は無限ではない。右肩上がりの成長ばかりを望めるわけではない。これまで大切にしてきた価値観や考え方で本当によいのか……。このような意識は、今まで自分がもってきた自己像や世界に対する見方が、必ずしも正しいものではないという気づきである。このことを認識すると人々は、自分らしい生き方、自分が本当にやりたいことは何か、自分の人生にとって、本当に大事なものは何か、ということを考える。もっと別の生き方もあったのではないかと思いをいたす人も少なくない。

　一方でまた、中年期は、豊かな世代継承性の達成の時期でもあるはずである。仕事へ打ち込むこと、子どもや若い後継者を育てることは、自分自身の成長感や達成感をもたらし、それはそのまま社会を支えること、社会の発展でもあった。しかし今日は、その世代継承性そのものが閉塞している状況にあるともいえよう。中年世代のうつ、自殺、子育てや老親の介護にストレスを感じる人々の数はあまりに多い。このように本来、達成感や成長感を体験できるはずであった世代継承性の課題がうまく達成されないこともまた、今日の中年期危機を深刻化していると考えられる。

2）喪失体験

　中年期のネガティブな変化の中で重要な問題の一つは、喪失体験である。第一は、親や親しい人の老化や死、子どもの親離れなど、これまで深く関わり、依存し、愛着してきた対象との離別。第二は、これまで自分を支えてきた役割や「場」、環境との離別である。そして第三は、自分自身、あるいは、自分を支えてきた価値や意味をもつものの喪失、つまりアイデンティティの喪失である。これらを乗り越えるためには、「喪の仕事」（mourning work）が大きな意味をもつ。

つまり、「喪失」の現実を受け入れ、自分の中に失った対象を別の形で再建していく心の作業である。

「喪の仕事」のプロセスには、深いうつを伴うことが少なくない。図5-2-1に示したように、中年期にはさまざまな次元で「喪失」が体験される。中年期危機の克服とは、それぞれの次元でのネガティブな変化、喪失体験をしっかりと認識し、過去の自分と現実の自分との折り合いをつけ、新たな納得できる自分を創り出していくプロセスにほかならない。その意味では、中年期は「喪失」の時期であると同時に、新たな自分や対象関係の創造の時期でもある。この「失うことから得る」成熟性は、中年期の重要な特質であろう。

3) 人生前半期に積み残してきた問題や未解決の葛藤の顕れ

中年期の課題の一つに、これまでの発達段階における未解決の心理社会的課題や葛藤の解決という問題がある。青年期の心理社会的課題は、両親からの自立やアイデンティティの確立、つまり適切な親との心理的距離をとり、親とは異なった自分の独自性と社会における居場所を見つけることである。成人初期の課題は、配偶者との間で親密で対等な相互依存-協力関係を築くという問題である。このような課題は、大人として成人期を生きていく上で不可欠の問題であり、本来、それぞれの発達段階で達成されておくべき課題である。しかしながら、心理臨床の場で出会う人々の中には、その問題が中年期まで先送りされ、中年期の峠を越えられないケースも少なくない。

中年期の危機は、自分のあり方・生き方という「個」の側面と、自分にとって重要な他者との「関係性」という2つの側面から見ていくことが重要である。本書は、「関係性の生涯発達・成熟」がテーマであるため、後者の側面に力点をおいて考えてみたい。

2　心理臨床事例から見た中年期の夫婦関係

a. 中年期夫婦の心理社会的課題

個人のみならず、家族・夫婦もまた生涯を通じて発達し、それぞれの段階で心理社会的課題や危機を体験する。自立を始める青年期の子どもをもつ中年夫

婦にとっては、父親、母親という親役割ではなく、夫婦それぞれの生き方・あり方を見直し、人生後半期へ向けて新しい関係性を獲得することが課題となる。これまで家庭では子育てが中心の生活であり、親としての役割が大きな比重を占めていた。しかし中年期の夫婦には、自分にとって夫（妻）はかけがえのない人なのかという、子どもを抜きにして夫（妻）に向き合うことが求められる。これまでの結婚生活の中で互いの心理的理解やコミュニケーションが培われてこなかった夫婦にとっては、子育ての終わりが見えてきた中年期には、夫婦関係そのものが揺らぐことになる。

b. 中年期に見られる世代間の交差

　中年期の家族には、子ども、親、祖父母の三世代において、アイデンティティの課題が重なっている。青年期を迎えた子ども世代にとっては、自立（への試み）、アイデンティティ形成が中心的課題である。中年期の夫婦はそれぞれ、人生半ばの自分の生き方・あり方を問い直し、人生後半期の生き方を模索し、アイデンティティの再体制化が求められる。老年期を迎えた親世代は、人生の締めくくりの時期に当たり、まさに自らのアイデンティティの最終的なまとめや納得が求められる。中年期の夫婦が多くのストレスを抱え、家族全体が揺れやすいのはこのためである。

　以下に、中年期の心理面接事例をもとに、その具体例を見ていきたい。

〈事例1〉Aさん（55歳、女性、主婦・音楽教室経営）

1) 事例の概要と来談の経過

　Aさんは、地元の大学を卒業・就職後、商社マンの夫と結婚し、3人の子どもにも恵まれた。夫の海外勤務に伴って、外国生活も経験したが、Aさんは海外生活にも適応して楽しみ、幅広い趣味ももっていた。子どもたちがそれぞれ就職して自立した頃、高齢の夫の母親の面倒を見るため、長男である夫は会社を辞めて資格を取り、実家のある田舎へ帰って開業した。Aさんも長男の嫁として納得の上の生活の転換であったが、まったく知人・友人もない土地に住み、これまでとは180度異なる生活となり、さまざまなストレスを感じるようになった。

　夫の母親と同居するようになってみると、予想以上に夫が母親想いであり、

妻である自分の気持ちを理解しようとしないなど、夫婦関係にも波風が立ち始めた。また、高齢でもなお田畑を耕し農業に携わる「勝ち気な」姑に対しても、何も言い返せず「言われっぱなし」の毎日であった。その後しばらくして、頭がボーとなる、イライラして夜眠れない、などの症状が現れ始めた。医師の診断は更年期障害であったが、Aさんはその治療と並行して、カウンセリングを強く希望し、主治医の紹介で筆者が心理療法を担当することになった。

2)面接方針と面接過程

当面の面接方針としては、①Aさん自身が自分の本音を語り、受容される経験を重ねることで活力を蓄えていくこと、②これまでの半生と夫婦関係を見直し、問題や状況を整理していくことで、大きく変化した環境での人生後半期の生き方の模索・構築を支えること、③相手の枠組みで自分を見て、相手にのみこまれてしまう関係のあり方から、主体的な自分の感覚や見方に自信をもてるようにすること、などが考えられた。約1年半の面接のプロセスは、次のようなものであった。

Aさんは意欲的に来談し、日々の生活のさまざまなエピソードが語られた。気の強い姑や仕事で余裕のない夫に一方的なもの言いをされて何一つ言い返せないことで落ち込むこと、自分も精一杯姑の世話をしているのに夫をはじめだれもそれを認めてくれないこと、音楽教室の生徒の保護者への対応も気を遣って疲れることなど、いずれも狭い世界での人間関係の苦労であった。

面接の中で、自分の体験と感情を語り、面接者に支持・受容されることで、Aさんは少しずつ自分の感じ方を肯えるようになっていった。日々の生活における姑や夫との数々のエピソードを面接の中で吟味していくことによって、Aさんは、「自分」が保てる心理的距離のとり方を学び、自分の意見や感じていることを表出することに罪悪感をもたなくてもよいことを知った。

主訴の一つであった姑との関係が改善されるにつれて、Aさんは「根こぎ感」や「自分がない」という気持ちに襲われるようになった。夫の郷里へ帰るまでの、都会や海外での楽しい刺激の多い生活に対して、納得したはずの現在の生活には自分の居場所がなく、「自分」がなくなってしまったという思いである。Aさんは、カウンセリングを受けるようになって初めて、「本当の自分」につい

て考えるようになったと語り、他者に対する態度も積極的になった。

　姑との距離の取り方が身につき、夫と二人だけで小旅行に出掛けるなど、Aさんの生活は穏やかなものとなった。面接の中では「なりたかった自分」と「できなかったこと」を振り返り、納得していくこと、そしてできる範囲でそれを実現していくというテーマが繰り返し現れて、Aさんは、「自分らしい自分」は、現在の生活を維持しながらでも達成できることがかなりあることに気づいていった。

　中年期の危機には、単に自分自身の問題・課題のみでなく、夫婦をはじめ家族の問題が深く関わっている。Aさんの場合は、中年の子ども夫婦が、老親を支えるという課題をめぐって生じた問題であった。中年の子ども世代と老年期の親の世代の家族に関わる心理臨床的問題は、単に介護のストレスだけでなく、この事例のように、親の生活や人生を支えるために自分たち夫婦の生活構造や生き方をどう組み立て直すかという問題も、きわめて重要な課題となる。それがうまくいかないとき、自分の人生が台なしになった、自分は親の犠牲になってしまったという思いが体験されることも少なくない。Aさんの心理面接で行われた心の作業は、自分自身の半生、夫との関係性の見直しを通して「自分」を失わず「家族」を受け入れる自分自身のあり方、生き方の模索であったと思われる。

　次に、職業や価値観を主体的に選択することや、特定の異性と対等で親密な関係性を築くという青年期・成人初期までの心理社会的課題が未解決のまま、中年期を迎えてしまった事例について考察する。

〈事例2〉Bさん（44歳、男性、医師）
1）事例の概要
　Bさんは、医師の父親、専業主婦の母親をもち、学校の成績もよく、中学生頃までは表に現れた問題は見られなかった。Bさんの父親は、地域の人々から慕われた開業医だったが、Bさんが思春期の頃に急病で亡くなった。その後Bさんは、父親のように立派な医師になれと母親に叱咤激励され続け、自分が何がやりたいかもわからないまま、医学の方向へ進んでしまった。医師になったのはよいが、尊敬していた父親のような人望ある医師にはとうていなれなかっ

たという思いをずっと抱いてきた。

　Bさんは、医師という高度な専門的職業についていながら、大人として責任のある主体的な行動がとれない。具体的には、強い無力感や劣等感があり、自信がないために、些細なことで職場を変わってしまう。また家庭でも、父親としての対応ができず、子どもは父親と口もきかない。それどころか時々、Bさんは子どもに暴力をふるってしまう。子どもは2人とも不登校の状態で、妻が一人、孤軍奮闘という状況であった。また、母親との関係も癒着状態という、非常に深い家族病理性をもった事例であった。Bさんの主訴は、このような事態を何とかしたいということであり、妻に強く勧められての来談であった。

2）面接方針と面接過程

　初回面接に、Bさんは妻に付き添われて来談した。40歳半ばとは思えないほど子どもっぽい幼い印象を、面接者（筆者）は受けた。妻はこれまでのBさんの問題をていねいに説明し、Bさんはそれをそばで口出しもせずに聞いていた。面接者には、Bさんは、しっかり者の妻の息子のように感じられた。Bさんは、これまで主体的な自分の生き方・考え方を選択した経験がなく、職業においても家庭人としても「自分」に自信がもてず、「仮面」の自分でしかおれないこと、職場での頻繁なトラブルや勤務先の変更も、ひとえにそのアイデンティティ拡散のゆえであると考えられた。面接方針としては、①Bさんのこれまでの育ちと問題をていねいに聴き、主体的な自分のあり方を模索していくこと、②今は亡き父親、母親との間で達成されていない適切な心理的距離を獲得すること、③家庭においても、夫、父親としての適切なあり方を模索していくこととした。約2年余の面接プロセスは、次のようなものであった。

　面接の初期では、「もう40代になり、キャリアがないとは言えない歳になったが、『自分』がない」、「常に後ろ向きの生き方をしてきた」、「なぜ医師になったのか、未だによくわからない」という言葉が繰り返し語られた。また、妻が同席した初回面接では語られなかったこととして、Bさんと近所に住む母親、妹はある新興宗教を熱心に信仰しており、妻だけがその宗教や活動に対して否定的だということであった。

　Bさんは、面接者が口を挟む隙もないほどよく話した。礼儀正しい口調であ

ったが、自分の問題意識はきわめて浅く、言葉だけが流れているという感じであった。面接者は、Bさんの「自分が生きている」という体験の希薄さが印象的であった。現実生活は、しっかり者の妻の切り盛りで運営されているが、Bさんは、母親と宗教にのみ込まれ操られていると考えられた。

　Bさんは、雇われ院長として開業していたが、「主体的、積極的にやる気はしない」と言う。また、ほかの病院にも非常勤医として関わっていた。心理的にはどの職場にもコミットしておらず、どれも選択可能にしておきたいという、モラトリアム状態であった。しかしながら、Bさんは、「自分は患者一人一人を誠実に診ている」ことについては「職業的充実感がある」ことが意識されるようになった。この医師としての自分の拠り所や自信が自覚されることによって、Bさんは少しずつ、自分の経験を咀嚼して実感を込めて語り、日常で出会う問題やトラブルにきちんと向き合うことができるようになった。

　また、今まで妻にまかせっぱなしで関わりの乏しかった家族についても、家庭内で起こっていることに関心を示すようになった。この頃、母親の言いなりであった宗教活動について、妻との間で意見の対立が頻繁になる。妻の「息子」のようなBさんが、ようやく夫として妻と向き合えるようになった。

　面接中期には、今まで公私ともどもうまくいかないことの癒しを宗教に求めてきたことが語られる。Bさんは、信者として尽力してきたつもりだったのに、妹や母親に不十分だと非難され、初めて宗教をはじめとする自分の価値観について正面から見直すようになった。この時期、再び自分の半生について語られたが、それは面接初期とは大きく異なって、Bさん自身が主体的に自分のこれまでの生き方を見直し、「大人になっていない」自分の問題を問い直すものであった。この半生の見直しの中で、Bさんは自分はこれまで「仮面」の自分でしかなかったことに気づいた。そして、母親との癒着に気づいたBさんは、これまで母親の言うなりに従ってきた宗教活動から手を引くことを決断した。Bさんにとっては、生まれて初めての母子の心理的分離、自立であった。

　Bさんの事例は、中年期に初めてアイデンティティと対等な夫婦関係が確立された事例と考えてもよいであろう。2年間余りの心理面接の中でやってきた心の作業は、これまで積み残してきた葛藤を整理し、自分の感覚や目で主体的に自分の問題をとらえ、納得できる自分を獲得することであった。面接の終結

時には、子どもの頃からコントロールされ続けてきた母親とは距離を置くこと、父親のような名医にはなれないということをしっかりと認め、受け入れられるようになってくると、父親とは違った自分の長所を生かしたやり方で患者の役に立てる医師のあり方が見えてきた。また家庭では、子どもたちにとって、自分が父親であるとはどういうことなのかを考えることにより、自分の家族への信頼感、そして、妻や子どもたちに受け入れられている自分が見えるようになった。

　Bさんの事例は、中年期という「人生の峠を越える」ターニング・ポイントだからこそ、問題が表面化してきたとも考えられる。もう先送りは許されない、もういよいよ、ここで何とかしなければという無意識のメッセージが、人生の峠には聞こえてくるのである。

3　中年期危機からの回復によって得られる個人と夫婦関係の特質

　最後に、中年期危機からの回復によって獲得される個人と夫婦関係の特質について簡単に述べておきたい。

　第一は、「自分」の感覚が信頼できることであろう。これは心理面接に訪れるクライエントに限らず、中年期の危機を越えていく一般の人々に共通する問題かもしれない。中年期の危機においては、さまざまな次元の内圧と外圧によって自己が揺さぶられる。その揺れを一つ一つ整理しながら、主体的な自己の感覚を取り戻していくことは重要な課題である。

　第二の特質は、自己内外で起こっている「現実」に向き合えること、そしてその「現実」を受け入れて生きられることである。夫婦関係において、配偶者のありのままの姿を見、それが受け入れられることである。これは、「理想化」した配偶者や夫婦の関係性の消滅に耐えて、現実に直面できることを意味する。「理想化」と「幻滅」におりあいをつけ、統合するという課題であるともいえるであろう。

　第三は、言うまでもなく、自己および夫婦関係の見直しと立て直しである。それは、主体的に納得できる自分を獲得すること、他者との適切な距離がとれること、そして「個」としての生き方と重要な他者へのケアのバランスがとれることなどを意味している。

引用文献

岡本祐子（1997）『中年からのアイデンティティ発達の心理学』ナカニシヤ出版.
岡本祐子（2002）『アイデンティティ生涯発達論の射程』ミネルヴァ書房.
Erikson, E. H. (1950) *Childhood and Society.* New York: W.W. Norton.（仁科弥生（訳）(1977, 1980)『幼児期と社会（1・2）』みすず書房.）
Jung, C.G. (1933) The stages of Life. In Gerhard Adler & R. F.C. Hull (Eds.) (1960) *The Collected Works of Carl G. Jung, Vol.8: Structure & Dynamics of the Psyche.* New Jersey: Princeton University Press.
Levinson, D. J. (1978) *The Seasons of a Man's Life.* New York: Alfred A. Knopf.（南博（訳）(1980)『人生の四季──中年をいかに生きるか』講談社.）

第3節
中年期夫婦とアサーション
野末武義

　夫婦における葛藤や問題を解決する一つの方法として、カップル・セラピーがある。カップル・セラピーでは、浮気、セックスレス、子育ての問題、実家との関係、離婚するかどうかなど、さまざまな問題が持ち込まれる。それらの問題の根底には、必ずと言ってよいほど夫婦間のコミュニケーションの問題が横たわっており、問題解決のためには夫婦のコミュニケーションを改善し、親密性を高めることが必要となる。その際に重要になるのが、アサーション（assertion）の考え方である。

1　家族ライフサイクルから見た中年期夫婦の葛藤とコミュニケーション

　どの年代の夫婦にとっても、幸福な結婚生活のために二人のコミュニケーションが重要であることは言うまでもない。しかし、中年期の夫婦は、新婚期の夫婦とは異なる長い歴史を持ち、この段階特有の夫婦としての課題にも直面させられるため、あらためて夫婦間のコミュニケーションが問われることになる。

a. 夫婦関係の岐路：夫婦としての青年期

　国立社会保障・人口問題研究所（2013）によれば、同居期間20年以上の夫婦の離婚は増加傾向にあり、1947年では離婚件数全体の3.1%にすぎなかったが、その後年々上昇し、2011年には離婚件数全体の16.0%を占めるに至っており、中高年夫婦の離婚が増加していることが示唆される。そして、同居期間20年以上の夫婦の多くは子育てが終盤に近づき、親子関係中心の家族から夫婦関係中心の家族に移行する段階と考えられ、夫婦として再出発することの難しさを示していると考えられる。

　少子高齢化が急速に進んでいる現代において、中年期は家族ライフサイクル

上最も長い段階であり (Preto & Blacker, 2012)、また、最も問題が生じやすい段階 (McGoldrick & Shibusawa, 2011) だと言われている。もし中年期がこれほどまでに長くなかったとしたら、たとえパートナーに不満があったとしても、離婚という選択をせずパートナーが亡くなるまで婚姻関係を継続する夫婦も少なくないであろう。しかし、残された人生が20年以上、場合によっては40年近くなる可能性があることを考えると、パートナーと一緒にいた方が幸福かどうか、パートナーとの関係を続けていくか否かは、誰にとっても大きな課題となる。つまり、中年期の夫婦は、残りの人生をパートナーと共に過ごしていくことを選択し再出発するのか、それとも別々の道を歩むのかという、大きな岐路に立たされているのである。

b. システムとしての夫婦：夫婦が直面するさまざまな課題

この段階が家族ライフサイクル上最も問題が生じやすいとされているのには、いくつかの理由が考えられる。第一に、夫婦に思春期あるいは青年期の子どもがいる場合、子ども自身もアイデンティティの確立をめぐって不安定になりやすい段階である。また、子どもは依存的で幼児的な面がありながらも、自立的で大人としての言動も見られるようになり、親はそれまでの子育ての仕方を見直し柔軟に対応していかなければならない。たとえそれ以前は子どもとの関係がうまくいっていた家族であっても、子どもが何らかの心身の問題をあらわしたり、親として子どもとの関係に悩みを抱えることは決して珍しくない。

第二に、夫も妻も身体的衰えを感じ始めたり、大きな病気にかかるなどして、それが時に大きな心理的ストレスをもたらすことになる。さらに、自分のこれまでの生き方や仕事についてふり返り、一方で今後の人生についても考えさせられることになり、自身のアイデンティティを再確認する、いわゆる中年期の危機に直面させられる。

そして第三に、年老いた親の介護や同居など、さまざまな形で年老いた親世代をサポートする役割が求められるようになり、時にそのことをめぐって夫婦が衝突することも起こる。このように、中年期の夫婦は、個人として、親として、子どもとして、さまざまな課題に直面させられる。

c. 夫の変化と妻の変化

　ところで、中年期の夫婦に起こる変化は、男性と女性とではその方向性が異なることも指摘されている。ウエクスラー（Wexler, 2004）は、中年期の男性はより人との関係性に関心が向くようになり、女性はより自分自身の個別性に関心が向くようになると指摘している。カーターとピーターズ（Carter & Peters, 1996）も、中年期は妻が自律性を高め家庭の外の世界にコミットしようとする一方で、夫はそれまで以上にレジャーや旅行の時間を求め、妻が行動を共にしてくれることを期待すると述べている。

　また、プレトとブラッカー（Preto & Blacker, 2011）は、中年期の男性も女性もさまざまなことに悩み不安を感じるのは同じであるが、男性の場合、そうした不安や悩みを他者と共有しないで、自分だけで考えるという点で女性とは異なると指摘している。そして、こうした中年期の夫と妻との間に見られるさまざまな違いから、中年期の夫婦は、まるで暗闇の中を別々の二隻の船で航海しているようなものだと表現している。

d. 夫婦としてのアイデンティティとその危機

　このように、個人のレベルでも親子関係や実家との関係のレベルでもさまざまな葛藤や問題を抱えやすい日常生活の中では、夫婦関係もそれらに影響を受け揺さぶられる。そして、これまでどのような夫婦関係を営んできたかをふり返り、現在の関係はどうであるのか、これからどのようになっていくのかという夫婦としてのアイデンティティが問われ、夫婦関係を継続していくのか終わらせるのかという選択を迫られることになる。

　また、中年期の夫婦が直面する葛藤や問題は、結婚以来の長い経過の中で積み上げられてきたものも少なくないため、夫婦で話し合い解決していくのは容易でない。しかし、幸福なカップルとそうでないカップルの違いは、問題について話し合うときにパートナーに理解されていると感じるかどうかであり（Olson et al., 2008）、また、話し合いによらない暗黙の了解よりも、話し合いによる合意の方が、妻の夫婦関係満足度は高い傾向にあることが明らかになっている（門野, 1995）。それゆえに、中年期の夫婦がさまざまな葛藤に向き合い、夫婦としてのアイデンティティの危機を乗り越えるためにも、夫婦間のコミュニケーシ

ョンがあらためて問われることになる。

2　アサーションと夫婦の対話

　この夫婦のコミュニケーションについて考えるときに取り入れたいのが、アサーションという自己表現である。アサーションとは、一言で言えば「自分も相手も大切にする自己表現」のことであり、1950年代に対人関係の問題を抱えた人たちのための治療法の一つとして行動療法家のウォルピ（Wolpe, J.）が開発した、自己表現の考え方と方法に端を発する。その後、人権回復運動や性差別撤廃運動とあいまって一般市民にも広がり、職場や家庭の人間関係、また、カウンセラー等の対人援助職にも役立つことが知られるようになった。日本には、1980年代初めに平木によって日本人向けにアレンジしたトレーニングが紹介され（平木, 2009）、近年ますます注目されている自己表現のトレーニングである。

a. 3つのタイプの自己表現

　アサーションでは、私たちの自己表現の仕方、言い換えればコミュニケーションのあり方や対人関係の特徴は、非主張的自己表現、攻撃的自己表現、アサーティブな自己表現の3つに分けられる（表5-3-1）（野末, 2015）。

　まず、非主張的自己表現とは、自分の気持ちや考えや欲求を率直に表現しないために、結果的に自分よりも相手を優先してしまうような自己表現のことである。自分の言いたいことを言わない、言えないだけでなく、言ってはいるけれども、曖昧な言い方、遠回しな言い方、遠慮がちな言い方、小さな声で言うなどによって、相手に真意が伝わりにくい表現も含まれる。非主張的な傾向が強い人の中には、「自分は言いたいことを言えない」と悩んでいる人も少なくないが、「自分は言っているのに、気づかない相手が悪い」と、相手の問題だと認識している人も少なくない。

　非主張的自己表現になってしまう要因はさまざまである。葛藤を避けたいとか相手に嫌われたくないという気持ちが強すぎる、言わなくても察して欲しいという依存心が強い、自己評価の低さ、自己犠牲的な傾向などが主なものとして挙げられる。いずれにせよ、自分自身にストレスがたまるのはもちろんのこ

表5-3-1　3つのタイプの自己表現とその特徴（© 日本・精神技術研究所）

	非主張的	攻撃的	アサーティブ
自己表現の特徴	・自分の気持ちや考えや欲求を率直に表現しない ・I'm not OK. 　You are OK. ・曖昧な言い方、遠回しな言い方、遠慮がちな言い方、小さな声で言う、など	・相手の気持ちや考えや欲求を考慮しないで自己主張する ・I'm OK. 　You are not OK. ・暴力、大声を出す ・無視する、馬鹿にする、けなす、陰で悪口を言う、など ・自分の都合のいいように利用する	・自分の気持ちや考えや欲求を率直に正直に表現する ・I'm OK. 　You are OK. ・I message ・相手の気持ちや考えを「聴く」ことも大切にする ・自分の弱さを認め表現することもできる
自他への影響	・ストレスがたまる ・抑鬱感や無力感などを伴う心身の変調 ・怒りをため込む ・相手に誤解される	・ストレスに気づきにくい ・イライラしがち ・喫煙や飲酒による身体疾患 ・相手からの怒りや憎しみ ・相手からの信頼感や愛情を失う	・自分と相手のその人らしさを大切にする ・話し合って歩み寄ろうとする ・肯定的なメッセージを伝える
背景にある要因	・葛藤を避けたい気持ちが強すぎる ・嫌われたくない気持ちが強すぎる ・察してほしい気持ちが強すぎる ・自己犠牲が強すぎる ・パートナーとのパワーの差 ・自己評価の低さ	・優位に立ちたいという気持ち ・甘え ・自信過剰と根底にある不安 ・真面目で責任感が強すぎる ・自分の弱さを受容できない ・忙しい ・疲れている	・自分と相手の気持ちや考えが異なるのは当然と考える ・適度な自信と謙虚さ ・自分自身が相手との関係の変化の鍵を握っている

　と、心の中にあることをはっきり伝えないために、相手を誤解させることにもなってしまう。

　たとえば、中年期になって長年我慢し続けてきた妻が、離婚したいと言い出すケースは少なくない。妻としてはそれまでに何度も不満を訴えてきたつもりだが、夫にとっては寝耳に水というずれが生じている。このような夫婦では、夫の共感性の低さや支配的な傾向という問題は確かに見られるものの、妻の非主張的な自己表現の問題が絡んでいることも珍しくない。

　次に、攻撃的な自己表現とは、自分の気持ちや考えや欲求はストレートに表現するが、相手を理解し受け止めようという気持ちに乏しく、自分が優位に立とうとするような自己表現である。人間関係を勝ち負けや上下関係でとらえたり、自信過剰な人、自分の弱さを知られたくない気持ちが強い人、さらには真面目で責任感が強すぎる人や、忙しくて疲れている人も、攻撃的な自己表現を

しがちである。攻撃的な傾向が強い人の中には、自分の問題を自覚していて直したいと思っている人もいるが、「自分は自己主張できている」と正当化していることも少なくない。ただ、それは相手を尊重していない一方的な自己主張である。そのため、自分は満足するかもしれないが、相手は不満や怒りを募らせ、結果的に相手が自分から離れていくという事態を引き起こしかねない。

先述した中年期の離婚のケースでは、妻の非主張的な自己表現も問題であるが、夫が日頃から妻の気持ちや考えや欲求に関心を持ち、自分が一方的な自己主張をしていることに気づいていれば、もっと早い段階で妻と話し合うことができ、関係を修復できる可能性がある。

3つめがアサーティブな自己表現である。これは、自分の気持ちや考えや欲求を率直に表現するが、相手の気持ちや考えや欲求にも関心を持ち、理解しようとする姿勢がある自己表現である。これは、たとえ夫婦であっても親子であっても、自分と相手は異なる個性を持った存在であることを前提としている。したがって、時にはお互いの気持ちや考えや欲求が一致しないことも当然起こりうると考えており、その解決のためには多少面倒くさくても話し合うことが大切で、時には時間がかかることも覚悟しているのである。つまり、お互いの個人としての存在を大切にしながら、相手との関係の中で気持ちや考えや欲求を共有しようと努力するのである。

このような3つの自己表現は、誰にでも見られる。職場では非主張的な人が家庭では攻撃的だったり、家庭の中でもパートナーに対しては攻撃的な人が子どもに対してはアサーティブだったり、さまざまである。また、夫婦関係においては、一方が攻撃的で他方が非主張的というように固定化した悪循環に陥っている夫婦もあれば、お互いに時に攻撃的になったり非主張的になったり、アサーティブでいられるときもある、といった夫婦もある。

また、カップル・セラピーを求めてくる夫婦を見ていると、夫婦の年代によって自己表現の傾向は異なっている。年齢が高い夫婦ほど、夫が攻撃的で妻が非主張的という組み合わせが多いが、若くなればなるほど、妻が攻撃的で夫が非主張的という組み合わせも珍しくない。

b. 心の中からアサーティブになる：自己表現に影響を与える要素

　非主張的自己表現や攻撃的自己表現をなるべく減らし、アサーティブな自己表現を身につけてより親密な夫婦関係を築くためには、まず心の中をアサーティブにすることが必要である。

　自己表現のあり方に影響を与えるものとしてまず挙げられるのが、自己信頼の問題である。アサーティブな傾向の強い人は、適度な自信と謙虚さがあるが、攻撃的な傾向の強い人は自信過剰であり、非主張的な傾向の強い人は自分に対する不信感が強い。非主張的な傾向の強い人は、日頃からの自分の小さな努力や長所を過小評価しないようにすることが必要だし、攻撃的な傾向の強い人は、時に自分の言動をふり返り、自分の欠点や短所、そして自分の言動の相手に対する否定的な影響にも目を向けた方がよいだろう。

　次に挙げられるのが、アサーション権、すなわち自己表現の権利を確信できているかどうかである。アサーションでは、私たちは生まれながらにして誰にでも自己表現をする権利が与えられていると考える。「権利」という言葉は日本人にとっては時に誤解されることがあるが、「～してもよい」という意味であり、「権利をふりかざす」ことではない。したがって、アサーション権とは「自己表現してもよい」という意味であるし、自分にも相手にも平等に与えられているのである。夫婦関係において、自分にも相手にもアサーション権があるということを確信していれば、アサーティブな自己表現が可能になる。しかし、攻撃的な傾向が強い人は、自分のアサーション権は確信しているが、パートナーにも自分と同じようにアサーション権があるとは思えていない。一方、非主張的な傾向が強い人は、パートナーのアサーション権は認めているが、自分のアサーション権については確信が持てないために、自分自身の権利を守ることが難しい。

　自己表現に影響を与える3番目の要素は、その人のものの見方・考え方の特徴やくせ、あるいは価値観である。これらを認知というが、時にそれがアサーティブな自己表現を妨げ、攻撃的自己表現や非主張的自己表現を引き起こす要因となることがあり、これを非合理的思い込みという。たとえば、程度の差はあれ多くの夫婦に見られるものとして（野末，2015）、「パートナーが自分のことを本当に愛してくれているのなら、自分の気持ちや考えは言わなくても分かっ

てくれるはずだ」という非合理的思い込みがある。もしも強くこのように信じていると、自分の心の中にあることをパートナーが察してくれることを過度に期待して自分自身では表現せず、結果的にパートナーの言動に失望し落ち込むことになりかねない。あるいは、それゆえにパートナーを激しく責めるという人もいる。したがって、「たとえ愛し合っていたとしても、お互いの気持ちや考えを察することには限界がある」、「パートナーが察してくれることを期待するよりも、自分から伝える努力をすることが大切だ」と修正した方が、アサーティブな自己表現につながる。

　また、最近増えているように思われるのは、「夫婦であれば、言いたいことは何を言ってもかまわない」という非合理的思い込みを持った人である。このように考えていると、二人の間で葛藤が生じたとき、パートナーに対して攻撃的な自己表現をしやすく、パートナーを傷つけていても自分を正当化しがちである。ところが、自分がパートナーから言われたことにはひどく傷ついて被害的になることもある。さらに、パートナーの言動に対する不満だけではなく、時に人格そのものを否定するようなことを言うことになりかねない。したがって、「パートナーから言われたことで自分が傷つくこともある。それと同様に、自分がパートナーを傷つけてしまうこともある。夫婦だからといって、言われたことを何でも受け止められる人はいない」と考え、パートナーに配慮することも考えた方がよいだろう。

　ところで、非合理的思い込みは、その人が生まれ育った家族の中でどのような経験をしてきたか、どのようなメッセージを受けてきたか、男性として女性としてどのような価値観を教えられてきたか、さらにはマスメディアからの影響によっても形成される。そのため、本人にとっては「当たり前のこと」、「常識」としてとらえられていることもよくあり、その問題性に気づきにくい。

　たとえば、「男は仕事、女は家庭」といういわゆる伝統的性別役割観を支持する中高年の夫は未だに少なくないが、それが妻に対して「おまえは女なんだから、家のことだけやっていればいいんだよ」という攻撃的な言動につながっている可能性がある。また、「男性も女性も、仕事と家庭の両方が大切」という近年の平等主義的役割観も、時に非合理的思い込みになりうる。たとえば、妻がイクメンといわれるタレントと夫を比較し、夫が多忙で疲れているにもかかわ

らず子どもの世話をしていることを「やって当たり前」と価値下げし、「○○を見習ってもっと子育てに協力しなさいよ」と非難するなどである。

c. 最も基本的なアサーションのスキル：言動としてのアサーション

　このように、心の中をアサーティブにすることに加えて、実際のパートナーとのやりとりの中で、自己表現をよりアサーティブにしていくために、最も基本的なスキルが二つある。

　一つは、I message（私はメッセージ）を心がけることである。つまり、「私はこう思う」、「私はこういう気持ちだ」というように、"私"を主語にして話すことを心がけることである。非主張的自己表現をしがちな人は、ふだんから遠慮がちな話し方や曖昧な言い方をしがちであり、I messageはストレートすぎて相手にとってきつい表現だと思いがちである。あるいは、自分はわがままを言っているのではないかと思ってしまう。一方、攻撃的な自己表現をしがちな人は、IよりもYouを使ったメッセージを送りがちである。たとえば、「どうしてあなたはそんなに～なの？」、「おまえは俺にいろんなことを要求しすぎだ」という具合である。このような不満や怒りも、"私"を使うとアサーティブに伝えることができる。たとえば、「私は、あなたが～なことに困っている」、「俺はいろいろなことを要求されているように感じるし、追い詰められているように思える」というように、"私"を主語にして冷静に伝えるのである。

　二つ目のスキルは、聴く（listening）スキルである。アサーティブとは、自分のことだけでなく相手のことも大切にしようとするので、相手の気持ちや考えや欲求に関心を持ち、理解しよう、耳を傾けようという態度が必要である。つまり、伝えるだけではなく、受け止めることも大切にするのである。非主張的な自己表現をしがちな人の中は、相手の話を聴くことについては比較的できていることが少なくない。一方、攻撃的な自己表現をしがちな人は、相手の話を聴くことが苦手で、相手の話を待つゆとりがなかったり、つい自分が話したいことを優先してしまう。また、自分の話を聴いてほしいという欲求は自然なもので大切であるが、その欲求が強すぎると、パートナーの話を聴くのが難しい。

　一般的に、妻は話を聴いてもらいたいという欲求が強く、夫は話を聴くスキルが身についていないことが多いので、「夫に話を聴いてほしいのに聴いてもら

えない」という不満を持っている妻は少なくない。そのような夫は、理屈っぽく、気持ちを理解することが苦手で、問題解決志向が強くてすぐに結論を出したがる。そのため、妻としては「聴いてもらえた」、「分かってもらえた」という満足感を得にくく、夫は夫で、なぜ妻が不満を抱くのか理解できないというずれが生じがちである。一方、最近では妻に話を聴いてほしいと望む夫も増えており、カップル・セラピーでは、妻に話を聴いてもらえないという不満を訴える夫に出会うことも珍しくなくなってきた。

3 アサーティブな夫婦関係の構築

　ここまで述べてきたアサーションの観点から夫婦関係を理解し、よりアサーティブな夫婦関係をめざすとしたら、まず大事なことは、パートナーを変えようと思わないことである。これまでの夫婦関係についてふり返り、自分とパートナーの自己表現の特徴や問題点について理解するとき、パートナーの問題点は目につきやすい。そして、これまでの葛藤や苦労の原因が、すべてパートナーにあるように思えてしまうことすらあるだろう。また、アサーションについて学んだ人がよく疑問に思うこととして、「パートナーがアサーションについて理解して、パートナー自身もアサーティブになろうと思っていなければ、努力しても無駄ではないか」ということがある。

　しかし、いくらアサーションが少しずつ世の中に知られるようになったとはいえ、多くの人はアサーションという言葉すら知らないというのが現実である。したがってまず大事なのは、自分自身が変わることであり、その第一歩は自分自身の自己表現の傾向について知ることであり、非主張的な自己表現や攻撃的な自己表現を少しずつアサーティブな自己表現に変えていくことである。それによってパートナーとの関係が少しずつ変化し、結果的にパートナーも変化する可能性がある。「パートナーがアサーションについて知り、アサーティブになってくれなければ、自分もアサーティブになれない」というのは、非合理的思い込みであろう。したがって、中年期という夫婦関係の再構築の段階にあたっては、二人の関係に対してお互いが責任を持ち、結果的に二人とも変化することができれば理想的である。

最後に、アサーションの考えを取り入れた、中年期夫婦のカップル・セラピーの事例を紹介する。なお、プライバシー保護のため、複数の事例をもとに再構成したものであることをお断りしておく。

 結婚して20年になる40代後半の夫婦で、中学2年生の息子が不登校になったため、母親がスクールカウンセラーに相談し、夫婦でセラピーを受けることを勧められて来談した。夫は大企業に勤めるエリートサラリーマンで、結婚当初から多忙であり、息子が幼いときにも一緒に遊んだり家族で旅行に行く機会はほとんどなかった。そうした状況について妻は、「まるで母子家庭のようだった」、「思春期の男の子はよく分からないから、これからは夫にもっと父親として関わって欲しい」と、涙を流しながら語った。ふだんは激しい口調で夫を責め立てていた妻であったが、セラピストを介して自分が感じてきたつらさや寂しさを言語化し、夫に「もっと関わってほしい」ということをアサーティブに伝えることができた。妻の涙を初めて見た夫は深く反省し、「悪かったね」と謝った。いつもは妻に責められると弁解ばかりしていた夫が、妻の話に耳を傾けつらい気持ちを理解し、アサーティブに謝ることができた。その後、夫は日曜日に息子の勉強を見てやるようになり、2か月後に息子は1週間のうちの半分は登校できるようになった。

 妻は、夫が息子に関わろうと努力していること、それによる息子の変化を評価し、夫もそうした妻の評価には満足している様子であった。しかし、月1回のセッションが進むにつれて、夫の表情に疲れが見えてきたことが気になったセラピストは、夫の現在の仕事のストレスと、これまでの仕事の苦労について尋ねた。そこで語られた内容の多くは、これまで妻が聴いたことがなかったものであり、妻は初めて夫がいかに仕事で大変な思いをしながら家族のために頑張ってきたかを知った。夫は、仕事の話をしても妻が聴きたくなさそうだったので話しにくかったと語り、妻も子どもの受験のことにずっとエネルギーを注いできていて、夫のことに関心を持ってこなかったことを認め、素直に謝った。その後も夫の仕事の大変さは変わらなかったが、妻に分かってもらえたことで気持ちが楽になったと語り、夫婦で布団に入りながら話をしたり、休日に散歩に行くなどの行動も増え、半年後には息子の不登校も解消された。

 中年期の夫婦が自分たちの関係を見つめ直し、あらためて二人で人生を歩んで

いく決意をするためには、時には大工事が必要になることがある。しかし、その基本は夫婦のよりきめ細やかで親密なコミュニケーションであり、アサーションはそのヒントになりうるものであろう。

引用文献
門野里栄子(1995)「夫婦間の話し合いと夫婦関係満足度」『家族社会学研究』7, pp. 57-67.
国立社会保障・人口問題研究所(2013)「人口資料統計」.
野末武義(2015)『夫婦・カップルのためのアサーション』金子書房.
平木典子(2009)『アサーション・トレーニング──さわやかな〈自己表現〉のために』金子書房.
Carter, B. & Peters, J. K. (1996) *Love, Honor and Negotiate: Building Partnerships that Last a Lifetime*. New York: Pocket Books.
McGoldrick, M. & Shibusawa, T. (2011) The family life cycle. In Froma Walsh (ed.) *Normal Family Processes, Fourth Edition: Growing Diversity and Complexity*. New York: Guilford Press. pp. 375-398.
Olson, D.H., Olson-Sigg, A., & Larson, P.J. (2008) The Couple Checkup: Find Your Relationship Strengths. Nashville: Thomas Nelson Inc.
Preto, N. G. & Blacker, L. (2012) Families at Midlife: Launching Children and Moving On. In McGoldrick, M., Carter, B., & Preto, N.G. (eds.) *The Expanded Family Life Cycle: Individual, Family, and Social Perspectives, Fourth Edition* (pp. 247-260). Boston: Pearson Allyn & Bacon.
Wexler, D. B. (2004) *When Good Men Behave Badly: Change Your Behavior, Change Your Relationship*. Oakland: New Harbinger Publications.

研究紹介 ①
女性の更年期に対する夫婦のとらえ方と妻の更年期症状に関連する要因
中西伸子

1　はじめに

　女性の更年期は、女性ホルモン（エストロゲン）の急激な低下から、更年期症状と称する血管運動神経系の機能障害や自律神経失調型の不定愁訴をきたしやすい。その症状は200種類を超えるといわれている。さらに職業、結婚、家族のあり方、特に夫婦関係が更年期症状の軽減やQOLの向上に影響する（中西・町浦, 2008）。更年期女性の抱えるこれらの問題を改善するには、特にパートナーである夫が女性の更年期に関心をもち、妻の更年期の状態や問題に目を向ける必要がある。しかし、これまでの研究は更年期の病態やストレスを中心にした、男性・女性という集団別の調査がほとんどであり、夫婦単位で女性の更年期のとらえ方を調査した研究はみあたらない。そこで、本研究において、更年期女性の人間関係における重要他者である夫の存在に注目し、夫婦を対象に女性の更年期に対するとらえ方を知り、更年期女性の更年期症状に関連する諸要因を明らかにした。

2　調査の実施内容

　近畿圏の3つの府県で、妻が更年期（40〜60歳）で夫が就労中の同居夫婦を対象とした。調査方法は無記名自記式質問紙法とし、配布方法は職場や集会を通じて夫または妻に夫用、妻用と密封した質問紙を配布し、郵送法にて回収した。「対象の属性」、「妻と夫の更年期のとらえ方」、「妻のライフイベント」、「夫がとらえる妻の更年期症状」、「夫婦の関係」、「妻の自己効力感」を影響する因子として、妻の更年期症状との関連をみた。本研究は、所属大学研究倫理委員会の承認を得て実施した。

　対象の属性、妻と夫それぞれに、更年期の時期の認識、更年期への関心の有無、更年期についての知識の有無、そして妻には更年期にあったライフイベント、夫には妻にあったと考えるライフイベントを質問した。妻の

更年期症状、および夫がとらえる妻の更年期を把握するために、小山と麻生（1992）の簡略更年期指数（SMI）を用いた。判別基準は、100点満点のうち「0~25点：異常なし」が判定基準1、「26~50点：日常生活に留意が必要」が2、「51~65点：更年期障害軽症」が3、「66~80点：更年期障害中程度」が4、「81点以上：更年期障害重症」が5である。

夫婦の関係性は、ロックとウォレス（Locke & Wallace, 1959）のMarital-Adjustment Test（15項目）について、三隅ら（1999）による邦訳版「夫婦間調整尺度」を用いた。自己効力感は一般的な成人の自己効力感の強さを測定するために、坂野と東條（1986）が作成した一般性自己効力感尺度（Generalized Self-Efficacy Scale: GSES）を用いた。

3　主な結果

対象夫婦総数は187組、平均年齢は妻49.53歳（SD=5.08）、夫52.18歳（SD=5.53）で、結婚年数は平均23.39歳（SD=6.35）であり、対象女性の80%以上が健康であると自覚していた。夫婦関係では、夫婦の110組の夫と妻が夫婦間調整尺度の得点で近い値を示し、夫婦関調整尺度の夫婦合計得点と妻と夫の夫婦間合計得点の間には、r=0.576（p<0.05）の中程度の相関がみられた。閉経年齢の平均は49.8歳であった。

更年期について、妻は177名（94%）が関心があり、159名（85.1%）が知識をもっていた。夫は妻の更年期については152名（80.5%）が関心をもっていたが、更年期の知識については92名（49.2%）が知らないという回答であった。更年期の関心は妻と夫の間に有意差があり（p<0.01）、更年期についての知識は有意差はなかった。夫の121名（64.7%）が、妻の更年期の時期を認識できていなかった。妻のSMIと、夫から見た妻のSMIの間にr=0.454（p<0.01）の中程度の相関が見られたが、妻の症状を軽く判定した夫が26.2%いた。

a. 更年期の妻にあったライフイベント

更年期に妻自身にあったライフイベントは、184名（98.4%）があったと答えており、特になかったという妻は3名であった。妻にあったライフイ

ベントは「仕事の多忙によるストレス」28名（15.0%）が最も多く、次いで「お金の問題」25名（13.4%）、「夫の親の介護」22名（11.8%）、「子どもの受験」18名（9.6%）、「子どもが独立」16名（8.6%）、「自分の親の介護」15名（8.0%）が上位であった。同居家族の介護の経験は12名であったが、同居はしていないが介護の経験をしているものがいた。夫からみた妻のライフイベントについては「特にない」45名（24.0%）が最も多く、次いで「子どもの受験」27名（14.4%）、「妻の仕事の多忙によるストレス」16名（8.6%）、「お金の問題」16名（8.6%）、「自分の親の介護」10名（5.3%）、「妻の更年期障害」10名（5.3%）が上位であったが、「記入なし」も11名（5.8%）あった（図5-4-1）。

b. 最も気になる更年期の症状

妻の更年期症状で、夫が最も気になる症状は「物忘れする」34名（18.2%）、「視力の低下」26名（13.9%）、「性欲の減退」22名（11.8%）、「怒りやすく、いらいらする」19名（10.2%）、「肩こり・腰痛・手足の痛みがある」15名（8.0%）が上位であった。妻が最も気になる更年期症状とは、図5-4-2に示すように夫婦間で差がみられた。

c. 更年期症状に関連する要因

妻のSMIと相関関係のみられた項目は、妻が感じる夫婦関係の幸福感、妻の自己効力感、夫から見た妻のSMI、妻の健康状態、妻の更年期への関心、夫婦関係合計得点、夫が認識する妻の更年期の時期、妻が認識する自分の更年期の時期であった（図5-4-3）。

4　まとめ

研究の結果から、更年期女性の更年期のとらえ方は、年齢や月経の変化やその他の自覚症状で判断していた。また、今回夫の64.7%が妻の更年期の時期を認識できていなかった。夫の約半数が、更年期についてあまり知らず、更年期に対しての関心も、30%以上の夫が妻の更年期に関心がないという回答であった。夫は更年期についての知識がないため、更年期の時

［研究紹介①］女性の更年期に対する夫婦のとらえ方と妻の更年期症状に関連する要因

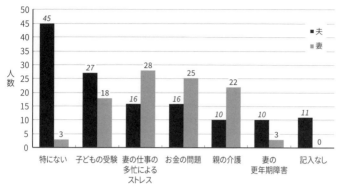

図5-4-1　妻にあった大きなライフイベント（妻回答と夫回答）

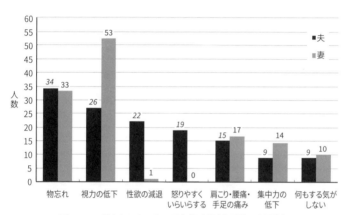

図5-4-2　最も気になる妻の更年期症状（妻回答と夫回答）

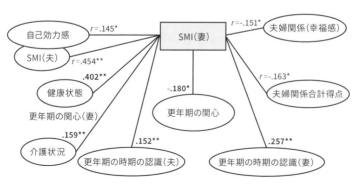

（r=Pearsonの積率相関係数、太字はSpearmanの順位相関係数）

図5-4-3　妻のSMIとの関連要因

期について認識できず、妻の目に見えない更年期症状もとらえることができないともいえる。これらのことから、更年期の妻をもつ夫へのアプローチが必要であることが明らかになった。

　女性の更年期についての男性への知識の普及は、人間ドックや会社の健診を利用して、パンフレットの配布やミニ健康相談を開催するなど、啓発方法を検討していく必要がある。妻の更年期だけでなく、夫自身の更年期について知識や関心を高めるためにも有効であると考える。

　次に、妻の更年期にあったライフイベントについてみると、対象女性に最も多かったのは「仕事の多忙によるストレス」であり、次いで「お金の問題」、「夫の親の介護」、「子どもの受験」が上位であった。ライフイベントがなかったと答えた妻は、187名中3名だけであった。今回の妻のライフイベントの1位は「仕事の多忙によるストレス」であった。総理府の「平成25年版男女共同参画白書」では、40歳代女性は年代別で最も長時間労働となり、家事時間も増大している。

　また、このライフイベントの回答によって、同居はしていなくても介護はしていたということがわかった。夫の親と、さらに自分の親の介護を加えると、妻が経験したライフイベントの1位が入れ替わり、「親の介護」となる。仕事、家事、介護と更年期女性の多重役割、負担が女性の心身の自覚症状に影響を及ぼしていることが考えられる。

　このように、更年期の女性にとってライフイベントは大きな意味をもつことが推測されるが、夫の認識は、「妻のライフイベントの有無」の質問に対して「妻の更年期にライフイベントはなかった」という回答が45名（24.0％）、そして無記入も11名（5.8％）あった。この結果から、夫は妻の日々の生活の負担が理解できていない傾向が示唆された。妻が経験しているライフイベントなどの負担を夫婦で共有し、夫や家族が妻をサポートする姿勢が必要であると考える。

　本研究は、夫からみた妻の更年期症状を測定する手段として、妻と同じくSMIを使用した。結果から、妻が感じている更年期の症状よりも夫は軽く考える傾向があることを示していた。妻と夫それぞれに聞いた、妻の更年期の気になる症状では、1位と2位の項目に関しては妻も夫も同じであっ

たが、3位と4位に夫は「性欲の低下」、「怒りやすく、いらいらする」をあげていた。一方、妻の上位は「肩こり・腰痛・手足の痛み」、「集中力の低下」が3・4位で、「月経の量の変化」が5位であった。夫による妻の更年期症状のとらえ方は、夫の目に見える妻の症状や、夫自身が気になる妻の状況をとらえていることが分かった。

今回、妻のSMIと相関関係のみられた項目は、妻が感じる夫婦関係の幸福感、妻の自己効力感、夫から見た妻のSMI、妻の健康状態、妻の更年期への関心、夫婦関係合計得点、夫が認識する妻の更年期の時期、妻が認識する自分の更年期の時期であった。この結果から、妻の更年期症状には、知識の有無や自己効力感も関連していることが示唆された。夫に関しては、妻の更年期に対する夫の知識の少なさや関心の低さが明らかになり、啓発方法を検討していく必要がある。さらに、夫婦の関係性も更年期症状に関連していることから、更年期夫婦の看護支援は、夫婦単位で考えていくことも必要と考える。

今回の結果から、更年期においては、夫婦の関係性が良好で、夫が妻の更年期の状態を把握していることも重要であると考えられた。更年期にある女性が健康で生活の質の高い生き方をしていくために、妻のみでなく夫に対しても更年期の知識をもつように啓発し、看護職者が更年期においては夫婦という単位を意識した健康の維持増進への看護支援を行っていく必要性が示唆された。

引用文献
小山嵩夫・麻生武志(1992)「更年期婦人における漢方治療：簡略化した更年期指数による評価」『産婦人科漢方研究のあゆみ』9, pp. 30-34.
坂野雄二・東條光彦(1986)「一般性セルフエフィカシー尺度作成の試み」『行動療法研究』12(1), pp. 73-82.
中西伸子・町浦美智子(2008)「更年期女性のヘルスプロモーション行動に関連する要因の検討」『母性衛生』48(4), pp. 512-521.
三隅順子・森恵美・遠藤恵子(1999)「夫婦間調整テスト(日本語版)の作成」『母性衛生』40(1), pp. 160-167.
Locke, H. J., & Wallace, K. M. (1959) Short Marital-Adjustment and Prediction Tests: Their Reliability and Validity. *Marriage and Family Living*, 21(3), pp. 251-255.

研究紹介 ②
老親介護する熟年夫婦の心のケア
橋爪祐美

1　老親介護する熟年女性のワーク・ライフ・バランスとメンタルヘルス問題

　少子高齢社会を迎え、生活上何らかの手助けを要する高齢者の増加、高騰する医療・介護費、および生産年齢人口減少に伴う社会保障制度維持の困難さが課題となっている現在、女性にとって就労は自己実現のみならず、安定した生活維持のための自衛手段となった。世帯所得の減少、自らの老後生活への不安も募る近年の社会経済情勢を背景に、老親を介護しながら就労を続ける熟年女性〔老親の娘または嫁（老親の子の配偶者）〕は増えている。

　昨今の男女共同参画社会推進施策や介護保険制度等により、一見したところ女性の社会進出は保障されているかのように見える。しかし、「女性が老親と夫の要望を尊重し、家事介護に専念すること」は社会規範として、女性を含む社会一般の意識に深く刷り込まれていると考えられる。現実的にも、高齢者医療・介護費削減を意図した在宅介護推進施策によって家族の介護責務は重視され、高齢者介護の主な担い手は約7割が女性（同居家族の場合）で、有業の夫の家事分担時間は有業の妻より短い（厚生労働省, 2013; 総務省統計局, 2011）。

　近年、介護者のうつ（介護うつ）が社会問題として着目され始めた。これまで就労女性については出産・育児との両立について多く検討されてきた。しかし急速な高齢化に伴い、近年は介護との両立が喫緊の課題となった（佐藤・武石, 2014）。この研究を開始した当時、老親介護する就労女性に焦点をあて、当事者の状況について明確化を試みたものは皆無に等しかった（Lechner & Sasaki, 1995）。そこで質的研究法（グラウンデッド・セオリー法：Grounded theory approach）（萱間, 2007; 木下, 1999; Corbin & Strauss, 1990）を用いた聞き取り調査を行い、これら女性の全体像の把握を試みた。

2　熟年女性の老親介護生活の概念化・中範囲理論構築による理解

（出典：橋爪, 2005; Hashizume, 2010）

　質的研究法は因子探索型研究に適しており、既存の概念や理論では説明できない現象について、概念化と中範囲理論の生成を試みる。なかでもグラウンデッド・セオリー法は、人の行動・考え方は所属している特定の集団で共有された価値観やシンボルの影響を受けて方向づけられる社会化の過程を扱い、筆者の課題である自己実現の希求と規範意識の間で揺れ動く女性の心情に迫る上で、適した方法論と考え選択した（橋爪, 2012a）。

　被調査者は共働きで子どもをもち、老親と同居する11人の女性であった。老親は何らかの介護を要するが、比較的軽度から中等度の寝たきり状態にあり、介護者と意思の疎通が可能で、認知症の確定診断を受けていない状態にある方とした。これらの条件は、共働き家庭で今後介護と就労、家事の両立を担っていくことが十分想定される状況にある女性の認識を明らかにする目的で設定した。女性の平均年齢は47歳、調査時の平均介護期間は4.5年で、老親の平均年齢は78歳であった。分析の結果、働く女性の老親介護生活について、次のストーリー・ライン（story line: 生成・抽出した概念による現象全体の説明）が導き出された。

　女性は夫、家族に迷惑をかけないこと、夫婦・家族関係を良好に保つことを重んじ、老親介護を始めた当初は介護や仕事との両立の不満やストレスを周囲に訴えず、"一人で家事も介護もする"ことに力を注ぐ。やがて心身の限界に達すると、「家事介護は女性が担うもの」という性役割規範が今や形骸化していることを理由に挙げ、仕事と介護の両立と、自身の安寧のため、以下の戦略的な行動を取る。

　　1) 仕事を続ける
　　2) 夫や老親が自分でできる身の回りことは手助けしない
　　3) 家族で家事介護を分担する
　　4) 施設介護（老親の施設入所）を検討する
　　5) 介護者自身の生活を楽しむ

　その一方で、規範意識はモラル・センスに根付いているために、女性は家事介護責務を果たせていない自分自身、介護の受け手である老親、家事介

護の一端を担ってくれる夫や子ども、さらに介護サービス提供者に対しても罪悪感、羞恥心、申し訳なさ等の抑圧された感情を抱いていた。さらに、女性は夫・家族を煩わすことを避け、良好な関係の保持を意図して、これらの感情の他者への開示を避けて抱え込む傾向が見出された。

このように、働く女性介護者は家事介護の実質的な負担のみならず、性役割規範を認識し抑圧された感情を抱え込んでいることから、"うつ状態"に至る可能性が示唆された（橋爪, 2005; Hashizume, 2010）。

3　老親介護する勤労者夫婦の妻のワーク・ライフ・バランスとうつ予防のための夫の役割：介入研究　　（出典：橋爪, 2012b）

働く女性介護者の配偶者は、家事介護を分担し（手段的支援の提供）、前述した抑圧された感情を分かち合い（精神的支援の提供）、女性の介護生活に伴う"うつ状態"の予防において重要な役割を担うと考え、老親介護する熟年女性と配偶者を対象に、認知行動科学の枠組みに基づいた個別対応型教育プログラムを立案して、その短期的効果を検討した。

中規模地方小都市である某県内の自治体および訪問看護ステーション等に所属し、老親を介護しながら就労する看護介護職者7人と、研究に参加の同意が得られた配偶者5人に協力を依頼した。研究デザインはsingle groupで設定し、プログラムの評価は、標準化された測定尺度を用いて介入前後で比較した。プログラムは複数の理論モデル（i：社会的認知理論、ii：トランス・セオレティカル・モデル、iii：ソーシャルサポートほか）に基づき、先の聞き取り調査で見出された介護生活に伴う"うつ状態"のメカニズムに対して、以下の取り組みを設定した。

1) 抑圧された感情を抱え込むのは『自分だけではない』ことを知る。感情を書き出す。
2) 余暇時間を確保する必要性を意識し、特定の余暇作業を選んで実行する。自分自身を労わること（セルフケア）を肯定的に捉える。
3) 夫に"抑圧された感情"を訴え（妻から夫への感情開示、夫は妻の訴えを傾聴する）。家事介護の分担を要望する（夫が分担するようになる）。

具体的には、次の5つのセッションで実施した〔各回約1時間、7週間で全

セッション終了。セッションはすべて筆者による個別面談)。

セッション①：働く女性が認識する抑圧された感情のエピソード集(パンフレット)と、感情解放のための教材呈示、ホーム・ワークを課す。

セッション②：女性の余暇活動を集めたパンフレット提示と奨励。

セッション③：②の実施状況の確認と強化。

セッション④：夫を交えたジョイント・セッション(妻が認識している抑圧された感情の理解と、妻への精神的支援について、夫の立場から思うことについてヒアリング)。

セッション⑤：プログラム全体の振り返り。

介入研究に参加した女性の平均年齢は58歳。参加者のうち3人が正規職員、残り4人は非正規職員、平均月間実労働時間は勤労女性の全国的水準に近かった。家族構成は夫と子どものいる世帯で、中級の経済的水準にあった。老親の平均年齢は84歳、主な疾患は脳血管疾患で、1人を除く老親全員が、認知機能の低下があるか認知症の診断を受けていた。初回調査時点の介護期間は1年〜8年であった。調査終了時点で要介護度の進んだ老親はいなかったが、女性はほぼ全員が老親の心身状態は悪化したと述べた。介護サービス利用状況は、プログラム終了時点で2人の老親が施設入所、2人が通所介護(デイサービス)と短期施設入所生活介護(ショートステイ)を利用するようになったほかは、プログラム前後で変化はなかった。7人の女性のうち夜間介護を要する老親は、プログラム前に1人いたが、プログラム実施中に施設入所となったため、プログラム終了時に夜間介護を行う女性はいなかった。週あたり平均家事介護時間はプログラム前後で差はなかったが、中央値はプログラム前に比べてプログラム後は減少しており、プログラム終了時点で施設入所に至った老親がいたことの影響が考えられた。

ウィルコクソンの符合付順位和検定の結果、プログラム実施後に女性の消極的コーピング(coping)行動は有意に減り、介護負担感は下がる傾向が確認された。また「夫から『ありのままの自分』を尊重されている感じ」をもてる女性では、夫に対して"抑圧された感情"を開示する程度は高く、働きながら家事も介護も担う多重役割を肯定的に捉え、"うつ状態"の程度は低い可能性が示唆された。しかし、妻の夫への感情開示や、夫の妻の訴

えに対する傾聴度合が高くても、妻側に「夫から理解されている」感覚が持てない場合、妻の「夫に尊重される」認識は低く、"うつ状態"の程度は高まる可能性が考えられた。さらに、夫側には「妻を尊重する具体的な手立てがわからず困惑」した状況が確認された。

4　今後の課題

　このことから、老親介護する熟年共働き夫婦双方に、心のケアに関わる具体的手段の習得に関する教育的ケアが必要とされると考えられた。しかし、プログラム実施前の時点で4人の夫がすでに家事介護を分担しており（天井効果）、研究対象の選定に課題が残った。また余暇時間はプログラム実施前後で有意差はなかった。しかし、週末余暇時間の中央値はプログラム前後で同値（2時間程度）であったが、平日余暇時間の中央値は実施前では90分のところ、実施後は1時間程度に短くなり、いずれの値も総務省統計局が報告する有業の妻の余暇時間（約3時間、社会的文化的活動時間等について平日の行動者平均時間の集計；男女共同参画統計研究会, 2015）より短いことから、女性介護者にとって平日の余暇時間確保が課題となることが示唆された。

引用文献

萱間真美（2007）『質的研究実践ノート──研究プロセスを進めるclueとポイント』医学書院．
木下康仁（1999）『グラウンデッド・セオリー・アプローチ──質的実証研究の再生』弘文堂．
厚生労働省（2013）「平成25年　国民生活基礎調査の概況」〈http://www.mhlw.go.jp/toukei/saikin/hw/k-tyosa/k-tyosa13/〉（2015年10月7日アクセス）．
佐藤博樹・武石恵美子（編）（2014）『ワーク・ライフ・バランス支援の課題──人材多様化時代における企業の対応』東京大学出版会．
総務省統計局（2011）「平成23年社会生活基本調査」表番号8〈http://www.e-stat.go.jp/SG1/estat/List.do?bid=000001040666&cycode=0〉（2015年10月9日アクセス）．
男女共同参画統計研究会（編）（2015）『男女共同参画統計データブック2015──日本の女性と男性』ぎょうせい．
橋爪祐美（2005）『働く女性の介護生活』風間書房．
橋爪祐美（2012a）「初心者のための質的研究ナビゲーション　連載第三回　質的研究例（その2）──介護する女性」『高齢者ケアリング学研究会誌』3（1），pp. 29-41.
橋爪祐美（2012b）「要介護高齢者を介護する勤労女性の精神的健康支援に関する研究──『私の介護ノート』を用いた女性の介護うつ予防プログラムの試行」『研究助成論文集』47, pp. 172-184.
Corbin, J., & Strauss, A.（著）南裕子（監訳）操華子・森岡崇・志自岐康子・竹崎久美子（訳）（1990）『質的研究の基礎──グラウンデッド・セオリー開発の技法と手順』医学書院．

Hashizume, Y. (2010) Releasing From the Oppression: Caregiving for the Elderly Parents of Japanese Working Women. *Qualitative Health Research*, 20(6), pp. 830-844.

Lechner, D. W., & Sasaki, M. (1995) Japan and the United States struggle with who will care for our aging parents when caregivers are employed. *Journal of Gerontological Social Work,* 24(1/2), pp. 97-114.

研究紹介 ③
婚外交渉に関する心理臨床研究
布柴靖枝

1　婚外交渉をいかに捉えるか

　婚外交渉は、カップルが体験する大きな危機の一つになる。2004年にシカゴ大学で行われた調査では、既婚男性の20.5%、既婚女性の11.7%に、過去に婚外交渉の経験があるというデータが出た（Davis, et al., 2005）。日本では、40歳以上の3,000名を超す既婚男女を対象にしたWeb調査において、夫の34.6%、妻の6%に浮気の経験があるという結果がでている（二松, 2010）。

　若年カップルにとって、婚外交渉の発覚が離婚につながることが多く、中年期カップルにとっては、カップル関係の見直しにつながることも少なくない（布柴, 2013a）。また、最初は婚外交渉からはじまったものの、そこに発生するさまざまな問題に真摯に向き合い、責任を引き受けて離婚、そして再婚に至るケースもある。それも生き方の一つとして支持されるべきであろう。このように、婚外交渉をただ単なる道義的問題として捉えるのではなく、カップルとしての在りようや、親密性の質が問われることになることを忘れてはならない。

　筆者は、個人・カップル・家族における心理臨床研究を通して「キャリアを持つ女性の夫婦関係の変容」（布柴, 2006）、「中年期における夫婦（カップル）ストレス」（布柴, 2009）、「中年期のカップルセラピーの技法の展開——婚外交渉・セックスレスの性の問題をめぐって」（布柴, 2013a）、「中年期の危機—婚外交渉を中心に」（布柴, 2014）の論文の中で婚外交渉について取り上げてきた。その一部を紹介したい。

2　婚外交渉が起こるファンタジーと社会的要因

　婚外交渉は、現実生活における人間関係の中に居場所が見いだせないときに、現実とファンタジーの狭間でおこりやすい現象である。すなわち、婚外交渉は現実生活の重圧や葛藤から一時的に解放され、かつ夢でもない中

表5-6-1　婚外交渉がおこる要因

社会的要因
1. メールやネットの普及による婚外交渉の機会のもちやすさ
2. 性や結婚に対する文化・価値観・ジェンダー観

心理・関係性要因
1. 愛の対象とセックスの対象の不一致(性依存症など)
2. 分離－個体化の発達段階の未完の作業
3. パワー・コントロールの手段(呑み込まれ不安・仕返し)
4. 現在のパートナーからは満たされない補償行為
5. 未熟な結婚・源家族の問題・家族神話

間に位置するファンタジーとして発生しやすい。婚外交渉がおこる背景要因と考えられるものを表5-6-1にまとめた。

まず、最初に社会的要因を見てみよう。SNSの普及などや、結婚や性に対する価値観の多様化は、確実に婚外交渉に拍車をかけているといえよう。特に、ネットでの出会いは、本音を語りやすいことから急速に心理的距離が近くなるため、お互いの事情を分かった上で割り切った関係をもちやすいという特徴がある。近年、アメリカにおいて、ネットによる新たなタイプの婚外交渉ともいうべきサイバーセックス依存者が増え、カップル関係に大きなダメージを与える事例が数多く報告されている。本人は、実際に会って身体的関係を持っていないので罪悪感も少なく、パートナーに発覚しない限り、その依存から抜け出すことに困難さをかかえているのが特徴といわれている。また、婚外交渉に関する性や結婚に関する文化・価値観・ジェンダー観の要因も大きく影響を与えており、婚外交渉に寛容な文化もあれば、そうでない文化もあることが指摘されている(布柴, 2014)。

3　婚外交渉が起こる心理・関係性要因

次に、心理・関係性要因を見てみよう。まず1点目の、「愛の対象とセックスの対象の不一致」である。こういうケースの場合、性依存症が背景にあったり、不安が強く、身体・生理学的理由でパートナー以外の相手と性関係を持つ場合も含まれる。ある一定量の不安や緊張は、性的反応を高めることがハットフィールドとウォルスター(1999)によって報告されている。こういう場合は、医療による治療やカウンセリングを受けることが有

効である。

　2点目は「分離－個体化の発達段階（5～36か月）の未完の作業」として起こっていると見受けられるケースである。人生の最早期に親（主に母親）が子どもの安全基地になれなかった場合、成人になってから、この時期の発達課題のやり直し作業が始まることがある。すなわち、パートナーという安全基地があって、初めて浮気ができるといったケースがこれに該当する。この場合、パートナーにばれて離婚を迫られたとたんに浮気ができなくなる特徴があり、「された側」が「した側」に根気よく母親のように見守る役割が求められ、このプロセスを通して未完の発達課題が完了できると、夫婦・カップルの親密性を取り戻すことができるケースも多い。

　3点目は「パワー・コントロールの手段」として婚外交渉が起こる場合である。相手が心理的に近づいてくると距離をとりたくなる接近－回避型タイプによく見られる。多くは幼少時の親子関係や発達的特性に起因しており、人と親密になることや、相手に呑み込まれコントロールされることに恐れを持っている。そして、相手が苦しむ姿に罪悪感を覚えつつも、サディスティックな快感を得ていることがある。つまり、本人、配偶者そして婚外交渉相手で三角関係を形成することで、つかず離れずの緊張関係が心地いい場合である。このようなパターンでおこる婚外交渉は、むしろ離婚した方が「された側」の心理的健康は保たれるのではないかと思われるケースも散見する。しかも、こういった関係が続くと、反対に「された側」が仕返しのような形で婚外交渉をすることもあり、夫婦関係をさらに悪化させてしまうことがある。

　4点目に、「現在のパートナーからは満たされない補償行為」としての婚外交渉があげられる。そもそも人は、「自分はこんな人になりたい」という「理想我」をもっている。そして、自分が求める理想我の欠如感をパートナーで埋めようとする傾向がある。それが恋のはじまりともいえ、現在のパートナーではそれが満たされないとわかると、それを満たしてくれる人をほかに希求することで婚外交渉が生じる場合である。この場合、「した側」の理想我を満たす存在に「された側」が近づくことで、パートナーの婚外交渉は収まる傾向がある。また、「した側」が自分では気づいてい

なかった理想我に気づくことで、婚外交渉を克服することが可能になる。

4　婚外交渉に関わる自己分化度

最後に、「未熟な結婚・源家族の問題・家族神話」が影響して起こる場合がある。人は無意識のうちに源家族の中で満たされなかったものをパートナーから得ようとする傾向があり、幼少時に親に強くコントロールされてきた人や不安の高い人ほど、パートナーを思いのままにコントロールしたいという無意識の欲求にかられやすい。また、青年期にアイデンティティを十分確立せずに結婚した場合、第二の青年期といわれる中年期に入ったときに、恋人探しが再燃する場合もある。

多世代学派の家族療法家ボーエン（Bowen, M.）は、カップルは同じ「自己分化度」の人と結婚する傾向があると指摘した。自己分化度とは源家族の中で身につけたもので、知性システムと感情システムの分化度合いを指す。自己分化度が低いカップルは、相手の反応にすぐに影響を受けて感情的になりやすいため、葛藤が生じやすくなる。しかし、お互いが強い心理的融合状態にあるため、たとえDV関係になっても別れられない関係に陥りやすくなる。

しかも、不安や葛藤の高いカップルは、第三者を巻き込んで家族システムの安定を図ろうとする。概して子どもが巻き込まれることが多いが、なかには婚外交渉相手を巻き込んで、強力な三角関係を形成する場合も見受けられる。

5　カップル・セラピーによる支援：関係性と個の問題

以上、婚外交渉の背景要因を見てきたが、これらの要因は単独で存在せずに、複合的に生じている。カップル・セラピーの場合、関係性を取り扱う視点と、個人の心理的課題を源家族の中から見直す視点が必要になる。「された側」は、健全な自己愛を傷つけられていることはいうまでもないが、「した側」の生育歴を聴くと、かつて自己愛を傷つけられた体験をもつ者が少なくない。このように、婚外交渉をした側もされた側も、愛着の傷つき（attachment injury）を体験しており、親密な関係性をもつことの困

難さをかかえているため、それを再構築するプロセスが重要になる。そのためにも、お互いが人間的成長の途上にある不完全な存在であることを認めることがまず大事である。

　そして、自らの源家族の未完の心理的課題や、世代を超えて意識的・無意識的に伝えられ、その人の生き方や価値観に大きく影響を与えている「家族神話」(布柴, 2013b)に気づき、お互いを深く理解することを通して、関係性の見直しが求められる。ゆるすーゆるされる関係にこだわっているうちは、本当の意味での親密性は築けないのである。

引用文献

布柴靖枝(2006)「キャリアを持つ女性の夫婦関係の変容」, 日本家族心理学会(編)『夫婦・カップル関係──「新しい家族のかたち」を考える(家族心理学年報 24)』(pp. 24-40)金子書房.

布柴靖枝(2009)「中年期における夫婦(カップル)ストレス」, 日本家族心理学会(編)『家族のストレス(家族心理学年報 27)』(pp. 54-67)金子書房.

布柴靖枝(2013a)「中年期のカップルセラピーの技法の展開──婚外交渉とセックスレスの性の問題をめぐって」, 日本家族心理学会(編)『現代の結婚・離婚(家族心理学年報 31)』(pp. 120-131)金子書房.

布柴靖枝(2013b)「クライエントの歴史性と物語生成の心理臨床研究──多世代的視点から見た症状の意味と家族神話」京都大学博士論文.

布柴靖枝(2014)「中年期の危機──婚外交渉を中心に」, 柏木恵子・平木典子(編)『日本の夫婦──パートナーとやっていく幸せと葛藤』(pp. 39-57)金子書房.

二松まゆみ(2010)「年齢別に見る性生活、風俗、浮気、不倫」『夫と妻・男と女 怖い白書──これが「すれ違い」の実態だ』(pp. 14-23)プレジデント社.

ハットフィールド, E、ウォルスター, G. W.(著)斉藤勇(監訳)(1999)『恋愛心理学』川島書店.（Hatfield, E., & Walster, G. W. (1978) *A New Look At Love*. Lanham: University Press of America）.

Davis, J. A., Smith, T. W., & Marsden, P. V. (2005) *General Social Surveys, 1972-2004. Cumulative Codebook*. Chicago: National Opinion Research Center.

第6章
人生の統合と夫婦関係の終焉

第1節 老年期のソーシャルネットワークと夫婦関係
岡村清子

1 夫婦関係とソーシャルネットワーク

a. 家族の変化と夫婦関係

　日本の家族は、1946～65年頃の敗戦後の経済復興と経済成長を経て、小家族化・核家族化が進展した（森岡, 1981）。また、人口高齢化に伴い高齢化社会の老人家族研究や（那須・湯沢, 1970; 那須・増田, 1972）、三世代家族の研究などが行われ（上子・増田, 1976）、親夫婦と子夫婦との世代間関係、とりわけ嫁姑問題が大きな家族問題となっていた。

　1960年代後半以降は恋愛結婚が増えはじめ、1949（昭和24）年までに誕生した65歳以上の人々に占める恋愛結婚の割合は、結婚年次1930～39年の13.4%から1960～64年には41.1%へと上昇し、1965～69年には恋愛結婚が48.7%と見合い結婚を上回り、1970～74年には61.5%に達した（国立社会保障・人口問題研究所, 2006）。1970～74年の調査には「団塊の世代」（1947～1949年生まれ）が含まれており、婚姻件数と出生数の増大がみられた。

　1980年代から展開された近代家族論では、女性の主婦化、再生産平等主義、人口学的移行期を「家族の戦後体制」と呼んだが（落合, 1994）、結婚、離婚の繰り返しによる「ネットワーク家族」（小此木, 1983）の形成とそれへの適応が課題となり、「家族の個人化」（目黒, 1987）や「シングル単位論」（伊田, 1995）が展開された。子どもが他出する高齢期には「個としての女性高齢者」と「個としての男性高齢者」による家族関係を含んだ包括的な人間関係の再構築のあり方が求められていた（安達, 2005）。

　夫婦間の固定的役割分担意識にも変化がみられ、「夫は外で働き、妻は家庭を守る」という考え方に賛成が1972（昭和47）年には20歳以上全体では男83.8%、女83.2%と、性別や年齢別の違いはほとんど見られなかった（総理府広報室, 1973）。2004（平成16）年には「賛成」が男49.8%、女41.3%と減少したが、70歳以上

では男女ともに6割が「賛成」となっていた[*1]（内閣府, 2005）。

b. 老年期夫婦のライフサイクルとライフコース

　「ライフサイクル」は、出生から死亡までの人間の一生を、発達段階に沿って入学、卒業、就職、退職、死亡などのライフイベントを中心とした変化のパターンとして平均的に描かれている。私たちが一生を通じて歩んでいく道すじは「ライフコース」と呼ばれ、「ライフコースを通じて一緒に歩む集団であり、同じ歴史体験を共有している集団」（クローセン, 1987）を「コーホート」（同時出生集団）と呼んでいる。

　ライフサイクルに描かれた夫引退から夫死亡までの平均的な期間は1920（大正9）年の6.1年から2002（平成14）年の13.9年へ、妻の寡婦期間は4.2年から8.5年と約2倍となっている（岡村, 2010）。人生50年時代と80年時代の子育て後の老年期夫婦のあり方は、「孝行したい時には親はなし」という時代とは異なり、老親の世話や介護と他出しない子どもの世話というサンドイッチ・ジェネレーションの世代間関係の調整と、自分自身の定年後の新たなステージへの移行と適応という新たな課題に直面している。

　2012年現在の65歳以上人口のコーホートは、1949（昭和24）年生まれの人々を最年少に2014年現在の年齢を10歳ごとにみると、70歳（昭和19年生まれ）、80歳（昭和9年生まれ）、90歳（大正13年生まれ）、100歳（大正3年生まれ）、最年長の104歳（明治43年生まれ）と約40年にわたっている。明治、大正、昭和、平成という時代を歩んできた人々のそれぞれのコーホート別にみたライフコースの違いは大きく、老年期夫婦のあり方も変化している。

　2014年に65歳となった団塊世代の人々のライフコースは、1975（昭和50）年の平均初婚年齢は男性27.0歳、女性24.7歳であり、合計特殊出生率は1947（昭和22）年から1949（昭和24）年の第1次ベビーブーム期には4.32であったが、1950（昭和25）年以降は低下し、1956（昭和31）年には2.22となった（内閣府, 2006）。

　65歳以上の有配偶率を2010（平成22）年の65〜69歳、70〜74歳、75歳以上の3区分でみると、男性では83.9％、84.8％、78.5％と8割前後で推移している。女性では71.8％、62.8％、32.8％と低下し、死別・離別が23.7％、33.1％、63.5％

と増え、75歳以上の後期高齢者では「単独世帯」の割合のピークは80〜84歳である。80〜84歳以上の各年齢階級では、老人ホームへの入居などにより「施設等の世帯」の割合も高くなる。80〜84歳では当該年齢階級の9.5%、85歳以上では25.1%と男性の5.7%、12.8%の2倍前後の割合となっている（総務省統計局, 2011）。後期高齢期は、夫または妻のどちらかが要介護状態という介護関係中心の夫婦関係や、配偶者と死別した女性が多くなっている。

c. 老年期の世帯類型

老年期の世帯類型の年次推移を見ると、「65歳以上の者のいる世帯」の数が1986（昭和61）年の976万9,000世帯（全世帯の26.0%）から2013（平成25）年の2,242万世帯（全世帯の44.7%）へと3.32倍に増加し、全世帯に占める「65歳以上の者のいる世帯」の割合は、26.0%から44.7%へ増大している。

図6-1-1にみられるように、「65歳以上の者のいる世帯」では、「三世代世帯」のみが437万5,000世帯（同44.8%）から295万3,000世帯（同13.2%）へと減少し、最も多い世帯構造は「夫婦のみの世帯」で、697万4,000世帯（65歳以上の者のいる世帯の31.1%）である。次が「単独世帯」573万世帯（同25.6%）で、男性

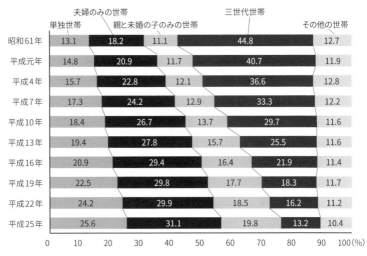

図6-1-1　世帯構造別にみた65歳以上の者のいる世帯の構成割合の年次推移
（出典：厚生労働省, 2014）

29.0％、女性71.0％となっている。「親と未婚の子のみの世帯」は444万2,000世帯（同19.8％）である（厚生労働省, 2014）。

　三世代世帯の減少は、同一敷地内居住、隣居などによるハード面での世帯分離が進んでいることも一つの要因であり、「スープの冷めない距離」の生活分離がみられる。1986（昭和61）年と2010（平成22）年を比較すると、同居が減少し、「近居」（同一家屋・同一敷地、近隣地域、同じ市町村居住）は16.6％から21.1％へと、遠居は10.9％から16.9％へと均等に増加しているが（千年, 2013）、別居親族の間では娘・妻方優位の関係が多くなっている（施, 2012）。子ども数の減少により子どもは女子のみという家族も増え、共働きの夫婦が増える中で娘家族との「同居」や「近居」が増えている。

2　ソーシャルネットワークとソーシャルサポート

a. 夫婦関係とソーシャルネットワーク

　夫婦関係の研究は、アメリカにおいては1940年代に「制度から友愛へ」（Burgess & Locke, 1945）という、制度による家族から新しい都市的な友愛による家族への変化がみられた。1960年代には、夫婦間の勢力関係の研究が「資源説」として紹介された（Blood & Wolfe, 1960）。日本でも家族の結婚や配偶者選択についての実証研究や（ブラッド, 1978）、日本の共働き夫婦と夫の家事・育児への参加等の研究がみられた（上子, 1979）。

　夫婦関係とソーシャルネットワークについては、1960年代後半に西欧社会での研究が紹介され、「家族は集団よりもむしろ社会的網の目（social network）関係のなかに存在」しており（グード, 1967）、現代の社会的網の目関係では、友人がある程度親族にとってかわり、夫婦それぞれのソーシャルネットワークは異なっており、相互に共有されない領域がみられた（グード, 1967）。また、夫婦関係とネットワーク分析の関連については、夫婦役割関係には分離的な要素と合同的な要素の両方が含まれており、分離度が大きく夫と妻のやるべき仕事が明確に分化している夫婦と、共同的な形にしている夫婦がみられ、都市家族の直接的な社会環境はネットワークによって構成されていた（ボット, 2006）。

b. 社会関係とソーシャルネットワーク

　社会関係はソーシャルネットワークとソーシャルサポートからなり、ソーシャルネットワークは「個人をとりまく社会的関係性の網の目とそれらの結びつきの特徴」（Berkman, 2007）であり、社会的ネットワークは「ある人が対人関係をもっている人々の客観的特徴を記述するものであり、その社会的ネットワークのメンバーは、年齢、性別、役割関係、知り合ってからの年数、住居の近さ、会う回数などによって記述」（Antonucci, 2001; 岡林, 2007）されている。

　ソーシャルネットワークを通して提供されるソーシャルサポート（社会的支援）は、手段的サポート（日常の具体的ニーズについての支援、援助、品物、お金または労働の援助など）、情緒的サポート（愛情、思いやり、共感、理解、尊敬、尊重の度合いなど）、評価的サポート（意思決定における援助、適切なフィードバックの付与、どちらの行動をとるべきかについての決定への支援等）で、これらに加えて、将来必要になった場合利用可能であると認識している予期されたサポートからなっている（Antonucci, Lansford & Ajrouch, 2007）。

　老年期に至るライフコースを社会関係という視点からみると、子どもの離家、本人や配偶者の退職、配偶者や友人の病や死別等を通じて、これまでの社会関係は徐々に縮小する。しかし、子どもの結婚や孫の誕生などにより新たな親族関係が生まれ、きょうだい関係が復活し（Jerrome, 1981; 吉原, 2006）、自由な時間を得て潜在化していた関係の再活性化がみられる（藤崎, 1998; 吉原, 2006）。一方で、ADL（Activities of Daily Living: 日常生活動作）やIADL（Instrumental Activities of Daily Living: 手段的日常生活動作）の低下による生活圏の縮小がみられるが、入院や入所による医療や介護福祉サービスの利用を通じて出会う新たな社会関係へと変化していく。

c. コンボイとソーシャルサポート

　プラース（Plath）は、個人を中心としてその周囲を取りまく援助システムが個人のパーソナルネットワークを基礎に形成され、ソーシャルサポートとして機能していくという概念を「コンボイ」（convoy）と呼んだ。「ある人の人生のある段階を通じてずっとその人とともに旅をしていく親密な人びとの独特の集団」（プラース, 1985）であり、コンボイをあえて訳すなら「道づれ」であり、長

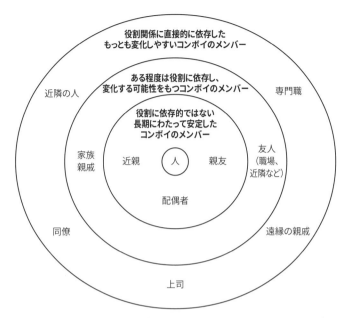

図6-1-2　コンボイの仮説的例（出典：Kahn & Antonucci, 1980; 岡林, 2007）

期間にわたり継続するのが配偶者との夫婦関係である（嶋崎, 1996）。

社会関係の生涯にわたる変化をとらえたコンボイ・モデル（convoy model）は、個人を中心とした「護衛船団」（コンボイ）にたとえられている（Kahn & Antonucci, 1981; 藤崎, 1984）。コンボイ・システムは、図6-1-2のように、中心部より「役割に依存的ではない長期にわたって安定したコンボイのメンバー」、「ある程度は役割に依存し、変化する可能性をもつコンボイのメンバー」、「役割関係に直接的に依存したもっとも変化しやすいコンボイのメンバー」からなる（岡林, 2007）。

中心部にみられる「配偶者」、「近親」、「親友」は個人にとっては長期的に安定したコンボイのメンバーではあるが、老年期になるとお互いに年齢が近いために喪失体験に遭遇する機会が増え、「もっとも変化しやすいコンボイのメンバー」にもなりやすい。また、長寿社会においては高齢の親が老年期の子を看取る「逆縁」という哀しみに遭遇する機会も増え、限られた人間関係の中で多世代にわたるソーシャルネットワークを構築することが求められている。

d. 夫婦関係とソーシャルネットワークについての研究動向

　女性の場合には、子育て後は「第三期の女性」(天野, 1979)と呼ばれ、子育て後のソーシャルネットワークは、学習や趣味などを通じた地域活動から就業へと継続して発展していく例や、これらの活動を老年期においても継続している事例がみられる。団塊世代が中年期であった時期の記述では、当時の主婦について「出歩く主婦」が増えており、都市化の進展によって血縁や地縁といった従来型とは異なる新しい人間関係である「新しい縁」を「女縁」ととらえ「えんじょ（縁女）いすと」と呼ばれた（上野・電通ネットワーク研究会, 1988）。現在の前期高齢者は26年前の1988（昭和63）年には39歳から48歳であり、地縁や子どもの学校を通じたネットワークを現在でも継続している女性もみられる。

　一方、男性の場合には、定年前後の生活変化によりネットワークのあり方に変化がみられた。調査時は1996（平成8）年で、18年前には65歳以上、現在は83歳以上となっている男性についての調査では、日々の生活の重点は50歳時には「仕事」が82％を占めていたが、65歳以上の有職者では、「趣味等」36％、「仕事」21％、「家族」15％、「地域」9％と「仕事」が2番目に多くなっていた。無職者では「趣味等」40％、「家族」18％、「地域」10％へと変化していた（岡村, 1997）。男性は1972年頃は「モーレツ社員」と呼ばれた働き方を余儀なくされていたが、定年を契機に仕事関係から趣味関係の人間関係へと変化していた。

　また、個人化（個別化）志向は女性に見られ、50代女性の事例調査では「自分自身の自由な時間を自分のために好きなように使いたい」という自由を求める傾向がみられ（廣井, 2006）、夫婦の個人化についても「夫婦の時間より一人の時間を大切にする」、「夫婦それぞれの個室を持つ」、「夫婦は一緒の墓に入らなくてもよい」という意見は、夫よりも妻の方に肯定する割合が多くみられ（岡村, 2001）、別室での就寝が2～3割にのぼっている（長津, 2007）という結果が紹介されている（伊藤・相良, 2010）。

　心理学分野における近年の夫婦の個別化の研究では、夫婦の役割意識についての個別化志向は妻の方が夫よりも強いが、夫も退職を機に個別化志向が強まっていた。40～70代の夫婦を対象とした調査では、夫婦関係の非良好さと強い関連がみられ、とりわけ妻において個別化志向は強くなっていた（伊藤・相良, 2010）。また、個別化志向と夫婦間の愛情の強さで4タイプに分けた場合、「愛

情・個別化志向ともに高い」自立型、「愛情が高く個別化志向が弱い」共同型、「夫婦の一体化は志向するが愛情は少ない」規範型、「個別化志向が強く愛情が少ない」脱結婚型の4類型に分かれたが、自立型とは対照的な規範型では夫婦間満足度が低くなっており、自立型が中高年夫婦の今後の適応的なタイプであることが指摘されている（伊藤・相良, 2013, 2014）。

3　夫婦関係の再構築とソーシャルネットワークの課題

a. 老年期の夫婦関係と発達課題

　老年期は子ども中心から夫婦関係中心へと変化し、子どもの離家後の夫婦関係は長期化しており、夫婦関係の再構築が発達課題となっている。これまで双方が良好な関係を心がけてきた夫婦、子ども中心の夫婦、夫の会話が「飯、風呂、寝る」程度の夫婦、ほとんど夫婦間の会話がない家庭内別居までさまざまである。定年後も従来通りの性別役割分業を続け夫婦での共同行動を求める夫と、すでに友人等のネットワークを構築し個人単位の行動を重視する妻という夫婦関係の個別化もみられる。最終的には、配偶者の要介護期を経て死別に至り、シングル単位の生活を迎える。そこで、従来の性役割や家族規範から自由になることが、老年期夫婦の発達課題といえよう（岡村, 2006）。

　また、老年期においては、心身の不調を伴いながらも死を前にした統合のあり方が描かれているように（エリクソンほか, 1997）、どのように死を受容していくのか、残された夫または妻の死別後の人生のあり方が模索されている。井上（2000）は、「生前に夫婦であった者が、死後一緒の墓に入らないで、墓を分ける」現象を「死後離婚」と呼んだが、夫との離婚を望んでいた妻にとって夫との死別は「死別による離婚」ともいえる。また、これまでの夫婦関係の拘束から解き放たれて自分の人生を構築していくためには、心身機能の低下への適応が求められている。

b. 夫婦関係の再構築

　現代の日本社会では、熟年離婚や定年離婚が増加し、選択肢としての結婚が高年齢層にも浸透しつつあることが指摘されている（宇都宮, 2014）。しかし、現

在の老年期にある多くの夫婦は結婚を継続しており、子どもの他出等を通じて夫婦の生活を再構築するという発達課題に取り組む夫婦もみられる。

住友信託銀行（現・三井住友信託銀行）主催で2000年から行われた「60歳のラブレター」企画は、高度成長期を支えてセカンドライフを迎えるにあたり、より充実した生活を送るための応援の思いを込めて始められたもので、第12回（2011年）は「夫婦のラブレター」と「家族へのラブレター」2部門の募集を行った。以下、3人の事例を紹介する（NHK出版, 2012）。

> 貴方と一緒になってそろそろ三十年、あっという間でしたね。短気な貴方とかん気の私。よく喧嘩もしました。そんな貴方が変わったのは十七年前。肝炎で倒れ、病院から帰った頃からとても穏やかになった。私が何をしてもニコニコ顔で許してくれる。（中略）「何で一緒になったんやろ」と思った日もあったけど、貴方でよかった（妻より、61歳）

> 四か月後、退院しても（中略）お先真っ暗、不安でいっぱいでした。でも「心配するな　俺が　食事の支度をするから」と買い物をし、私に料理を作ってくれています。（中略）あとで娘に聞いたら、あなたは私の入院中、料理教室へ入って、休みなく、毎日通学していたんですってねー（妻より、79歳）

> 君との三十年で僕が一番うれしかったこと。それは、君が八年前の夏に発症した二十万人にひとりという血液難病を克服し、僕の所に戻って来てくれたこと。入院生活中には、隣室の患者を気遣い、またどんなに苦しい時でもユーモアを忘れない、君の素晴らしい人間性を何回も垣間見たよ（夫より、62歳）

配偶者の入院生活や闘病を通じて夫婦関係を見直し、新たに再評価をしていくプロセスが描かれている。

c. 地域社会におけるソーシャルネットワークの構築にむけて

日本社会の夫婦関係について以前は、「破れ鍋に綴じ蓋」、「似たもの夫婦」、「子はかすがい」などの安定的な表現がみられたが、現在では「熟年離婚」、「家

庭内別居」、「仮面夫婦」など夫婦関係が変化している。また、子育て後は夫婦間での拘束や束縛から自由になり、ゆるやかな関係に至る「卒婚」(杉山, 2004)が提唱されている。残された人生を夫婦それぞれが「個としての私」を生きるという新しいライフスタイルをどのように構築していくのか、新たな課題となっている。現在では、「成人した未婚子」との同居を継続する家族がみられ、親の死別後には、単身世帯へと移行する事例が増えていくと思われる。

また、現在の「個人化する家族」における夫婦関係は、親密な関係から疎遠な関係まで多様化しており、夫婦関係と親子関係のあり方も、これまでの三世代同居のあり方とは異なったライフスタイルへと展開している。既婚の子ども夫婦がそれぞれの親を介護するための遠距離介護や、親を介護する未婚子というあり方は、今後の少子化が進む中での新たな課題となる。また、未婚子同居の子どもが40代、50代へと移行する中で、子どもの経済的扶養という親役割をかかえながら高齢期を過ごす後期高齢者が増大すると思われる。

「孤立死」(厚生労働省老健局計画課, 2008)、「無縁社会」(NHK「無縁社会プロジェクト」取材班, 2010)、「老人漂流社会」(NHKスペシャル取材班, 2013)などが問題となっている現在、老若男女による地域社会を中心としたソーシャルネットワークの構築と、地域の拠点づくりや居場所づくりが求められている。

*1 2012 (平成24) 年の結果では、「夫は外で働き、妻は家庭を守る」という意見に「賛成」が増え、男55.2%、女48.4%と、男女とも3年前の調査(平成21年10月)より男性は9.4ポイント、女性は11.1ポイントと上昇している。年齢別(男女計)では、20歳代では「賛成」が19.3ポイント上昇して50.0%、「反対」が20.5ポイント低下して46.6%となった(内閣府男女共同参画局, 2013)。
*2 三世代世帯は減少しているが、別居している住居の距離が近い「近居」による「付かず離れず」の関係もみられ、「スープの冷めない距離」("intimacy at a distance")を計測する調査が、若い世代の男女と高齢世代の男女を対象に実施された(川崎ほか, 1989)。
*3 引用・参考文献には、ソーシャルネットワークを「社会的網の目関係」や「社会的ネットワーク」、ソーシャルサポートを「社会的支援」と記述している文献もみられるが、それぞれの文献からの引用である。
*4 40〜70代の夫婦914名(女性477人、男性437人)を対象としたが、夫婦関係の規範意識が男女で異なり、夫婦の共同性を妻より夫の方が肯定的に評価しており、これらは性別役割分業意識が強固な男性にみられた(伊藤・相良, 2010)。
*5 2000年11月22日(いい夫婦の日)の第1回募集以降、12年間にわたって実施されてきた。第12回は5,654通の中から選ばれており、「夫から妻へ」39通、「妻から夫へ」58通の97事例が掲載されている(NHK出版, 2012)。

引用文献
安達正嗣(2005)「高齢期の人間関係」、吉田あけみ・杉井潤子・山根真理(編)『ネットワークとしての家

族』(pp. 158-172). ミネルヴァ書房.
天野正子 (1979)『第三期の女性――ライフサイクルと学習』学文社.
伊田広行 (1995)『性差別と資本制――シングル単位社会の提唱』啓文社.
伊藤裕子・相良順子 (2010)「中年期から高齢期における夫婦の役割意識――個別化の視点から」『文京学院大学人間学部研究紀要』12, pp. 163-176.
伊藤裕子・相良順子 (2013)「夫婦の愛情と個別化志向からみた夫婦関係――中高年期夫婦を対象に」『文京学院大学人間学部研究紀要』14, pp. 1-13.
伊藤裕子・相良順子 (2014)「夫婦の愛情と個別化志向からみた夫婦関係」, 伊藤裕子・池田政子・相良順子 (著)『夫婦関係と心理的健康――子育て期から高齢期まで』(pp. 204-218) ナカニシヤ出版.
井上治代 (2000)『墓をめぐる家族論――誰と入るか, 誰が守るか』平凡社.
上野千鶴子・電通ネットワーク研究会 (1988)「女縁」が世の中を変える――脱専業主婦 (えんじょいすと) のネットワーキング』日本経済新聞社.
宇都宮博 (2014)「夫婦関係と幸福感」, 柏木惠子・平木典子 (編著)『日本の夫婦――パートナーとやっていく幸せと葛藤』(pp. 59-78) 金子書房.
NHK「無縁社会プロジェクト」取材班 (2010)『無縁社会』文藝春秋.
NHK出版 (編) (2012)『60歳のラブレター 感謝――夫から妻へ, 妻から夫へ, そして家族へ。』NHK出版.
NHKスペシャル取材班 (2013)『老人漂流社会』主婦と生活社.
岡林秀樹 (2007)「高齢期の人間関係――対人関係, 社会生活とソーシャルサポート」, 下仲順子 (編)『高齢期の心理と臨床心理学』(pp. 121-130) 培風館.
岡村清子 (1997)「豊かな定年後生活を求めて」, 犬塚先 (編)『新しい産業社会学――仕事をとおしてみる日本と世界』(pp. 136-168) 有斐閣.
岡村清子 (2001)「いま団塊夫婦は……どこからどこへ」, 天野正子 (編)『団塊世代・新論――〈関係的自立〉をひらく』(pp. 10-30) 有信堂高文社.
岡村清子 (2006)「定年退職と家族生活 (特集「2007年問題」を検証する)」『日本労働研究雑誌』550, pp. 67-82.
岡村清子 (2010)「家族の生涯発達――社会学視点から見た課題」, 岡本祐子 (編著)『成人発達臨床心理学ハンドブック――個と関係性からライフサイクルを見る』(pp. 175-186) ナカニシヤ出版.
小此木啓吾 (1983)「家庭のない家族の時代』ABC出版.
落合恵美子 (1994)『21世紀家族へ――家族の戦後体制の見かた・超えかた』有斐閣.
上子武次・増田光吉 (編) (1976)『三世代家族――世代間関係の実証研究』垣内出版.
上子武次 (1979)『家族役割の研究』ミネルヴァ書房.
川崎友嗣・佐藤真一・長田由紀子・井上勝也 (1989)「「スープのさめない距離」の評価にみられる世代差の検討」『老年社会科学』11, pp. 218-234.
厚生労働省老健局計画課 (2008)「高齢者等が一人でも安心して暮らせるコミュニティづくり推進会議 (「孤立死」ゼロを目指して) 報告書」.
厚生労働省 (2014)「平成25年 国民生活基礎調査の概況」.
国立社会保障・人口問題研究所 (2006)「第13回出生動向基本調査 結婚と出産に関する全国調査 夫婦調査の結果概要」.
嶋崎尚子 (1996)「ライフコースにおける結婚の意味」『ノーマライゼーション 障害者の福祉』1996年10月号, pp. 24-26.
施利平 (2012)『戦後日本の親族関係――核家族化と双系化の検証』勁草書房.
杉山由美子 (2004)『卒婚のススメ――後半生もハッピーに生きるため結婚のかたちを変えてみる』オレンジページ.
総務省統計局 (2011)「平成22年国勢調査人口等基本集計結果 結果の概要」.
総理府広報室 (1973)「婦人に関する意識調査〈昭和47年10月調査〉」内閣総理大臣官房広報室.

千年よしみ (2013)「近年における世代間居住関係の変化」『人口問題研究』69 (4), pp. 4-24.
内閣府 (2005)「平成 16 年男女共同参画社会に関する世論調査(平成 16 年 11 月調査)」.
内閣府 (編) (2006)『高齢社会白書〈平成 18 年版〉』(pp. 10-11) ぎょうせい.
内閣府男女共同参画局 (2013)「「男女共同参画社会に関する世論調査」(平成 24 年 10 月調査)の結果について」『共同参画』2013 年 3 月号, pp. 10-11.
長津美代子 (2007)「中年期における夫婦関係の研究——個人化・個別化・統合の視点から』日本評論社.
那須宗一・湯沢雍彦 (編) (1970)『老人扶養の研究——老人家族の社会学』垣内出版.
那須宗一・増田光吉 (編) (1972)『老人と家族の社会学 (講座日本の老人 3)』垣内出版.
廣井眞江 (2006)「女性と中年期——子育て後, 50 代女性の現在」『東京女子大学社会学会紀要　経済と社会』34, pp. 171-176.
藤崎宏子 (1984)「老年期の社会的ネットワーク」, 副田義也 (編)『日本文化と老年世代』(pp. 89-148) 中央法規出版.
藤崎宏子 (1998)『高齢者・家族・社会的ネットワーク (現代家族問題シリーズ 4)』培風館.
目黒依子 (1987)『個人化する家族』勁草書房.
森岡清美 (1981)「わが国における家族社会学の発達」『成城文藝』96, pp. 1-13.
吉原千賀 (2006)「情緒的サポート源としてのきょうだいと家族」『奈良女子大学社会学論集』13, pp. 195-208.
エリクソン, E. H.、エリクソン, J. M.、キヴニック, H. Q. (著) 朝長正徳・朝長梨枝子 (訳) (1997)『老年期——生き生きしたかかわりあい』みすず書房. (Erikson, E. H., Erikson, J. M., & Kivnick, H. Q. (1994) *Vital Involvement in Old Age*. New York: W. W. Norton & Company.)
グード, W. J. (著) 松原治郎・山村健 (訳) (1967)『家族 (現代社会学入門 3)』至誠堂 (Goode, W. J. (1964) *The Family (Foundations of Modern Sociology)*. New Jersey: Prentice-Hall.)
クローセン, J. A. (著) 佐藤慶幸・小島茂 (訳) (1987)『ライフコースの社会学』早稲田大学出版部. (Clausen, J. A. (1986) *The Life Course: A Sociological Perspective*. New Jersey: Prentice-Hall.)
プラース, D. W (著) 井上俊・杉野目康子 (訳) (1985)『日本人の生き方——現代における成熟のドラマ』岩波書店. (Plath, D. W (1980) *Long Engagements: Maturity in Modern Japan*. Stanford: Stanford University Press.
ブラッド, R. O. (著) 田村健二 (監訳) (1978)『現代の結婚——日米の比較』培風館. (Blood, R. O. (1967) *Love Match and Arranged Marriage: A Tokyo-Detroit Comparison*. New York: Free Press.)
ボット, E. (著) 野沢慎司 (訳) (2006)「都市の家族——夫婦役割と社会的ネットワーク」, 野沢慎司 (編)『リーディングス ネットワーク論——家族・コミュニティ・社会資本関係』(pp. 35-95) 勁草書房. (Bott, E. (1955) Urban Families: Conjugal Roles and Social Networks. *Human Relations*, 8 (4), pp. 345-384.)
Antonucci, T. C. (2001) Social relations: An examination of social networks, social support, and sense of control. In J. E. Birren & K. W. Schaie (Eds.) *Handbook of Psychology of Aging, 5th Edition* (pp. 427-453). San Diego: Academic Press.
Antonucci T. C., Lansford J. E., & Ajrouch K. J. (2007) Social Support. In G. Fink (Ed.) *Encyclopedia of Stress, Second Edition* (pp. 539-542). San Diego: Academic Press. (尾久征三 (訳) (2013)「ソーシャルサポート (社会的支援)」, ストレス百科事典翻訳刊行委員会 (編)『ストレス百科事典』(pp. 1819-1822) 丸善出版.)
Berkman, L. F. (2007) Social Networks and Social Isolation. In G. Fink (Ed.) *Encyclopedia of Stress, Second Edition* (Vol. 3, pp. 523-527). San Diego: Academic Press. (小林章雄 (訳) (2013)「ソーシャルネットワークと社会的孤立」, ストレス百科事典翻訳刊行委員会 (編)『ストレス百科事典』(pp. 1823-1827) 丸善出版.)
Blood, R. O. Jr., & Wolfe, D. M. (1960) *Husbands and Wives: The Dynamics of Married Living*. New

York: Free Press.
Burgess, E. W., & Locke, H. J. (1945) *The Family: From Institution to Companionship.* New York: American Book Company.
Jerrome, D. (1981) The Significance of Friendship for Women in Later Life. *Ageing and Society,* 1 (2), pp. 175-197.
Kahn, R. L., & Antonucci, T. C. (1980) Convoys over the life-course: Attachment, roles and social support. In Baltes, P B., & Brim, O. G., Jr. (Eds.) *Life-Span Development and Behavior, Volume 3* (pp. 308-339). New York: Academic Press.
Kahn, R. L., & Antonucci, T. C. (1981) Convoys of Social Support: A Life Course Approach. In Kiesler, S. B. et. al. (Eds.) *Aging: Social Change.* (pp. 383-405). New York: Academic Press.

第2節 夫婦間介護－被介護関係への移行
林葉子

1 介護の現状

　わが国は、他国が経験していない少子高齢社会を迎えている（内閣府, 2014）。2013（平成25）年の、65歳以上の高齢者人口が総人口に占める割合（高齢化率）は25.1%と過去最高である（内閣府, 2014）。要介護者になる確率の高い75歳以上の後期高齢者の総人口に占める割合は12.3%であり、後期高齢者の要介護認定を受けた人の割合は23.0%で、65～74歳の前期高齢（3.0%）に比較すると大きく上昇する。要支援の認定を受けた人を含めると75歳以上の約3割は、介護が必要となっている（図6-2-1）。

　では、誰がこれらの要介護者の介護をするのだろうか。2000（平成12）年に施行された介護保険制度によるサービスの受給者も、年々増加している（厚生労働省, 2012）（図6-2-2）。

　しかし、サービス別にみると、居宅サービスの利用者が多いことがわかる。要支援と判定された高齢者は施設サービスを利用できないこともあり、軽度の高齢者は居宅サービス利用者が多い。都市部では老人福祉施設に空きは少なく、「平成24年度　社会福祉施設等調査の概況」によると、2012（平成12）年10月1日現在の在所率は92.9%（厚生労働省, 2014）である。施設サービスを希望しても、なかなか入所できない状況である。介護役割は、いまだに家族や親族に託されているのである。

　では、介護役割は、家族の誰に、主に託されているのであろうか。家族介護者の状況についてみてみよう。

第6章 人生の統合と夫婦関係の終焉

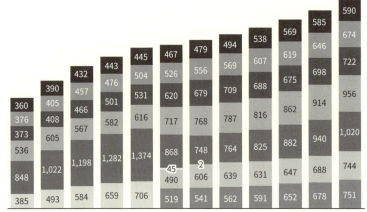

図6-2-1　第1号被保険者(65歳以上)の要介護度別認定者数の推移(単位：万人)
(出典：厚生労働省(2012)「平成24年度 介護保険事業状況報告(年報)」)

※2006(平成18)年4月より介護保険法の改正に伴い、要介護の区分が変更されている
※東日本大震災の影響により、報告が困難であった福島県の5町1村
　(広野町、楢葉町、富岡町、川内村、双葉町、新地町)を除いて集計した値

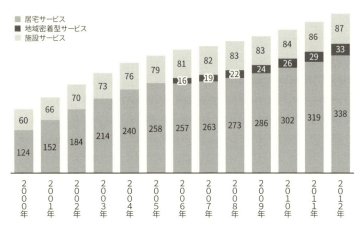

※各年度とも3月から2月サービス分の平均
　(ただし、2000(平成12)年度については4月から2月サービス分の平均)
※2006(平成18)年度の地域密着サービスについては4月から2月サービス分の平均
※受給者数は、重複利用がある

図6-2-2　サービス受給者数(1か月平均、単位：万人)
(出典：厚生労働省(2012)「平成24年度 介護保険事業状況報告(年報)」)

2 配偶介護者の状況
a. 家族介護者の動向

　家族におけるいわゆる"伝統的"介護役割は、同居の嫁が担うものとされていた。しかし、近年では、65歳以上の高齢者のいる世帯の多くが「夫婦のみ世帯」か「単身世帯」であり、高齢者と子世代が同居する「三世代世帯」の割合は減少している（内閣府, 2014）。これは、同居の嫁も減少していることを意味する。

　その背景の一つに、高齢者と子世代の扶養意識の変化があると考えられる。子ども世代との同居に対する親世代の意識が変化しており、子ども世代と別居を希望する人の割合を見ると、1969年にはわずか11.8%であったが、2006年には35.9%と大幅に上昇している（内閣府, 2007）。その理由として挙げられていたのは、「子ども世代とは生活習慣（生活時間、食生活、家事のやり方など）が異なるから」が54.2%、「お互い人間関係の面で気を遣うから」が50.9%とそれぞれ50%を超えており、この結果から、子ども世代に気兼ねなく老後の生活を独立して送っていきたいとする親世代の意識がうかがえる（内閣府, 2007）。

　NFRJ98の調査（渡辺・稲葉・嶋崎, 2004）によれば、高齢の男女が期待する介護ネットワークは配偶者である。特に男性では社会階層（学歴と夫の収入）の相違に関係なく、大多数が配偶者と回答している（大和, 2004）。女性の場合は若年高齢者で配偶者と回答している（大和, 2004）。

　このように、三世代世帯の減少、高齢者のいる世帯に占める夫婦のみの世帯の増加、同居意識の低下、高齢者の被扶養意識の低下などから、今後も夫婦間介護が増加するであろうことは容易に推測される。実際に介護者の状況をみると、いわゆる"伝統的"介護役割であった子の配偶者（主に嫁）は減少し、配偶者が最も多く、介護保険制度の施行前後も変わらず、25%前後で推移している（図6-2-3）。

　このように、介護保険制度施行前でも、配偶者は家族介護の担い手であったものが、現在はさらに家族介護の担い手として期待されていることが明らかである。「平成24年版 高齢社会白書」（内閣府, 2012）によれば、要介護者等と同居している主な介護者の年齢についてみると、男性では64.9%、女性では61.0%が60歳以上であり、また、いわゆる「老老介護」のケースも相当数存在してい

第6章　人生の統合と夫婦関係の終焉

図6-2-3　要介護高齢者の主介護者の続柄の推移
（出典：厚生労働省（1995-2013）「国民生活基礎調査」）

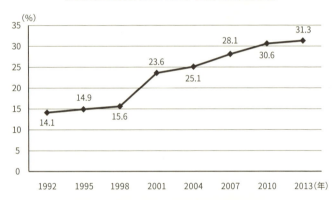

図6-2-4　家族介護者に占める男性介護者の割合
（出典：厚生労働省（1992-2013）「国民生活基礎調査」）

ることがわかる。老老介護は、年配の成人子が老親を介護する場合も含まれるが、配偶者による夫婦間介護は、まさに、究極の老老介護を意味することになる。配偶者が高齢により介護役割の限界に直面することは容易に推測できよう。特に、近年増加している夫介護者であれば年齢もより高く世代的に家事にも不慣れであることなどを考えると、その傾向はいっそう強いのではないだろうか（図6-2-4）。

b. 自立を求められる介護高齢夫婦

「平成24年版 高齢社会白書」(内閣府, 2012) によれば、多くの高齢者は、住みなれた自宅で介護されたいと思っている。しかし、2005年度の介護保険制度の改正で、在宅で必要なサービスを利用することは難しくなった。要介護度が低い高齢者がよく利用していた「生活援助」は、家族が一人でも同居していると利用できなくなった。

厚生労働省によると、2005年12月に全国で月650万回であった「生活援助」の利用数は、2006年3月に400万回を割っている。老老介護の家族が「生活援助」を利用しようとしても、家族がいるという理由でサービスを受けにくくなったのである。また、2015年の改正では、新予防給付が創設され、要支援と判定された場合は市町村からサービスを受けることになる。予算の乏しい地域では、サービスを充分に受け取れない可能性も出てくるであろう。

超高齢者は、元気であったとしても、掃除や洗濯などの家事は重労働であり面倒である。超高齢の妻、または夫が介護をしている場合はなおさらであろう。

これからの介護では、在宅介護への流れが強まり、しかも年老いた配偶者が介護役割を担う老老介護が増加すると推測される。そのような状況のなか、要介護度が軽ければ、支援を充分に受けられないといった状況になりかねない。夫婦間介護は、そのような厳しい状況のなかで行われているのである。

こういった現状のなかで、実際に老老介護をしている配偶介護者の状況を調査し、その事例分析によって検証した結果から、被介護関係となった高齢期の夫婦関係について以下に述べる。

3　夫介護者と妻介護者における介護役割に対する認識

a. 調査の概要

東京都在住の配偶介護者に半構造化面接を実施した。調査時期は、以下の2回である。介護保険導入直前の1998 (平成10) 年3月から1999 (平成11) 年12月と、介護保険導入後の2004年10月。1999 (平成11) 年の調査では、夫介護者16名と妻介護者33名に半構造化面接調査を行った。平均年齢は、夫介護者76.9歳、妻介護者72.2歳。平均介護期間は、夫介護者5年、妻介護者5.4年で

ある。全員が、介護保険制度の施行前に、自治体が試行したモデルケースであった。

第2回の調査では、第1回の調査対象者と同じ介護者は2名（夫・妻各1名）のみだった。ほとんどの介護者が介護役割を終えており、また、介護者本人が亡くなっている場合もあった。この2名を含めて、夫介護者6名、妻介護者11名に面接調査を実施した。対象者の平均年齢は、夫介護者76.1歳、妻介護者73.2歳。平均介護期間は、夫介護者4.8年、妻介護者5.9歳で、全員が介護保険制度の在宅介護サービスを利用していた。なお、詳細な結果は、林（2010a）を参照されたい。

本項では、調査の結果の介護役割に関する内容分析を行った。

b. 夫婦関係に内面化されたジェンダー規範

夫介護者は、理念的には、家族を管理する者としての役割を介護役割にも応用させていることが明らかにされた。夫にとっての介護役割とは、"実際に介護する"という行為ではなく、そこに内在するのは、ある意味では家長的役割の延長であり、自負や責任感なのである。

一方、妻介護者は、自己実現欲求の充足を重視して介護役割を捉えていることが明らかとなった。妻にとっての介護役割は二通りある。すなわち、介護役割それ自体を自己アイデンティティとする者にとって、介護役割はケアする者として当然に妻が果たすべきものである。また、自己アイデンティティをほかに見出す者は、介護保険制度のサービスを活用し介護生活を運営していくなかで、介護役割は要介護状態の夫と共生していくための媒介的役割なのである。

両者ともに、理念に相違はあるが、性別役割分業規範を超えることでは共通している。要介護状態になった配偶者の過去を振り返り、再評価し、過去とは違う存在として再認識することは、この年代の男女にとって、介護役割に内在する伝統的介護役割規範を乗り越えるための通過儀礼なのかもしれない。そして、その乗り越え方は新しい考え方に基づくものではなく、彼らがすでに有している介護役割規範、すなわち各自に内面化された文化的規範を応用していると考えられる。本研究の配偶介護者は、伝統的介護役割規範を自己に内在化しつつ、それを応用してジェンダー規範を自分なりに解釈し、夫も妻も要介護の

配偶者の介護役割を遂行するのである。

c. 追加される夫介護者の家事労働と妻介護者の新家事労働

　2000（平成12）年に介護保険制度が高齢者の介護生活に導入され、介護役割の社会化が「法的根拠を持つに至って」（伊藤・伊藤, 2001）、介護保険制度導入前には公的な介護支援を受けることに躊躇していた高齢配偶介護者も、2004年の調査結果からは、やっと介護保険制度における介護サービスを利用するようになったことが明らかになった。特に妻介護者は、以前は要介護の夫に対する介護を「妻だから当たり前」と語っていた。家庭におけるケア役割の放棄を拒んでいたと考えられる。しかし、5年ほど経過し、妻自身が加齢したことや要介護状態になったことで、介護保険の在宅サービスの利用を余儀なくされていた。

　介護保険制度のサービスを利用するためには、新たに、市町村やケアマネージャー、在宅サービス業者などの外部機関との連携を図っていかなければならないという役割が生じた。「生活の社会化が進展すると、家庭生活と社会化された生活の相互関連が問題となり、家庭生活を営む醜態にはその内側と外側の両方を視野に収めた生活経営が必要となる。ティーレ＝ヴィッティヒ（Thiele=Witting, 1992）は、家庭の内側と外側を繋ぐために生ずる新たな人間の仕事を"介護新家事労働"と名付けた」（伊藤, 2005）。

　調査当時の妻たちの時代では、家庭においてはもっぱら集団の維持と成員の統合にかかわる感情「表出的役割」を担っており、外部への適応と課題遂行にかかわる「手段的役割」は夫が担っていた時代であったと考えられる（森岡・望月, 1997）。夫が要介護になって「手段的役割」が遂行できなくなったときに、妻にその役割が課されることになった夫婦もいる。子どもがいる場合には、息子または長女がその役割を妻の代わりに担っている事例も多いが、子どものいない夫婦や、子どもから経済的にも精神的にも自立して生活していたとみられる夫婦のみ世帯の老夫婦も存在する。その場合、妻が「手段的役割」を担い新家事労働を遂行している場合もあるが、要介護状態で、たとえ意識がなくとも、「手段的役割」責任を夫に託して「元気なときに、夫が言っていたから、サービスを利用している」などと理由付けして手段的役割を代行的立場で遂行し、さらに難しい申請や契約部分を外部化してしまう場合が多い。新家事労働の外部化

については次項で述べるが、夫が要介護となると、妻にはこのような新家事労働が新たに家事労働として追加される。新家事労働を遂行することによって夫婦の勢力関係を逆転させる妻もいれば、遂行能力がなければ夫婦の勢力関係の維持を希望する妻もいる。妻介護者の場合は、妻の問題解決能力によって、夫との関係が妻主導型になる者も夫主導型となる者もいるのである。

　一方、妻が要介護状態となった夫は、「手段的役割」に介護役割や家事役割などの「表出的役割」が追加されることとなる。前述したように、夫はケア役割や家事役割の経験に乏しい。そのうえに、妻の介護もしなければならない。子ども、特に独身の娘がいる場合には、ある程度の家事や介護役割を担ってくれる場合もあるが、限界もある。また、親の扶養ができない子どもの場合や、子どものいない夫婦の場合には、夫が家庭のすべての役割を遂行しなければならない。これは妻介護者と同じ状況ではあるが、追加される役割が逆である。夫の場合にも、前述したように家事役割や介護役割をどうにか遂行して夫婦関係を維持する者もいれば、役割を放棄して妻を施設に入所させて夫婦関係を終わらせてしまう者もいる。夫介護者の場合は、妻介護者とは違って、夫婦の勢力関係は維持させている。たとえ介護役割を遂行していたとしても、夫主導型で介護を行い、被介護者である妻を中心にした介護を行うことはできないようである。多くの夫介護者の妻への介護方法が自己中心的で、自分が介護しやすいように工夫する様子が見受けられた（林,2003）。

d. 夫婦関係の調整機能をもつ在宅サービス
1) パートナー喪失に対する危機対策

　もう一つの事例である夫介護者の事例では、妻の容態がさらに悪化して、前回の調査時には述べられなかった、パートナーを喪失する危機感が語られていた。また、自分自身も高齢になってきて、介護役割が負担になってきていた。この夫婦には子どもはなく、頼る親戚もいない。夫は、妻を施設に入れてしまうと自分が一人ぼっちになってしまうこと、二人で生きていかれる施設はないことなど将来の不安を語り、「二人で過ごすためには在宅サービスを入れることは必要」と思うようになって、導入を決めたと語っていた（林,2005b）。

　もう一つは、ケアマネージャーに相談できることが孤立感を緩和し、要介護

者が入院したり死亡したときの、まさに保険の役目を担ってくれているという感覚を持てることである。子どものいないこの事例の夫介護者は、妻の通所介護に一緒に行くことで、仲間をつくることができた。そこには、すでに伴侶をなくした人がボランティアとして参加しており、そのような生き方もあることを知ることができたと語っていた（林,2005b）。

2）夫婦関係の緊張緩和剤

両者ともに、在宅介護サービスを導入したことによって介護役割の負担が軽減されたばかりでなく、以下のような効果もあったと語っていた（林,2005b）。

一つは、夫婦間の緊張を、外部から人が入ることによって緩和できたことである。要介護の夫は、妻の健康状態や、妻も年老いたことに関心を持たず、介護がおろそかになっていることに憤慨していた。妻介護者も、自分自身の体が自由に動かせないという苛立ちとともに、理解を示さない夫に対して憤慨しており、夫婦間に緊張が生じていた。そこに、外部から第三者が入ってきた。夫は、若い看護師がきて話してくれることを楽しみにしており、妻は、ヘルパーと介護役割を共有できたことで気持ちが安定し、夫婦関係の悪化を防ぐことができたというのである。

このように、在宅サービス介入には、介護関係が生じた夫婦関係の緊張緩和剤としての働きも見られた。

3）新家事労働の代替者

介護の社会化によって生じた新家事労働には、介護の支援を得るための各種手続きや契約などがある（伊藤,2005）。妻の新家事労働（本節3のc.）で述べたように、介護保険制度の在宅サービスを利用するための手続きや、契約、解約、苦情などは、高齢の妻介護者にとっては難しい仕事と思ってしまうことが容易に推測できる。これまでほとんど夫任せにしていた仕事で、経験がないからである。

介護保険制度では、効率よく介護サービスを供給するために、介護計画を作成するケアマネージャーという新しい職種が創設された。ケアマネージャーは、高齢者やその家族から任されて、介護サービスの申請やサービス計画などを代行する。高齢者ではなくても、一般の人でもサービスの内容や手続き方法、サ

ービス業者を熟知しているケアマネージャーに依頼したほうが、より良いサービスを得られる可能性は高い。高齢の夫婦では、なおさらである。

新家事労働を外部サービス（主にケアマネージャー）に代替してもらうことによって、高齢介護者に余裕が生じ、その結果、被介護配偶者との関係にも余裕ができるのではないだろうか。

4　夫婦関係の継続の困難

a. 老老介護・要要介護・認認介護

本研究の対象者も、平均年齢をみてわかるように、老老介護である。第1回と第2回の調査に協力が得られた事例のうち一事例では、妻介護者は、自身も要介護度1と認定されていた。いわゆる、要要介護である。要介護度1の介護者が、要介護度3の配偶者の介護をしている状況である。

認認介護とは、お互いの認知症が進行し、生活状況が急変、悪化してしまう状態を指す。お互いに認知症のため、適切なSOSが出せずに危険な状態に陥る可能性もある。認知症は、軽いうちは自立した日常生活が可能なため、周囲も気づかないまま、軽い認知症の高齢者が重い認知症の配偶者を介護するという状態で放置されることも少なくない。

このような場合、ケアマネージャーは、施設介護サービスを利用することを勧めることがある。しかし、重度の要介護配偶者が施設に入所するということは、夫婦関係の終わりを意味する。死によって終焉するのではなく、配偶介護者が介護役割ができなくなったことで夫婦が別居することになり、高齢者にとっては、彼らの夫婦関係が終わってしまう。軽度の要介護配偶者が、施設に行くことが困難な場合が多いからである。

一般的に介護施設は、健康な配偶者と一緒に入所することはできない。そのため、介護が大変でも、在宅サービスを利用する高齢介護者もいる。要要介護の場合は、施設に空きがあれば、このような対応も可能であろう。今後は、在宅介護サービスの充実のほかに、配偶者が要介護となっても、望めば施設においても夫婦一緒に最後までいることを可能にすることも必要ではないかと考える。

b. 虐待と介護心中・介護殺人

　老老介護や認認介護では、介護疲れから、介護殺人や心中が起きても不思議はない。統計によると、1998（平成10）年から2005（平成17）年までの介護殺人、心中の加害者の第一位は、夫である。夫にとって、家族の長として妻を養うことは当たり前と認識しているが、実際の介護行為をすることは想定外であった。「こっちが介護してもらおうと思っていたんだが……」という語りからも、戸惑いがうかがえる（林, 2010b）。夫の潜在意識に存在する、直系家族制における家長であるという立場の喪失に対する脅威（林, 2010b）が、虐待という形で表出する場合もある。伝統的介護役割規範に依存したいと思いながら、介護役割から逃れられない現実に対して、恨めしさと、どうしようもないという感情が生まれて、虐待に至る。

　そして、介護による孤立感や介護疲れで、夫介護者が要介護の妻を殺害するケースが目に付く。介護保険制度が施行されて約15年がたつが、いまだに男性介護者のなかには介護サービスを利用しないか、利用する方法を知らない高齢者が存在し、悲劇が起こってしまうのである（林, 2010b）。

5　被介護関係における夫婦関係とその終焉まで

　夫婦のみで生活している高齢者の増加や、伝統的な介護役割規範の脆弱化がさらに進行することが予想されるため、今後も夫婦間介護は増加していくであろう。しかし、介護関係が生じた高齢夫婦の関係には、"死"以外にも別居状態となる可能性があるという危うい状況にある。

　自身が要介護状態になったとき、配偶者を介護者として選択したいのであれば、要介護となることや介護者になるという高齢期の危機に備えて、さまざまな危機管理をする必要があろう。その一つは、夫婦関係を良好に保ち、夫婦共通の思い出づくりであることが、調査に協力してくださった妻介護者の語りのなかにみられた（林, 2005a）。脳梗塞の夫との楽しみは、旅行の写真や二人で集めた品々を見ながら思い出を語り合うことであるという。定年後の夫婦関係、子世代が独立し再度夫婦水入らずの生活になったときの夫婦の思い出づくりが、特に重要なのではないかと思われる。

夫や妻が介護役割を受容する動機付けが配偶者への愛情からくるものとすると、夫婦関係の歴史そのものが、介護役割を受容するための原動力になっていくのではないだろうか。そして、さまざまな家事労働や介護労働に対する支援を適切に、うまく利用しながら情緒的に支え合う夫婦関係を維持していくことができれば、安らかにその終焉を迎えることができるであろう様子を、多くの夫婦間介護をしている高齢夫婦の調査から見出せた。

引用文献

伊藤純(2005)「高齢者ソーシャル・サービスと新家事労働その2」『學苑(人間社会学部紀要)』772, pp. 132-141.
伊藤純・伊藤セツ(2001)「介護保険制度下における「介護家事労働」の社会化と生活福祉経営」『日本家政学会誌』54(11), pp. 1061-1068.
厚生労働省(1998-2009)「国民生活基礎調査の概況」.
厚生労働省(2012)「平成24年度 介護保険事業状況報告(年報)のポイント」.
厚生労働省(2014)「介護保険制度改革の概要──介護保険法改正と介護報酬改定」.
内閣府(2007)「平成19年版 国民生活白書「つながりが築く豊かな国民生活」(全文)」.
内閣府(2012)「平成24年版 高齢社会白書(全体版)」.
内閣府(2014)「平成26年版 高齢社会白書(全体版)」.
林葉子(2003)「有配偶男性介護者による介護役割受け入れプロセス──グラウンデッド・セオリー・アプローチを用いて」『家族研究年報』28, pp. 38-50.
林葉子(2005a)「夫を在宅で介護する妻の介護役割受け入れプロセスにおける夫婦関係の変容──修正版グラウンデッド・セオリー・アプローチによる」『老年社会科学』27(1), pp. 43-54.
林葉子(2005b)「夫婦間介護における介護役割認識と在宅サービス利用の関係──グラウンデッド・セオリー・アプローチによる事例分析」『家族関係学』24, pp. 77-86.
林葉子(2010a)「夫婦間介護の現状と課題」『エイジレスフォーラム』8, pp. 44-54.
林葉子(2010b)『夫婦間介護における適応過程』日本評論社.
森岡清美・望月嵩(編)(1997)『新しい家族社会学』培風館.
大和礼子(2004)「介護ネットワーク・ジェンダー・社会階層」,渡辺秀樹・稲葉昭英・嶋崎尚子(編)『現代家族の構造と変容──全国家族調査(NFRJ98)による計量分析』(pp. 367-385)東京大学出版会.
渡辺秀樹・稲葉昭英・嶋崎尚子(編)(2004)『現代家族の構造と変容──全国家族調査(NFRJ98)による計量分析』東京大学出版会.
Thiele=Witting, M. (1992) Interfaces between Families and the Institutional Environment. In Nancy B. Leidenfrost(Ed.) *Families in Transition* (pp. 169-175). Vienna: International Federation for Home Economics.(家庭経営学部会(訳)「家族と生活関連の諸機関との相互関連」, N. B. ライデンフロースト(編)松島千代野(監修)(1995)『転換期の家族──ジェンダー・家族・開発』(pp. 254-266)産業統計研究社).

第3節 配偶者喪失への心理的支援
──「ひだまりの会」の取り組み

坂口幸弘

1　夫や妻を亡くした人への支援

　夫や妻を含め、大切な人を失った人々への支援は、グリーフケア（grief care）やグリーフサポート（grief support）、ビリーブメントケア（bereavement care）、遺族ケアなどと呼ばれる。これらの用語に関する厳密な定義は必ずしも定まっていないが、死別後の心理的な過程を促進するとともに、死別に伴う諸々の負担や困難を軽減するために行われる包括的な支援と捉えることができる（坂口, 2010）。

　支援内容については、①情緒的サポート、②道具的サポート、③情報的サポート、④治療的介入に分類できる。情緒的サポートとは、いわゆる心のケアであり、遺族の気持ちに寄り添うことが求められる。一方で、遺族が支援を必要とするのは情緒的な側面ばかりではない。家事や育児、法律問題など、目の前の現実的な困難に負担を感じている人もいる。彼らに対しては、問題の解決を手助けする直接的かつ具体的な支援、いわゆる道具的サポートが必要となる。情報的サポートでは、通常の悲嘆の反応や対処法などに関する知識を提供することで、遺族に安心感を与えることができる。各種サービスの提供機関や団体など、社会資源に関する情報を提供することも有効な支援となる。治療的介入とは、複雑性悲嘆に対する精神科医やカウンセラーなどによる専門的な治療のことである。複雑性悲嘆に対する有効な治療法としては、二重過程モデルを理論的基盤に、長時間曝露法を応用した折衷的な認知行動療法技法である複雑性悲嘆治療（Complicated Grief Treatment）が開発されている（Shear, et al., 2001）。

　支援者としては、①遺族同士、②家族・親族・友人知人、③医療関係者・福祉関係者・宗教家・学校関係者・葬儀関係者・司法書士など遺族に接する職種の人々、④精神科医やカウンセラーなど精神保健の専門家、⑤公的機関などが挙げられる。たとえば、今現在で250施設を越える日本各地のホスピス・緩和ケア病棟では、手紙の送付や追悼会の開催など遺族支援の取り組みが積極的に

行われている（坂口, 2013）。最近では、小児科や新生児科、在宅医療などでも遺族を支援する活動が広がりつつあるが、限定的である。新たな展開として、「遺族外来」や「グリーフケア外来」と呼ばれる遺族を対象とした病院外来が一部の病院で開設されており、その動向が注目される。

2　セルフヘルプ・グループとサポートグループ

　遺族同士による支えあいとして、セルフヘルプ・グループとサポートグループがある。セルフヘルプ・グループとは当事者組織であり、同じ悩みや障害を持つ人たちによって作られた小グループのことをいう（高松, 2004）。その目的は、自分が抱えている問題を仲間のサポートを受けながら、自分で解決あるいは受容していくことにある。一方のサポートグループも、セルフヘルプ・グループと目的や機能は同様だが、第三者の関与に違いがある。セルフヘルプ・グループはあくまで当事者組織であるのに対して、精神保健の専門家など当事者ではない第三者が組織し、運営を行っている。ただし、セルフヘルプ・グループの中には、専門家が深く関わっているグループもあるため、両者を明確に区別することは、現実には難しい。

　死別体験者のセルフヘルプ・グループやサポートグループの活動は1960年代にイギリスやアメリカで始まり、日本で本格化し始めたのは1990年前後であるといわれる（黒川, 2005）。たとえば、子どもを亡くした親の会である「ちいさな風の会」（1988年発足）や、死因や続柄を限定しない「神戸・ひまわりの会」（1994年発足）などが、その当時に組織されている。配偶者と死別した人たちへの支援活動としてよく知られる「ほほえみネットワーク」も1991年に設立されている。1990年代後半には、複数のホスピス・緩和ケア病棟においても遺族のサポートグループが立ち上げられ、近年では全国のホスピス・緩和ケア病棟のおよそ2割で定期的に開催されている（坂口, 2013）。

　また最近では、2006年の自殺対策基本法の成立を契機に自死遺族支援が急速に展開され、平成21年度の調査では、自治体主体あるいは民間のグループによる分かち合いの会が、少なくとも77か所で開催されているという（国立精神・神経センター精神保健研究所 自殺予防総合対策センター, 2009）。

第3節　配偶者喪失への心理的支援──「ひだまりの会」の取り組み

　次項で紹介する「ひだまりの会」は、2003年に開始されたサポートグループを中心とした遺族支援の活動であり、本邦初の葬儀社による本格的な取り組みとして、葬儀業界のみならず広く注目されている。

3　「ひだまりの会」の概要

　「ひだまりの会」は、大手葬儀社である株式会社公益社が主催する遺族支援活動として、2003年12月に設立された。「ひだまりの会」の会則は表6-3-1の通りであり、公益社の社会貢献活動の一環として行われている。社員3名と会業務委託職員1名が中心であるが、筆者を含め、外部の専門家も複数加わっている。なお「ひだまりの会」という名称は、深い悲しみの中にある遺族に、ひとときの安らぎとこれからの人生を歩む力を与えられる場所にしたいとの思いを込めて、運営スタッフで相談して決められたものである（古内・坂口, 2011）。

　活動の中心はグリーフサポート月例会であり、毎月第3土曜日13時〜15時30分に、原則として3部構成で行っている。第一部は、専門家のミニ講演あるいは会員の体験談であり、それぞれを隔月で行っている。第二部は、小グルー

表6-3-1　「ひだまりの会」の会則

【目的】
大切な人の死別という辛い体験をした会員が支え合い、助け合い、また、相手を学ぶことにより癒され、前向きに生き、実り豊かな人生を送ることができるよう諸々のサポート活動をすることを目的とする。

【基本理念等】
一、会員は平等であり、お互いに尊敬の念をもって臨み、相手を傷つけるような言動は厳に慎む。
二、会員は「応えたくない」事等に対して、はっきりした意思表示をする権利を有する。
三、会員のプライバシーを尊重する。会員および事務局は、会活動中および会活動を離れた後を問わず、会活動期間中に知った他会員の個人情報を、会の外部に一切漏らしてはならない。
四、会員は会員個人の営利目的、政治目的、特定の宗教目的等に本会を利用してはならない。
五、以上の考え方に基づき、本会は会員名簿を作成・配付しない。
六、会員は会の参加については自己責任とする。月例会・分科会に関して、レクリエーション損害保険に加入している。ただし、持病疾病については補償外である。

プに分かれての分かち合いの時間、いわゆるサポートグループである(図6-3-1)。第三部は、癒しの音楽の時間として、音楽療法士を中心に演奏を聴いたり、思い出の歌などを合唱したりする。

　サポートグループは約1時間半で、心理的支援の経験のあるスタッフがファシリテーターとして入り、参加者同士がそれぞれの体験や思いを分かち合えるように促す。当会には「グループで話されたことはグループ内にとどめる」、「誰もが話す時間を等しく持つ」、「求められない限りアドバイスは与えない」などの基本ルールがあり、ファシリテーターはそれに従ってグループを進めていく。各グループは3～6名程度で、悲嘆の程度や、参加者の背景などを参考に、グループ分けを行っている。過去には継続的なグループとして、子どものいない配偶者喪失者を対象としたグループや、30～40歳代の若い配偶者喪失者を対象としたグループなども発足している。

　月例会の参加者は毎月10名前後であり、これまでに参加した遺族は実数で800名を越えている。月例会への参加の呼びかけは、公益社で葬儀を挙げられた遺族を対象に会の案内状とリーフレット「グリーフサポートレター」(図6-3-2)を送付し、その後電話で行っている。新規参加者は、毎月3～8名程度である。グリーフサポート月例会に関しては、会費は一切徴収していない。月例会の終了後には、ファシリテーターを含む運営スタッフが「振り返り」の時間を持ち、実務上の問題点や課題を話し合うだけでなく、スタッフ自身のケアに努めている。

　月例会以外の活動として、個別相談や傾聴カフェなどを実施している。また、会報誌が定期刊行され、現在は年に1回の発行となっている。毎回、活動報告や会員の寄稿などを掲載している。

　「ひだまりの会」では、設立後9か月が過ぎた頃から、会員のニーズに応える形で、分科会や日帰り旅行が行われるようになった。分科会とは、健康・交流・学習などをテーマに会員が有志で行う活動であり、活動に伴う費用は基本的に会員が負担する。これまでに「わいわい食堂」(男性のための料理教室)、「書道教室」、「季節の花めぐり」、「ちぎり絵教室」、「傾聴ボランティア講座」などが実施され、最近では「臨床アロマセラピー」、「アートセラピー」、「今更聞けない仏事講座」、「プリザーブドフラワー講座」、「美文字レッスン」などが行われてきた。

第3節　配偶者喪失への心理的支援──「ひだまりの会」の取り組み

図6-3-1　サポートグループの様子

図6-3-2　グリーフサポートレター

　「わいわい食堂」は、外部講師を招くのではなく、会員の中で、料理を得意とする者が指導役となり、主に妻を亡くして日頃食事に苦労している男性らが手ほどきを受けるという企画である。このような形態の料理教室は本邦初のユニークな試みであり、調理やその後の試食の時間は、会員同士の交流の場として

貴重な機会となった。日帰り旅行は、会員同士の親睦を深めるため、春と秋の年2回実施されてきた。

2009年12月からは新たな展開として、グリーフサポート月例会とは別に、ライフサポート「ひだまりサロン」の活動を開始した。悲嘆の強い遺族を対象とした月例会に対し、「ひだまりサロン」は新たな人生を歩み始めた遺族を対象とし、講演会や音楽会、分かち合いなどを行っている。参加者からは1,000円程度の参加費を徴収している。

このような分科会や日帰り旅行、「ひだまりサロン」は、現在、公益社から委託を受けたNPO法人「遺族支え愛ネット」が主体となって開催されている。このNPO法人は、「ひだまりの会」の会員を中心に2010年1月に設立され、死別体験者が自らの体験を社会に生かす活動を行っている。この活動は、社会資源として有益であると同時に、会員自身にとっても意義のある活動と考えられる。

4　参加者から見た「ひだまりの会」

「ひだまりの会」に対する参加者のニーズや評価を把握するために、会に参加した経験のある遺族を対象とした、郵送による自記式質問紙調査を実施した。調査対象は、2003年12月から2011年7月に「ひだまりの会」に参加した649名である。調査は2度に分けて行われ、第1回調査は2006年8月、第2回調査は2011年8月に実施した。330名から回答が得られ、故人から見た回答者の続柄は、配偶者286名、他30名、無回答14名であった。そのうち、配偶者喪失者286名からの回答を分析対象とした。

回答した配偶者喪失者の性別は、男性108名、女性178名であった。年齢層は40代以下7名、50代34名、60代100名、70代106名、80代以上34名、無回答5名であった。家族形態は、独居199名、家族と同居86名、無回答1名であった。就業状態は、有職64名、無職217名、無回答5名であった。

参加動機について、「ひだまりの会に参加した理由は何ですか？」と尋ねたところ、回答者の約6割が「同じような体験をした人の話を聞きたかったから」を挙げ、次いで「講演会を聞きたかったから」、「専門家の助言を聞いてみたかったから」との回答が多く見られた（図6-3-4）。なお、「色々な人と知り合いに

なりたかったから」との回答において性差があり、妻を亡くした夫の34.3%が参加動機の一つとして挙げたのに対して、夫を亡くした女性では20.8%にとどまっていた。

「ひだまりの会」への参加状況は表6-3-2の通りである。月例会への参加回数に関して、回答者の約5割が「4回以上参加した」と答えたのに対して、「1回だけ参加した」と回答した人は全体の約16%にとどまった。分科会への参加状況は、回答者の半数に参加経験があり、約2割は「いずれ参加してみたい」と回答した。「ひだまりサロン」への参加についても、半数以上がすでに参加経験があると回答し、約4人に1人は参加に積極的であった。会を離れての会員交流に

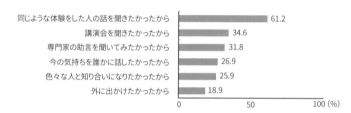

図6-3-4　参加動機（N=286、複数回答）

表6-3-2　「ひだまりの会」への参加状況

月例会への参加回数 (N=286)	人数(%)
1回だけ参加した	47 (16.4)
2、3回参加した	81 (28.3)
4回以上参加した	137 (47.9)
無回答	21 (7.3)
分科会への参加 (N=286)	**人数(%)**
参加したことがある	156 (54.5)
まだ参加したことはないが、いずれ参加してみたい	60 (21.0)
参加したことがなく、今後も参加するつもりはない	51 (17.8)
無回答	19 (6.6)
「ひだまりサロン」への参加 (N=155／第2回調査のみ)	**人数(%)**
毎回参加している	12 (7.7)
できる限り参加するようにしている	29 (18.7)
気が向いたときだけ参加している	47 (30.3)
参加していない	63 (40.6)
無回答	4 (2.6)
会以外での会員との社会的交流 (N=286)	**人数(%)**
しばしばある	26 (9.1)
たまにある	73 (25.5)
全くない	168 (58.7)
無回答	19 (6.6)

第6章 人生の統合と夫婦関係の終焉

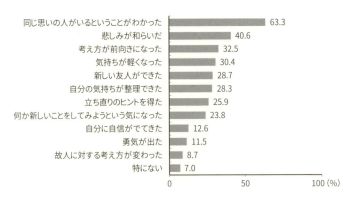

図6-3-5 参加して良かったこと（N=286、複数回答）

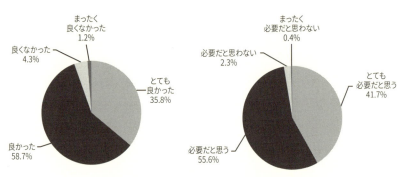

図6-3-6 全体としての評価（N=254）　　図6-3-7 「ひだまりの会」のような活動の必要性（N=266）

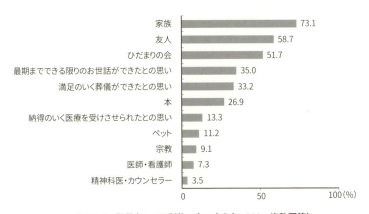

図6-3-8 配偶者との死別後の心の支え（N=286、複数回答）

関しては、回答者のおよそ3人に1人において、少なからず交流があることが示された。

会に参加して良かったことについて尋ねたところ、回答者の約6割が、「同じ思いの人がいるということがわかった」を挙げ、次いで「悲しみが和らいだ」、「考え方が前向きになった」との回答が多くみられた（図6-3-5）。一方、参加して良くなかったことに関しては、「人間関係でストレスを感じた」（9.8％）、「傷つくことを言われた」（2.4％）、「参加する前より、悲しみが強くなった」（2.1％）との回答が得られた。

全体としての会への評価に関しては、回答者の約95％が肯定的に評価していた（図6-3-6）。また、遺族にとって「ひだまりの会」のような活動は必要かとの設問に対しては、約97％が「必要だと思う」と回答した（図6-3-7）。

「死別後に、あなたの心の支えになったのは何ですか？」との設問に対する回答は、図6-3-8の通りである。回答者の約7割が「家族」を挙げ、最も多かった。次いで「友人」、「ひだまりの会」であり、約半数によって挙げられた。「最期までできる限りのお世話ができたとの思い」や「満足のいく葬儀ができたとの思い」との回答も、約3割の回答者にみられた。なお、「友人」の回答において性差が認められ、夫を亡くした妻の約3人に2人が「友人」を挙げたのに対して、妻を亡くした男性では半数弱にとどまった。

5　「ひだまりの会」の意義

前項の調査結果は、「ひだまりの会」の一定の活動意義を示しているといえる。会への不参加者との比較検証が行われていないため有効性を明確に結論づけることはできないが、「ひだまりの会」が「家族」、「友人」に次いで、死別後の心の支えとして挙げられていたことは、参加した多くの配偶者喪失者にとって、当会が心理的支援として有益であったことを示唆するものである。また回答者の9割以上が、会を肯定的に評価し、活動の必要性も認めており、当会の活動は多くの参加者に支持されていることも示された。実際、初参加のときには無表情でうつむきがちであった遺族が、会を重ねるごとに表情が明るくなり、笑顔も見られるようになることは会の活動を通してしばしば見受けられる。

第6章 人生の統合と夫婦関係の終焉

　このように、参加者の満足度は高いといえるが、会への参加率はまだまだ低く、参加していない遺族の中には、支援が必要な遺族も多数含まれている可能性がある。そのような遺族に対してどのようなアプローチをするべきなのかは、会が抱える重要な課題の一つである。「ひだまりの会」では、悲嘆の反応や対処方法などを簡潔にまとめた心理教育的なリーフレット「グリーフサポートレター」（図6-3-2）を独自に作成して配布したり、電話で相談を受けたりなどの活動も行っている。

　会への参加の動機として、「同じような体験をした人の話を聞きたかったから」との回答が約6割を占めており、このような機会を提供する場として本会が期待されていることが示唆される。また会を離れての交流も認められ、当会は死別悲嘆へのサポートだけでなく、その後の人生の再建に向けての社会的な交流の場としての側面も有しているといえる。特に妻を亡くした男性の場合、夫を亡くした女性に比べ、友人が心の支えになっていると回答した割合が低く、会への参加動機として人との出会いを求める割合が高かったことから、身近な社会的ネットワークが乏しい現状が推察される。それゆえ、彼らにとっては、当会が社会的な交流の貴重な機会となっているものと考えられる。

　なお上記の調査では、死別後の心の支えとして、回答者の3割以上が「最期までできる限りのお世話ができたとの思い」と「満足のいく葬儀ができたとの思い」を挙げ、割合は少ないが、「納得のいく医療を受けさせられたとの思い」との回答も示された。これらの結果は、望ましい葬儀や終末期医療そのものが、遺族に肯定的な心理的影響を及ぼす可能性を示唆している。

　「ひだまりの会」には、葬儀社が遺族支援活動を行うことによる価値があると考えられる（古内・坂口, 2011）。葬儀社が関与することにより、死亡場所や死因、続柄などに限定されず、幅広い層の遺族に支援を受ける機会が開かれている点がまず挙げられる。また、葬儀を介しての遺族との接点を生かして、死別後の比較的早い時期から、遺族を支えるためのアプローチを積極的に行うこともできる。受け身的に遺族が支援を求めてくるのを待つのではなく、積極的に遺族に接近し、支援の手を差し出すことは、深い悲しみで身動きがとれないでいる遺族にとっては救いになると思われる。さらに、葬儀社による取り組みは、基本的に企業の社会貢献活動あるいは顧客サービスの一環として位置づけられて

いる。それゆえ一定の人材と資金が投入され、さらに企業が保有する施設やサービス資源を活用することもできる。それゆえ、遺族のニーズに応じた多様な活動を企画し、実現することができている。最近では、NPO法人「遺族支え愛ネット」との協働によって、グリーフサポートの質を高めるとともに遺族の生活や人生を見据えたライフサポートの充実を図り、遺族の状態やニーズに応じた継続的な支援を進展させている。

　「ひだまりの会」の試みは、わが国における遺族支援の新たな形を提案するものである。地域における遺族支援の担い手として、葬儀社は大きな役割を果たすことができると期待される。経済産業省が2012年4月にまとめた「安心と信頼のある『ライフエンディング・ステージ』の創出に向けた普及啓発に関する研究会報告書」では、遺族等への精神的支援の具体事例として「ひだまりの会」が取り上げられた。「ひだまりの会」の方法論はいまだ発展途上であるが、これまで10数年にわたり培ってきた経験やアイデアはまぎれもなく大きな財産であり、それらを糧としたさらなる進展を望みたい。

6　夫や妻との死別に備える

　配偶者との死別は、一部の人だけが運悪く経験するような特殊な出来事ではない。夫婦関係が維持されるかぎり、どちらかがいずれ経験することはまず避けられない。やがては一方が先に亡くなり、一方が後に残されることになる。平成22年の国勢調査によると、75歳以上の高齢者の場合、婚姻関係があった女性の半数以上、男性の約5人に1人が配偶者の死をすでに経験している。また、配偶者を亡くした人の割合は、年齢が高くなるにつれて増加傾向が強くなるが、65～69歳の人の場合でも、女性の約17％、男性の約5％がすでに配偶者と死別している。超高齢社会に突入しているわが国においても、夫婦がそろって老後を迎えられるとは限らない。

　日本におけるデス・エデュケーション（death education）の第一人者である上智大学名誉教授のアルフォンス・デーケンは、その一環として、配偶者との死別に備える教育、いわゆるプレ・ウィドウフッド・エデュケーション（pre-widowhood education）を提唱し、既婚者は遅くとも中年期になったら、配偶者の死に伴っ

て生じる諸問題を直視することが望ましいと述べている（デーケン, 1990）。では、来たるべき夫や妻の死に備えて、生前に何ができるのであろうか。坂口（2012）は、いくら十分に備えたとしても、大切な人の死を前にして悲しいものは悲しいとしたうえで、その後の人生の一歩を円滑に踏み出すために日ごろから心がけられることとして、次の6つの事柄を挙げている。

①相手の価値を見つめなおし、関係を大切にする
②元気なうちにお互いの最期の迎えかたについて話し合っておく
③死別したときに経験することについて知っておく
④家事や金銭管理などの生活技術を身につけておく
⑤自分なりの生きがいや人生の楽しみを見つけておく
⑥まわりの人とのつながりを大切にする

やがて訪れる配偶者の死に対して、ほとんどの人は無防備である。思わぬ別れに直面し、残された者はしばしば心残りを抱くことになる。失ってみてはじめて、その存在の大きさに愕然とさせられる。目の前にいる夫や妻の死を意識することは、その人との今の時間を大切にすることにつながるであろう。日本のホスピスケアの先駆者である柏木哲夫は、「誕生日に死を思い、結婚記念日にがんを語り合うこと」を提唱している（柏木, 2003）。夫婦の間で、告知や延命措置はどうするのか、死ぬのは家か病院か、葬儀はどうしたいかなど、どのような人生の終焉を望むのかついて、元気なうちに話し合っておくことも大切である。

亡き人の人生は死によって終わりを迎えるが、残された者の人生はそこで終わるわけではない。その先、どれくらいの時間が残されているのかは誰にもわからないが、命あるかぎり、人生は続いていく。特に若くして伴侶を亡くした場合には、おそらくその後の自分の人生はまだまだ長い。伴侶亡き後の生活をいかに立て直し、人生をどう生きるかが残された者にとっての重要な課題となる。夫婦がともに健在であるうちから、独りでも生きていけるだけの生活技術を身につけておくとともに、自分なりの生きがいや人生の楽しみ、夫や妻以外の人たちとの幅広い交流を持っておくことが望ましいであろう。

引用文献

柏木哲夫(2003)『あなたともっと話したかった——日本のホスピス生みの親・20年の実践』日本経済新聞社.

国立精神・神経センター 精神保健研究所 自殺予防総合対策センター(2009)「都道府県・政令指定市における自殺対策および自死遺族支援の取組状況に関する調査報告書」.

坂口幸弘(2010)『悲嘆学入門——死別の悲しみを学ぶ』昭和堂.

坂口幸弘(2012)『死別の悲しみに向き合う——グリーフケアとは何か』講談社.

坂口幸弘(2013)「わが国のホスピス・緩和ケア病棟における遺族ケアの現状と課題——2002年度全国調査との比較」『平成24年度日本ホスピス・緩和ケア研究振興財団調査・研究報告書』pp. 1-7.

高松里(2004)『セルフヘルプ・グループとサポート・グループ実施ガイド——始め方・続け方・終わり方』金剛出版.

デーケン, A.(1990)「悲嘆教育 Grief Education」, 日野原重明・山本俊一(編)『死生学・Thanatology〈第3集〉——他者の死から自己の死を観る』技術出版.

古内耕太郎・坂口幸弘(2011)『グリーフケア 見送る人の悲しみを癒す——「ひだまりの会」の軌跡』毎日新聞社.

Shear, M. K., Frank, E., Foa, E., Cherry, C., Reynolds, C. F., Bilt, J. V., & Masters, S.(2001) Traumatic grief treatment: A pilot study. *American Journal of Psychiatry*, 158 (9), pp. 1506-1508.

研究紹介 ①
夫婦にとっての職業からの引退
片桐恵子

「平成26年版 高齢社会白書」によれば、日本人の平均寿命は、男性80.0年、女性86.4年である。2060年には、男性84.2年、女性91.0年となることが見込まれている。このような平均寿命の延伸や、日本の労働力の将来的な不足が予想されている状況などを受け、高年齢者雇用安定法が改正され、何らかの形で65歳まで企業での就労が継続できるようになった。しかし、多くの会社ではいまだに定年年齢は60歳であり、それ以降は現役世代とは異なる雇用形態のことが多い。いずれにせよ、職業から引退した後に長い期間を過ごすことが普通になってきた。

定年前に目を向ければ、役職定年や出向、リストラなど、50歳代から仕事人生は昔と異なり不安定なものになっている。さらに私生活に目を転じれば、この時期は子どもの受験や就職、巣立ちの時期、また老いた両親の介護の問題とも重なり、不安の多い時期となっている。

職業からの引退は、以前は定年退職という一時期のイベントとして考えられてきたが、現在は職業からの引退過程としてとらえられるようになってきた。日本の現状から考えれば、広くは50歳代からの、役職定年になる年頃から徐々に始まると考えるべきである。定年退職、あるいは完全な職業からの引退過程にいかにスムースに適応するかということは、中年期から高齢期にかけての大きな挑戦である。

1　引退により夫婦にもたらされる変化

定年後、あまり外出もせず家でごろごろしてしかも家事もしないような夫に悩まされうつ症状を呈する「主人在宅ストレス症候群」（黒川, 2005）が報告されているように、退職後は夫婦関係にさまざまな変化が生じる。その中で特に大きな変化は、役割、生活時間、そして収入である。

退職期には、夫も妻も大きな役割の変化に直面する。働いてきた夫は40年近く人生を占めてきた仕事の役割を失う。これは仕事というストレスか

らの解放を意味するが、生きる目的や自分を支えてきた自尊心を失うという危険もはらむ。さらに、夫が仕事役割を失った後も妻がまだ仕事を続けている状態は、夫に複雑な感情をもたらす。

モーエンらはカップルを2年間追跡し、最初からともに引退していた夫婦の方が、夫が引退し妻は継続就労していた夫婦と比べてうつ症状が低かったこと（Kim & Moen, 2002）、男女ともに自分が引退し配偶者が継続就労していた場合は夫婦間の対立が高まったこと、とくに妻が現役で夫が引退した場合に夫婦間対立が高かったこと（Moen, Kim & Hofmeister, 2001）などを報告している。このように男女平等が進んだアメリカにおいても、退職期の夫婦の関係には性役割規範が微妙に影を落としている。職業からの引退は個人に対する影響をみるだけでは不十分であり、夫婦の就業状況の組み合わせを勘案する必要があることを示唆している。しかし、日本においては引退の影響を夫婦という観点を加味して検討した研究は少ない。

第二に、職業からの引退は、生活時間に大きな違いをもたらす。片桐（2012）は、60歳以上の高齢者は仕事や家事など社会生活を営む上での必要な時間が徐々に減少し、各人が自由に使える時間が増加していく様子を説明している。しかし、自由に使える時間というのは、やりたいことがあってこそ歓迎されるのであって、やりたいことがない人にはかえって苦痛にもなりかねない。現在の高齢者の場合、多くの男性は職業からの退職により自由時間をもつが、やりたいことがない夫はその時間を持て余すことになりかねないのに対し、多くの妻は家事役割からの引退はなく、夫とは非対称な状態になる（乾, 2015）。

最後に、職業からの引退がもたらす変化は収入の減少である。高齢者世帯の所得は、「公的年金・恩給」が総所得の約7割、209.8万円（総所得の69.1％）を占める（内閣府, 2014）。自分自身と配偶者、双方の親の病気や介護に備え、時には自立していない子どもを養い、減少した定収入の中で夫婦は暮らしていかなくてはならない。

このように、職業からの引退により、夫婦は収入の減少という制約の中、役割と自由時間の大きく、しかも夫と妻の非対称な変化に直面することになる。

2　個人としての引退への適応

　以上に述べたように、職業からの引退に伴い人はさまざまな環境、自分自身、配偶者の変化に適応していかねばならないが、課題である役割と生活時間の変化への適応には社会参加が有効である。なぜなら、社会参加活動の中に、仕事に代わる役割や生きがいを見出す可能性があるからだ（片桐, 2012）。

　片桐・菅原（2007）によれば、60歳から69歳の男性の場合、就業による自尊心に対する効果は見られなかったが、社会参加をしている場合自尊心にプラスの効果が観察された。さらに、就業と社会参加の交互作用効果が見られ、60歳以上で就業している場合は、同時に社会参加をしている方が自尊心が高くなっていた（図6-4-1）。多くの企業では、60歳以降も働き続けられたとしても、会社内での役割や仕事の内容は現役時代とは大きく変わり、さらに収入も大幅に減じるのが通例である。よってもはや働くことに生きがいを見出すことができず、その代替として社会参加に大きな意義を見出しているのではないだろうか。

　上記は男性の結果であるが、この調査では女性に関しては同じような結果は得られなかった。この研究は2002年の調査データを用いているが、その時点では女性が定年年齢まで働き続けているケースは少なく、就業形態もパートタイム就労が多くを占めるなど、職業からの引退という状況にある女性はまだまだ少ないという状況にあったためではないかと思われる。長期的に見れば、1968年の女性の労働力率は、55歳から59歳では49.1％

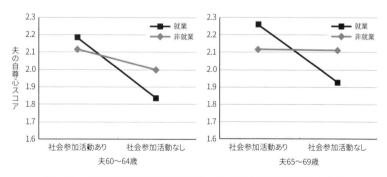

図6-4-1　夫の就業と社会参加の交互作用－夫の自尊心を従属変数とした分析

であったものが2013年では64.9%に達し、徐々に上がってきた（総務省, 2015）。しかしこの統計は単身女性も含み、既婚女性に着目すれば少し率は低下するだろう。さらに、女性の場合その6〜7割は非正規の就業であり、定年や引退という視点からとらえるのは難しい。しかし、今後はますます女性の社会進出が進むうえ、大都市では単身世帯の割合も増加しているので、妻役割や母役割が縮小し、仕事役割の重大性が増すと考えられる。女性にも、男性同様職業からの引退の問題が出現してくると想定される。

3　夫婦としての引退への適応

さらに、夫婦関係にも社会参加はプラスの効果がある。引退した夫が社会参加をしている場合、していない場合と比べて妻の生活満足度は高かった（片桐・菅原, 2007; 片桐, 2012）（図6-4-2）。なぜ妻にとって引退した夫が社会参加をした方がいいのかという理由として、一つには社会参加は夫の外出を促す、ということがあるだろう。引退した夫が出かけず、家事を分担せず家にいることは妻にとってストレスになりかねず、かといって家事を分担した場合は妻の役割を奪う可能性もある。夫の不在は一つの解決策である。

実際、シニアへのインタビューの結果から、社会参加への動機の一つとして片桐（2012）は「濡れ落ち葉忌避」動機を指摘している。妻の側の"夫に濡れ落ち葉になってほしくない"、夫の側の"妻に濡れ落ち葉と思われたくない、濡れ落ち葉として邪魔にされたくない"という、夫婦双方の"夫

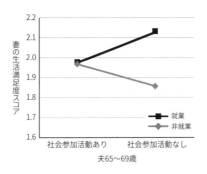

図6-4-2　夫の就業と社会参加の交互作用－妻の生活満足度を従属変数とした分析（片桐, 2012）

の濡れ落ち葉状態"を避けたいという考えが合致し、妻は夫が外に出るように夫の社会参加を促し、夫は外に出るために社会参加をするのである。

ほかにも、社会参加によって、失った仕事に関するネットワークに代わって地域でのネットワークを築くことができるため（片桐・菅原, 2010）、妻と共通の知人ができる。地域の話題を共有したり、活動内容や共通の知人という話のネタができて、夫婦のコミュニケーションが促進されると推測される。

職業からの引退に関しては、引退する個人に焦点を当てて検討されることが多いが、このように引退は個人の体験だけではなく、夫婦で経験していくことでもある。定年退職は高齢期の入り口に直面する重要な体験であり、夫婦でうまく適応していくことが、その後の幸福な老いの実現を大きく左右するのである。

今後はさらに女性の就業率は上昇すると予測され、雇用形態も改善していくと期待されるため、夫が引退するが妻は就労というケースが増加するなど、引退が夫婦関係に与える影響はさらに増大すると考えられる。

引退を捉えるには、個人、夫婦、さらには家族という私的生活だけでなく、高齢者雇用に関する企業の対応、高齢者雇用に関する国の施策、高齢化に対する社会の変化など、マクロの視点を加味した複層的な視点が必要となるだろう。そして、いかにスムースに引退に適応していくというこ

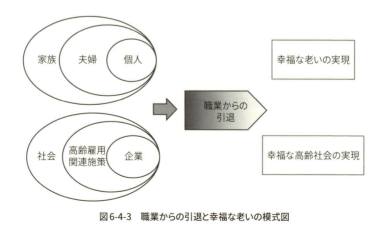

図6-4-3　職業からの引退と幸福な老いの模式図

とが、その後の長い引退生活における幸福な老いの実現、さらに、そのような幸福な高齢者の増加による日本のよりよい高齢社会の実現につながるだろう（図6-4-3）。

引用文献
乾順子（2015）「高齢期の夫婦の家事分担」『季刊家計経済研究』105, pp. 56-67.
片桐恵子（2012）『退職シニアと社会参加』東京大学出版会.
片桐恵子・菅原育子（2007）「定年退職者の社会参加活動と夫婦関係——夫の社会参加活動が妻の主観的幸福感に与える効果」『老年社会科学』29 (3), pp. 392-402.
片桐恵子・菅原育子（2010）「社会参加と地域への溶け込みの関連——地域での社会的ネットワークの及ぼす影響に着目して」『応用老年学』4 (1), pp. 40-50.
黒川順夫（2005）『新 主人在宅ストレス症候群』双葉社.
総務省「労働力調査 長期時系列データ」〈http://www.stat.go.jp/data/roudou/longtime/03roudou.htm〉（2015年6月20日アクセス）.
内閣府（2010）「平成21年度 高齢者の日常生活に関する意識調査結果（全体版）」.
内閣府（2014）『平成26年版 高齢社会白書』日経印刷.
Kim, J. E. & Moen, P (2002) Retirement Transitions, Gender, and Psychological Well-Being: A Life-Course, Ecological Model. *Journal of Gerontology: PSYCHOLOGICAL SCIENCES*, 57B(3), pp. 212–222.
Moen, P., Kim, J. E., & Hofmeister, H. (2001) Couples' Work/Retirement Transitions, Gender, and Marital Quality. *Social Psychology Quarterly*, 64(1), pp. 55-71.

研究紹介 ②
配偶者との死別の心理的過程
渡邉照美

1 大切な人との死別を経験することによる発達

　大切な人と死に別れることは筆舌に尽くしがたい経験であるに違いない。しかし、大切な人を亡くしても、残された人は、それでもなお生きていかなければいけない。愛する人の世話をし、死の看取りをした経験は、残された人にとってどのような経験になるのだろうか。筆者は、その問題意識のもと、死別経験後の肯定的な変化に着目し、死別経験による人格的発達（身近な他者との死別を契機として、自己の洞察を深めるという心理的プロセスにおけるポジティブな変化）について量的・質的両面から検討を行った（渡邉・岡本, 2005, 2006; 渡邉, 2011）。

　まず、死別経験による人格的発達を測定するオリジナルの質問項目を作成し、死別経験者424名（平均年齢62.92歳、SD=14.26）の方々を対象にした量的アプローチによる研究を紹介したい（渡邉・岡本, 2005）。この研究では、①死別経験後どのような変化があったのか、その構造を明らかにすること、②死別経験による人格的発達に関連する要因の検討をすること、の2点を明らかにすることを目的とした。

　①については、「私は、プラス思考で物事を考えられるようになった」といった20項目で構成される「自己感覚の拡大」、「私は、死について考えることを避けるようになった」（逆転項目）といった5項目で構成される「死への恐怖の克服」、「私は、自分の死についてよく考えるようになった」といった7項目で構成される「死への関心・死の意味」の、3つの領域での変化で認められた。②については、関連要因として「性別」、「故人が亡くなったときの年齢」、「続柄」、「死別経験時の対象者の年齢」、「死別納得感」、「看取りのケアをした頻度」、「看取りのケアをしたことに対する満足感」が認められた。

　結果の詳細については渡邉・岡本（2005）をご覧いただきたいが、ここでは、上記の要因の中でも、「続柄」に関して考察を行いたい。「続柄」に

関しては、「実父母」、「義父母」、「配偶者」、「その他」の4群に分類し検討を行ったが、配偶者との死別経験者の方が、実父母との死別経験者よりも人格的発達得点が高かった。

　実父母の死は、衝撃的なものではあるが精神的健康を損なうほどのものではなく、比較的スムーズに受け入れていたという報告（河合・下仲・中里, 1996; 河合, 1997）に対し、配偶者の死を経験すると、残された配偶者はその後死亡する危険性が高まるという報告がある（河野, 1992）。また、配偶者との死別後、生活が一変したり、孤独感が強くなったりするという研究（岡村, 1994）が示すように、成人期以降において配偶者の存在は実父母以上に大きいものであり、配偶者の死は自己を揺るがす大きな危機的場面であることが予測される。だからこそ、それを克服していくと、人格的な発達が促進されると考えられた。これは、河合（1990）の、配偶者との死別経験によって人格のネガティブな特質が低下し、ポジティブな特質が増加し得るという結果を支持するものであった。

　次に、質的アプローチによる研究を紹介したい。渡邉・岡本（2006）は、上述の研究協力者の中で、同意の得られた方18名に対して、面接調査を実施した。死別経験後の肯定的な変化の内容について尋ね、KJ法により分析を行ったところ、①「新たな行動の獲得」、②「死に対する思索」、③「生（生きること）に対する思索」、④「他者理解の深化」、⑤「人間関係の再認識」、⑥「自己感覚の拡大」という6つのカテゴリーが明らかになった。上述した量的アプローチの結果と比較すると、カテゴリー④、⑤、⑥については、質問紙調査での「自己感覚の拡大」の項目に重なるものであった。質問紙調査では、「死」に関する側面が多く抽出されたが、面接調査からはカテゴリー②「死に対する思索」と共に、カテゴリー③「生（生きること）に対する思索」が認められ、死を見つめることは生を見つめることでもあるということを示す結果が得られた。

2　配偶者との生前と死後の関係性の変容

　前項で紹介したように、量的研究において、配偶者との死別経験者は実父母を亡くした人よりも人格的発達得点が高いという結果が得られた。こ

れは、死別経験後に、自己を揺るがされ、そしてそれに向き合ったからこそ得られた結果であろうと推察された。配偶者を亡くすということは、喪失に対して心理的に適応していくだけではなく、経済的な問題、家事の問題といった物理的な問題にも適応していく必要があり、その意味では、ほかの続柄との喪失とは異なる面も多いといえるだろう。質的研究の協力者18名の中で、配偶者との死別経験者は7名であった。その中で、夫を亡くしたAさんの心理過程と夫に対する生前と死別後の思いを紹介したい。

〈Aさん：62歳、女性〉
57歳のとき、夫（66歳）を急性白血病で亡くした。夫を看取る以前にも、身近な人との死別は経験していたが、臨終に立ち会ったのは夫だけだった。「夫の場合は、もうほとんど私が芯になって、あの、1年近く世話したのでね、やっぱり打撃というか。やはり全然ダメージが違います」と語った。

　結婚当初は、「日本の高度経済成長のまっただ中で、企業戦士」であった夫であったが、定年退職後二人の時間を持つことができ、「その時間っていうのは、主人にとっても、私にとっても、ほんと貴重な時間」であり、「その時間があったから、わりに早く立ち直れたかな」と振り返った。亡くなった直後は「いつも一緒にいてくれるっていう気持ち」を感じつつも、「ただ虚しいっていうのは、ものすごく強くって。なんで私、ひとりで生きてるんだろう」と感じていた。そして、死別から4年が過ぎた今では、その思いはめったになくなった。現在の夫の存在は「当たり前」であり、今は存在はしないけれど、生きているときと変わりはないと感じていた。そして、夫婦というよりも「何かあったら、聞いたり、相談したりする」親のような関係になったとのことであった。

　Aさんは、夫の死別後、深い落ち込みや虚無感を感じていたが、死別から4年という時間の経過の中で、「死別自体は辛く悲しい経験であったが、それにも意味があった」と話した。そして夫との関係を振り返り、現在でも夫の存在を感じながら生活していることがうかがえた。また、Bさん（70

歳、死別経験時62歳）もAさん同様、夫（享年67）を亡くしているが、死別後の夫との関係を「亡くなった後も、やっぱりいろいろと助けられますよね。だからね、本当にまだ続いているんですよ、主人との関係が」と語った。

　ウォーデン（Worden, 2009）は、死別後の課題として、喪失の事実を受容する（課題Ⅰ）、悲嘆の苦痛を処理する（課題Ⅱ）、故人のいない世界に適応する（課題Ⅲ）、新たな生活を歩み出すなかで故人との持続するつながりを見つける（課題Ⅳ）の4つをあげている。先に紹介したAさんもBさんも、故人の存在が物理的には存在しないのは認めた上で、現在も精神的なつながりを感じながら、日々の生活の中で、時に故人と対話を行うような継続した絆を感じていた。AさんもBさんも生前の夫婦関係は良好なものであったが、死別後の関係性に着目をすると、それは以前とまったく同じ関係にあるのではなく、配偶者喪失という揺らぎを感じながら、自己の中に死別という喪失を位置づけることによって、死後の配偶者との新たな関係性を形成していた。つまり、そこでは関係性の変容が起こっているといえる。愛する人を失ったとき、生前の関係性に捉われたままではなく、関係性の捉え直し、もしくは関係性の質の捉え直しを行うことで、残された者の心は癒やされていくものと考えられる。

引用文献
岡村清子（1994）「配偶者との死別に関する縦断研究──死別後の孤独感の変化」『老年社会科学』15 (2), pp. 157-165.
河合千恵子（1990）『配偶者を喪う時──妻たちの晩秋・夫たちの晩秋』廣済堂出版.
河合千恵子（1997）「老人の近親死反応」,松井豊（編）『悲嘆の心理』(pp. 137-167)サイエンス社.
河合千恵子・下仲順子・中里克治（1996）「老年期における死に対する態度」『老年社会科学』17 (2), pp. 107-116.
河野稠果（1992）「配偶関係別の死亡率と結婚の生命表について」,日本家族心理学会（編）『家族の離別と再生（家族心理学年報10）』(pp. 87-96)金子書房.
渡邉照美（2011）「青年期における死経験後の心の発達の内的構造に関する探索的検討」『くらしき作陽大学・作陽音楽短期大学研究紀要』44 (2), pp. 15-24.
渡邉照美・岡本祐子（2005）「死別経験による人格的発達とケア体験との関連」『発達心理学研究』16 (3), pp. 247-256.
渡邉照美・岡本祐子（2006）「身近な他者との死別を通した人格的発達──がんで近親者を亡くされた方への面接調査から」『質的心理学研究』5, pp. 99-120.
Worden, J. W. (2009) *Grief Counseling and Grief Therapy, Fourth Edition: A Handbook for the Mental Health Practitioner.* New York: Springer Publishing Company.

研究紹介 ③
生前の夫婦関係と死別適応
田口香代子

1　配偶者との死別

　配偶者との死別によって夫婦関係は一つの終焉を迎える。配偶者との死別は、生活上、最もストレスフルな出来事とされており（Holmes & Rahe, 1967）、死別体験者に大きな影響を及ぼすことが知られている。しかし、影響の大きさは一様ではない。岡村（1992）は「配偶者がいなくなったということよりも、どのような関係を持っていた配偶者がいなくなったのか、その結果、どのような生活変化がもたらされ、影響を及ぼしたのか」と述べ、生前の夫婦関係との関連に着目している。この視点を重視し、田口（2002）では半構造化面接により、生前の夫婦関係と配偶者の死を受容するに至る心理過程（以下、「死別後の心理過程」）との関連を検討した。

2　夫婦関係のタイプ

　調査協力者は配偶者と死別後5年以内の女性高齢者19名であり、平均年齢は70.37歳（SD=8.28）、婚姻期間は平均42.05年（SD=10.09）であった。生前の夫婦関係は、対人魅力の理論（古畑, 1988）を参考に調査項目を作成し、「配偶者の評価」（配偶者の人柄、家事・子育てへの協力など11項目）と、「親密性」（会話の有無、なんでも話し合えたかなど4項目）の2点からタイプの分類を行った。「配偶者の評価」と「親密性」を組み合わせると、夫婦関係のタイプは、①配偶者を肯定的に評価し、親密性が高い「親密タイプ」（10名）、②配偶者を肯定的に評価しているが、親密性が低い「肯定タイプ」（2名）、③配偶者の評価が消極的肯定またはアンビバレントで、親密性が低い「非親密タイプ」（5名）、④配偶者を否定的に評価し、親密性が低い「拒否タイプ」（2名）の4タイプに分類された。

3　夫婦関係のタイプと死別後の心理過程

　死別後の心理過程は、主にキューブラー・ロス（Kübler-Ross, 1969/1971）

表6-6-1 各心理段階の定義

心理段階	定義
ショック	配偶者の死に直面し、心が動揺する。一時的に現実感覚が麻痺する場合もある
否認	配偶者の死という現実を否定したり、信じられないでいる状態
怒り	不当な苦しみを負わされたという運命や神に対する怒りと、周囲の人や故人にやり場のない感情をぶつける怒りがある。いずれも根底には、故人に対する愛着や思慕がみられる
抑うつ	気分が落ち込んでいる状態。元気がなく、淋しい、生きていることがむなしいといった気分の訴え、何をするのもおっくうであるという行動抑制、考えが浮かばないなどの思考抑制、後悔の念などがみられる
受容	配偶者の死という現実を受け入れるに至った状態

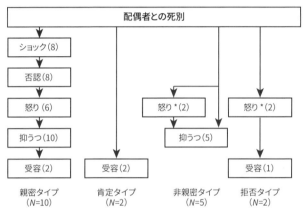

注：（ ）内の数値は各心理段階を経験した人数。*は本研究で定義した以外の「怒り」。

図6-6-1 夫婦関係のタイプと死別後の心理過程（田口, 2002を一部改変）

の臨死患者がたどる5段階の心理過程を参考に作成し、定義した（表6-6-1）。

図6-6-1は、夫婦関係のタイプ別に死別後の心理過程を整理したものである。心理過程を構成する各心理段階は必ずしも順を追って経験されるものでなく、面接時に複数段階を同時に経験していたケースも認められた。

親密タイプはショック、否認、怒り、抑うつの各段階を経験する率が高く、10名のうち2名が受容に至っていた。また、体重減少、不眠、食欲不振などの身体変化が全員に認められた。ショック、否認、怒りの段階は他の夫婦関係のタイプでは認められず、親密性を有する夫婦関係において生じると考えられる。親密タイプに属する人は配偶者を失った悲しみに直面し、精神的苦痛を伴う経験をすると考えられるが、受容段階に至った2名

は配偶者への感謝の念を語り、自分の人生を新たに生きる姿勢がみられたことが特徴的であった。

　肯定タイプはショック、否認、怒り、抑うつのいずれの段階も経験せず、受容段階に至っていた。面接では「すぐに普段の生活に戻り、落ち込んだ覚えはない」「（配偶者が）いなくて寂しいという気持ちがない」と語り、死別後の身体変化も認められなかった。このタイプは親密タイプと同様に配偶者を肯定的に評価しているが、親密性が低いタイプである。親密性の有無によって、親密タイプと肯定タイプでは対照的な心理過程がみられた。肯定タイプは死別した配偶者と情緒的な関わりが薄い関係にあったといえ、それゆえに死別による影響が少ないと考えられる。

　非親密タイプでは定義外の怒りがみられ、全員が抑うつ段階を経験していた。また、体重減少、不眠といった身体変化が全員に認められた。定義外の怒りは、死別後に生前の配偶者の行いに起因する経済的問題や、親族間の問題が生じたケースで確認され、生前の配偶者の行いを非難し、憤りを感じる内容となっていた。抑うつ段階では配偶者本人を失った寂しさよりも、主に、一人になったことによるもの寂しさや人恋しさが語られた。また、配偶者の介護に非積極的であったことや、思いやりをもって接することができなかったといった後悔の念が5名中4名に認められ、日々仏壇を整えることや読経することで、後悔の念や罪悪感を中和しようとする傾向がみられた。非親密タイプは葛藤を有した夫婦関係にあったと考えられ、葛藤に伴う複雑な感情の整理が受容段階に至る最大の課題と考えられる。このタイプの受容の様態がどのようになるかは今後の検討課題である。

　拒否タイプではショック、否認、抑うつは確認されず、身体変化も認められなかった。配偶者に対する否定的感情が強く、非親密タイプと同様に「あんなことされた、こんなことされたと思い出して腹が立った」といった、定義外の怒りが認められた。受容に至った1名は「水に流して忘れようと心がけた。今は思い出したり、考えたりすることもない」と述べたが、このタイプでは自身の過去をどのように受け入れるかが課題の一つになると考えられる。

4　まとめと今後の課題

　配偶者と死別後の心理過程は、生前の夫婦関係によって異なることが示された。すなわち、死別体験への適応の様態は生前の夫婦関係によって異なり、支援のあり方も異なるといえる。本研究で得られた知見は、生前の夫婦関係から死別後の心理過程や情緒的反応を予測し、不適応状態にある人への支援に活かすことが可能と考えられる。一方、死別体験は個別性が高いと考えられるため、夫婦関係以外の要因を検討することも必要である。

　本研究の調査協力者は女性の高齢者19名であったが、今後は男性を含めたより多くの死別体験者に縦断的調査を行うことによって、死別後の心理過程の全体像を明らかにすることが課題である。

引用文献
岡村清子 (1992)「高齢期における配偶者との死別と孤独感──死別後経過年数別にみた関連要因」『老年社会科学』14, pp. 73-81.
田口香代子 (2002)「高齢女性における配偶者喪失後の心理過程：死別前の夫婦関係が心理過程に及ぼす影響」『家族心理学研究』16, pp. 29-43.
古畑和孝 (1988)「インティマシー(親密)の社会心理学」, 平木典子(編)『夫と妻──その親密化と破綻(講座家族心理学2)』(pp. 239-283) 金子書房.
キューブラー・ロス, E.(著) 川口正吉(訳) (1971)『死ぬ瞬間──死にゆく人々との対話』読売新聞社. (Kübler-Ross, E. (1969) *On Death and Dying: What the Dying Have to Teach Doctors, Nurses, Clergy and Their Own Families.* New York: Macmillan Company.)
Holmes, T. H., & Rahe, R. H. (1967) The Social Adjustment Rating Scale. *Journal of Psychosomatic Research*, 11 (2), pp. 213-218.

索引

英数字

AD/HD　→注意欠陥／多動性障害
ADL　→日常生活動作
ASD　→自閉症スペクトラム障害
IADL　→手段的日常動作
NFRJ　→全国家族調査
NICU　→新生児集中治療室
PDD　→広汎性発達障害
PTG　→心的外傷後成長
SIDS　→乳児突然死症候群

あ行

愛着　121, 175, 194, 253, 305
アイデンティティ　37, 54, 76, 81, 216, 228, 274
アサーション　226, 229, 232, 235
アタッチメント　63, 68, 70
　→「愛着」も参照
育児ストレス　150, 174
育児不安　14
育児放棄　15
浮気　226
親役割　129

か行

介護うつ　244
家計　29, 154
家事・育児時間　134
家族機能　181
家族システム　92, 153, 187
家族の個人化　200, 204, 207, 210, 256
家族発達　53, 88
家族発達段階論　53
家族モデル　53
家族ライフサイクル　73, 119, 125, 216, 226
家族療法　185
カップル・セラピー　24, 154, 226, 231, 253
家庭内別居　263
空の巣　158, 165, 166
空の巣症候群　21
感情麻痺　121
虐待死　117
キャリア　21, 71, 78, 222
グリーフケア　281
ケアの女性化　16
ケア役割　160, 275
ゲートキーピング　185
結婚願望　64
結婚年数　147
結婚満足感　176
結婚満足度　18, 26, 55, 160, 166, 175, 180, 191, 205, 211
　→「夫婦関係満足(度)」も参照
結婚レディネス　73
源家族　253
顕微授精　113
交際期間　59, 94
高度生殖医療　117
更年期　220
広汎性発達障害　173
幸福な老い　298
高齢化　13, 20, 226, 244, 256, 269
高齢期　31, 207, 210, 258, 273, 279, 294, 298
コーピング　153, 190, 195, 247
コーホート　161, 257
子育て期　24, 27, 30, 146, 150, 153
子どもの価値　13
子どもの誕生　146, 154, 161
子どもの離家　26, 166, 260, 263
コペアレンティング　153, 185
個別化　32, 201, 204, 207, 212, 262, 263
コミットメント　25, 36, 41, 44, 49
コミュニケーションスキル　99
婚姻件数　65
婚外異性関係　71
婚外交渉　250
コンボイ　260
婚約期　36

さ行

サイクリング　42
在宅死　126
里帰り出産　96
三角関係化　40, 71
産後うつ　139
三世代世帯　258, 271
ジェンダー　28, 56, 114
ジェンダー観　203, 206, 251
ジェンダー差　28, 31, 56
ジェンダー規範　274
ジェンダー役割　114
ジェンダーリング　10
子宮外妊娠　104
子宮内胎児死亡　120
自己開示　29
自己効力感　98, 177, 191, 239
自己実現　202
自己の有限性の自覚　216
自己分化　72, 253
思春期　159
施設死　126
施設入所　245
自然妊娠　112
児童期　146, 158, 164, 187
児童虐待　93
自閉症スペクトラム障害　173
死別　119, 257, 263, 281, 291, 300
社会参加　296
社会変動　24
習慣性流産　117
周産期　96, 117, 139
周産期死亡率　117
熟年離婚　263
手段的日常生活動作　260
少子化　10
情緒的一体感　72
初婚年齢　61
自立性　70
新家事労働　275
人口革命　13
人工死産　117
人口動態　36
新婚期　53, 55, 88
震災婚　86

新生児死亡　*118*
新生児集中治療室　*121, 139*
心的外傷後成長　*88*
親密性　*25, 41, 70, 82, 99, 103, 146, 180, 202, 207, 226, 250*
心理社会的課題　*216*
スピルオーバー　*129*
性交渉　*60, 154*
成人子　*15, 40, 272*
精神的健康度　*139, 192*
青年期　*31, 41, 81, 158, 186, 195, 218, 226, 253*
性別（役割）分業（規範）　*21, 147, 206, 210, 263, 274*
性役割観（規範）　*24, 148, 206, 245, 295*
セクシュアリティ　*38*
世代間境界　*72*
世代継承性　*216*
セックスレス　*42, 154, 226, 250*
全国家族調査　*29, 161, 271*
早産児　*139*
喪失感　*120*
喪失体験　*218*
草食系　*83*
ソーシャルサポート　*31, 177, 192, 246, 259*
ソーシャルネットワーク　*125, 256, 259, 260, 263*
祖父母（世代）　*72*

た行

体外受精　*103*
多重役割　*129, 150*
多胎妊娠　*117*
立ち会い分娩　*96*
男女共同参画　*28*
単身世帯　*271*
単独世帯　*258*
注意欠陥／多動性障害　*173*
中高年期　*31, 170*
中年期　*19, 24, 30, 61, 160, 170, 211*
中年期危機　*224*
長時間労働　*134*

低出生体重児　*139*
デイティング　*40*
定年退職　*31, 294, 302*
定年離婚　*263*
デス・エデュケーション　*291*
同棲　*73*
同性カップル　*61*
独身者　*37*

な行

ナラティヴ　*61*
日常生活動作　*260*
乳児突然死症候群　*117*
乳幼児期　*121, 146, 163, 186*
妊娠期　*92, 147, 180*
妊娠先行型結婚　*93*

は行

発達課題　*55*
発達障害児　*174*
パラサイト　*15*
晩婚化　*10, 24, 36, 200*
伴侶性　*203*
非合理的思い込み　*232*
非婚　*10, 17*
悲嘆　*120, 281, 303*
悲嘆過程　*123*
ファンタジー　*250*
不育症　*117*
夫婦関係満足（度）　*28, 146, 147, 162, 178, 187, 205, 211, 228*
　→「結婚満足度」も参照
夫婦間葛藤　*55, 57, 166, 194, 204, 210*
夫婦のみの世帯　*30, 258, 271*
夫婦ペアデータ　*211*
夫婦ペアレンティング　*186*
複雑性悲嘆　*122, 281*
不妊　*109*
不妊治療　*103*
不倫　*154*
プレ・ウィドウフッド・エデュケーション　*291*
文化実践　*76*
分離－個体化　*252*

ペアレント・トレーニング　*183*
ペリネイタルロス　*117*
ポスト子育て期　*170*

ま行

マタニティブルーズ　*139*
見合い結婚　*18, 36, 39*
未婚化　*24*
モデリング　*40*
喪の儀式　*126*
喪の仕事（作業）　*122, 124, 217*

や行

養子　*104*
養子縁組　*109*

ら行

ライフイベント　*119, 158, 238*
ライフコース　*21, 61, 257*
ライフストーリー　*104*
離婚　*10, 20, 24, 39, 65, 66, 73, 99, 160, 179, 186, 214, 226, 250, 263*
流産　*104*
両親間葛藤　*40*
両親学級　*92*
恋愛関係　*25, 81, 186*
恋愛結婚　*18, 36, 84, 200, 256*
労働時間　*134, 148, 247*
老年期　*219, 256*
老老介護　*16, 171, 271*
ロマンティック関係　*40, 209*

わ行

ワーク・ライフ・バランス　*20, 28, 129, 146, 244*

執筆者一覧

氏名	所属	担当
柏木 惠子(かしわぎ けいこ)	東京女子大学 名誉教授	第1章 第1節
伊藤 裕子(いとう ゆうこ)	文京学院大学 人間学部	第2節
宇都宮 博(うつのみや ひろし)	編者	第2章 第1節
東海林 麗香(しょうじ れいか)	山梨大学 大学院教育学研究科	第2節
藤田 博康(ふじた ひろやす)	山梨大学 大学院教育学研究科	第3節
矢吹 理恵(やぶき りえ)	東京都市大学 メディア情報学部	研究紹介①
髙坂 康雅(こうさか やすまさ)	和光大学 現代人間学部	研究紹介②
高橋 恵子(たかはし けいこ)	みやぎ県南中核病院 がん診療相談支援室	研究紹介③
長谷川 啓三(はせがわ けいぞう)	ITC家族心理研究センター	研究紹介③
倉持 清美(くらもち きよみ)	東京学芸大学 総合教育科学系	第3章 第1節
安田 裕子(やすだ ゆうこ)	立命館大学 総合心理学部	第2節
山崎 あけみ(やまざき あけみ)	大阪大学 大学院医学系研究科	第3節
福丸 由佳(ふくまる ゆか)	白梅学園大学 子ども学部	研究紹介①
青木 聡子(あおき さとこ)	国士舘大学 文学部	研究紹介②
長濱 輝代(ながはま てるよ)	大阪市立大学 生活科学部	研究紹介③
神谷 哲司(かみや てつじ)	編者	第4章 第1節
菅原 ますみ(すがわら ますみ)	お茶の水女子大学 基幹研究院	第2節
小野寺 敦子(おのでら あつこ)	目白大学 人間学部	第3節
加藤 道代(かとう みちよ)	東北大学 大学院教育学研究科	研究紹介①
黒澤 泰(くろさわ たい)	茨城キリスト教大学 生活科学部	研究紹介②
川島 亜紀子(かわしま あきこ)	東京福祉大学 社会福祉学部	研究紹介③
永久 ひさ子(ながひさ ひさこ)	文京学院大学 人間学部	第5章 第1節
岡本 祐子(おかもと ゆうこ)	広島大学 大学院教育学研究科	第2節
野末 武義(のずえ たけよし)	明治学院大学 心理学部	第3節
中西 伸子(なかにし のぶこ)	奈良県立医科大学 大学院看護学研究科	研究紹介①
橋爪 祐美(はしづめ ゆみ)	筑波大学 医学医療系	研究紹介②
布柴 靖枝(ぬのしば やすえ)	文教大学 人間科学部	研究紹介③
岡村 清子(おかむら きよこ)	東京女子大学 現代教養学部	第6章 第1節
林 葉子(はやし ようこ)	株式会社JH産業医科学研究所	第2節
坂口 幸弘(さかぐち ゆきひろ)	関西学院大学 人間福祉学部	第3節
片桐 恵子(かたぎり けいこ)	神戸大学 大学院人間発達環境学研究科	研究紹介①
渡邉 照美(わたなべ てるみ)	佛教大学 教育学部	研究紹介②
田口 香代子(たぐち かよこ)	昭和女子大学 人間社会学部	研究紹介③

編著者

宇都宮 博
立命館大学総合心理学部教授。博士(教育学)。臨床心理士。臨床発達心理士。主な著書に『エピソードでつかむ老年心理学』(共編著、ミネルヴァ書房、2011年)、『日本の夫婦──パートナーとやっていく幸せと葛藤』(分担、金子書房、2014年)、『新・青年心理学ハンドブック』(分担、福村出版、2014年)など。主な訳書に『青年期発達百科事典』(分担、丸善出版、2014年)など。

神谷 哲司
東北大学大学院教育学研究科准教授。博士(教育学)。臨床発達心理士。主な著書に『保育の場で出会う家庭支援論──家族の発達に目を向けて』(共編著、建帛社、2010年)、『保育における感情労働──保育者の専門性を考える視点として』(分担、北大路書房、2011年)、『〈新訂〉子どもとかかわる人のための心理学──発達心理学、保育の心理学への扉』(分担、萌文書林、2013年)、『日本の親子──不安・怒りからあらたな関係の創造へ』(分担、金子書房、2015年)など。

夫と妻の生涯発達心理学
関係性の危機と成熟

2016年5月10日　初版第1刷発行

編著者	宇都宮 博・神谷 哲司
発行者	石井 昭男
発行所	福村出版株式会社
	〒113-0034　東京都文京区湯島2-14-11
	電話　03-5812-9702／ファクス　03-5812-9705
	http://www.fukumura.co.jp
装　幀	青山 鮎
印　刷	株式会社文化カラー印刷
製　本	本間製本株式会社

© 2016　Hiroshi Utsunomiya, Tetsuji Kamiya
Printed in Japan
ISBN978-4-571-23055-4

定価はカバーに表示してあります。
落丁本・乱丁本はお取り替えいたします。

福村出版◆好評図書

日本青年心理学会 企画／後藤宗理・二宮克美・高木秀明・
大野 久・白井利明・平石賢二・佐藤有耕・若松養亮 編集
新・青年心理学ハンドブック
◎25,000円　　ISBN978-4-571-23051-6　C3511

青年を取り巻く状況の変化を俯瞰しながら，研究の動向や課題を今日的なトピックを交えて論説。

日本パーソナリティ心理学会 企画／二宮克美・浮谷秀一・
堀毛一也・安藤寿康・藤田主一・小塩真司・渡邊芳之 編集
パーソナリティ心理学ハンドブック
◎26,000円　　ISBN978-4-571-24049-2　C3511

歴史や諸理論など総論から生涯の各時期の諸問題，障害，健康，社会と文化，測定法など多岐にわたる項目を網羅。

秋山邦久 著
臨 床 家 族 心 理 学
●現代社会とコミュニケーション
◎2,100円　　ISBN978-4-571-24039-3　C3011

近年増え続ける親子間のコミュニケーション不全に注目し，心理臨床的立場から現代社会と家族援助を考える。

亀口憲治 著
夏目漱石から読み解く「家族心理学」読論
◎2,400円　　ISBN978-4-571-24045-4　C3011

夏目漱石とその家族との関係に焦点を合わせ，現代日本の家族がかかえる心理特性，心理的問題の深部に迫る。

亀島信也 監修／亀島信也・最上多美子・中込和幸・西元直美・高岸治人 著
進化とこころの科学で学ぶ人間関係の心理学
◎2,000円　　ISBN978-4-571-20078-6　C3011

こころがヒトの行動をいかに規定しているか，人間関係の深い理解を目指し，最新の研究内容を交えて解説する。

E. W. マコーミック 著／古川 聡 訳
認知分析療法（CAT）による自己変革のためのマインドフルネス
●あなたはなぜ「わな」や「ジレンマ」にはまってしまうのか？
◎4,500円　　ISBN978-4-571-24058-4　C3011

後ろ向き志向の人生に苛まれる人が「自分を変える」ための「気づき」を視覚的に理解する認知分析療法の実践。

大村政男 著
新編 血液型と性格
◎1,800円　　ISBN978-4-571-24048-5　C0011

人はなぜ血液型性格判断を信じるのだろうか？その歴史を徹底的に検証し，著者30年の研究成果を集大成する。

◎価格は本体価格です。